Enuresis

Leitfaden Kinder- und Jugendpsychotherapie

herausgegeben von

Prof. Dr. Manfred Döpfner, Prof. Dr. Gerd Lehmkuhl
Prof. Dr. Franz Petermann

Band 4

Enuresis

von

Alexander von Gontard
und Gerd Lehmkuhl

Hogrefe · Verlag für Psychologie
Göttingen · Bern · Toronto · Seattle

Enuresis

von

Alexander von Gontard
und Gerd Lehmkuhl

Hogrefe · Verlag für Psychologie
Göttingen · Bern · Toronto · Seattle

PD. Dr. med. Alexander von Gontard, geb. 1954. Seit 1991 Oberarzt an der Klinik und Poliklinik für Psychiatrie und Psychotherapie des Kindes- und Jugendalters zu Köln.

Prof. Dr. med. Gerd Lehmkuhl, geb. 1948. Seit 1988 Professor für Kinder- und Jugendpsychiatrie und Direktor der Klinik und Poliklinik für Psychiatrie und Psychotherapie des Kindes- und Jugendalters zu Köln.

Die Deutsche Bibliothek – CIP-Einheitsaufnahme

Ein Titeldatensatz für diese Publikation ist bei Der Deutschen Bibliothek erhältlich.

http://www.hogrefe.de
Aktuelle Informationen • Weitere Titel zum Thema • Ergänzende Materialien

Satz: Beate Hautsch, 37079 Göttingen
Druck: Schlütersche GmbH & Co. KG, 30851 Langenhagen
Printed in Germany
Auf säurefreiem Papier gedruckt

ISBN 3-8017-1371-7

Einleitung: Grundlagen und Aufbau des Buches

Enuresis gehört zu den häufigsten Störungen des Kindes- und Jugendalters und ist mit einem hohen subjektiven Leidensdruck für die Betroffenen verbunden. Neuere Forschungsergebnisse haben zeigen können, dass die bisherige Einteilung nach Tageszeit – nachts, tags oder nachts und tags – und nach dem Vorliegen einer trockenen Periode – primär: bisher noch nie länger trocken gewesen; sekundär: Rückfall nach einem trockenen Intervall, üblicherweise von mindestens 6 Monaten – nicht ausreicht. Es lassen sich inzwischen verschiedene Subtypen des Einnässens unterscheiden, die sich hinsichtlich der Ätiologie, der Pathogenese, der psychischen Komorbidität und vor allem der Behandlung deutlich unterscheiden. Obwohl für die verschiedenen Subformen des Einnässens empirisch begründete, effektive Behandlungsmethoden vorliegen, werden diese aufgrund therapeutischer Vorlieben und Vorurteile oft nicht eingesetzt. Man muss deshalb auch heutzutage feststellen, dass die meisten Kinder mit einer Einnässproblematik überhaupt nicht oder mit nicht effektiven Maßnahmen behandelt werden.

Der hier vorliegende vierte Band der Reihe „Leitfaden Kinder- und Jugendpsychotherapie" versucht, diese Lücke zu schließen. Er ist praxis- und therapieorientiert konzipiert und basiert auf dem aktuellen Stand der empirisch gesicherten Kenntnisse und den klinischen Erfahrungen. Insofern soll er ärztlichen und psychologischen Psychotherapeuten helfen, die von den deutschen und internationalen Fachgesellschaften und Arbeitsgruppen geforderten Standards in Diagnostik und Therapie umzusetzen.

Als Störung mit einer körperlichen Primärsymptomatik (dem Einnässen) und einer deutlich erhöhten somatischen Komorbidität ist es unerlässlich, dass alle einnässenden Kinder kinderärztlich untersucht und die begleitenden Symptome (wie Harnwegsinfekte) mitbehandelt werden.

Die vollständige medizinische und psychiatrische Literatur zum Thema Einnässen wurde in der Monographie „Einnässen: Erscheinungsformen – Diagnostik – Therapie" (von Gontard, 2001a) ausführlich dargestellt, so dass für eine detaillierte Literaturrecherche auf jene Monographie verwiesen werden kann.

Das Ziel dieses Bandes ist es, eine praxisorientierte Therapieanweisung für nichtärztliche Therapeuten zusammenzustellen. Der Schwerpunkt liegt dabei eindeutig auf den Materialien zur Diagnostik und Therapie, die in der Spezialambulanz für einnässende Kinder an der Klinik für Kinder- und Jugendpsychiatrie und Psychotherapie, Klinikum der Universität zu Köln, seit 1992 entwickelt wurden und sich bewährt haben. Diese Materialien wurden in so detaillierter Form bisher noch nicht zusammengestellt.

Wie bei den bisherigen Bänden in dieser Reihe beruhen die Empfehlungen auf den Leitlinien zu Diagnostik und Therapie von psychischen Störungen im Säuglings-, Kindes- und Jugendalter, die von der Deutschen Gesellschaft für Kinder- und Jugendpsychiatrie und Psychotherapie zusammen mit den kinder- und jugendpsychiatrischen Berufsverbänden (2000) herausgegeben wurden. Neuere Empfehlungen der geplanten Revision der Leitlinien (2002) wurden berücksichtigt.

Der Leitfaden unterteilt sich in insgesamt fünf Kapitel:

1 Im ersten Teil des Buches wird der Stand der Forschung hinsichtlich der Symptomatik, der Komorbidität, der Pathogenese, dem Verlauf und der Therapie in den für die Formulierung der Leitlinien relevanten Aspekten zusammenfassend dargestellt. Es wird auf selektierte, wichtige Literaturstellen hingewiesen.

2 Im zweiten Teil werden die Leitlinien zu folgenden Bereichen formuliert und ihre Umsetzung in die klinische Praxis dargestellt: Diagnostik und Verlaufskontrolle; Behandlungsindikation; Therapie.

3 Im dritten Kapitel werden Verfahren kurz beschrieben, die für die Diagnostik, die Verlaufskontrolle und Behandlung eingesetzt werden können.

4 Das vierte Kapitel enthält ausführliche Materialien zur Diagnostik und Therapie und stellt damit einen Schwerpunkt dieses Bandes dar. Diese Materialien können in der vorliegenden Form kopiert und direkt eingesetzt oder entsprechend modifiziert werden.

5 Im fünften Kapitel wird für jede Subform der Enuresis ein Fallbeispiel angeführt, das die Umsetzung der Leitlinien in die klinische Praxis illustriert. Der Schwerpunkt der Behandlung liegt dabei auf einem symptomorientierten, verhaltenstherapeutischen Vorgehen. Ein abschließender, längerer Fall soll dagegen verdeutlichen, dass bei einer entsprechenden Komorbidität ein symptomorientiertes Vorgehen nicht immer ausreicht, sondern durch andere therapeutische Interventionen ergänzt werden muss.

Beim Einnässen handelt es sich nicht um eine einheitliche Störung, sondern um klinisch und ätiologisch unterschiedliche Syndrome, die jeweils getrennt behandelt werden müssen. Deshalb wird zur übersichtlichen Orientierung in den meisten Abschnitten folgendes Schema beibehalten:

- Enuresis nocturna (nächtliches Einnässen):
  Gegebenenfalls mit den Subformen:
  - Primäre Enuresis nocturna (PEN)
    primär monosymptomatische (isolierte) Enuresis nocturna (PMEN)
    primär nicht-monosymptomatische Enuresis nocturna (PNMEN)
  - Sekundäre Enuresis nocturna (SEN)
- Funktionelle Harninkontinenz (Einnässen tags)
  Gegebenenfalls mit den Subformen:
  - Idiopathische Dranginkontinenz (ID)
  - Harninkontinenz bei Miktionsaufschub (MA)
  - Detrusor-Sphinkter-Dyskoordination (DSD)
  - seltene Formen

Außerdem wird dieser Band durch den kompakten Ratgeber Einnässen (von Gontard & Lehmkuhl, 2003) ergänzt, der Informationen für Betroffene, Eltern, Lehrer und Erzieher enthält. Der Ratgeber informiert kurz über die Symptomatik, Ursachen, den

Verlauf und Behandlungsmöglichkeiten bei Kindern, die nachts wie auch tags einnässen. Im Gegensatz dazu handelt es sich bei dem Ratgeber „Bettnässen“ (von Gontard, 2001b) um einen ausführlichen, detaillierten Elternratgeber, der schwerpunktmäßig das nächtliche Einnässen behandelt.

Danken möchten wir in diesem Zusammenhang allen ärztlichen Kollegen und Doktoranden, die im Laufe der Jahre im Rahmen der Schwerpunktambulanz „Einnässen“ zu der Entwicklung der hier dargestellten Leitlinien beigetragen haben. Unser besonderer Dank gilt Frau Dagmar Röhling, Assistenzärztin, die mit viel Kreativität und Begeisterung sich für eine kind- und elterngerechte Darstellung der Materialien eingesetzt hat. Ferner danken wir Frau Hannelore Schneidereit und Frau Doris Bürgel für ihren Einsatz beim Schreiben und Korrigieren des Manuskriptes.

Inhaltsverzeichnis

1 Stand der Forschung

1.1 Klassifikation, Untergruppen und Symptomatik

Allgemein kann die Enuresis als ein unwillkürlicher Harnabgang ab einem Alter von 5 Jahren nach Ausschluss organischer Ursachen definiert werden. Diese Definition findet sich in den beiden gängigen Klassifikationsschemata, der ICD-10 der Weltgesundheitsorganisation (Dilling et al., 1991; Remschmidt et al., 2001) und des DSM-IV der amerikanischen Psychiatrie-Gesellschaft (APA, 1994). In beiden Diagnoseschemata wird die Enuresis als psychische Störung und nicht als Entwicklungsstörung

Kriterien und Definition

Tabelle 1: Klassifikation der Enuresis nach DSM-IV und ICD-10*

	DSM-IV	ICD-10 Klinische Kriterien
Name	Enuresis 307.6	Enuresis F. 98.0
Definition	wiederholter, willkürlicher und unwillkürlicher Urinabgang	unwillkürlicher Harnabgang (nach ICD-Forschung: auch willkürlich)
Alter	chronologisch und geistiges Intelligenzalter: 5 Jahre	chronologisch: 5 Jahre geistiges Intelligenzalter: 4 Jahre
Häufigkeit	min. 2x/Woche oder klinisch relevante Belastung und Einschränkung in sozialen, schulischen und sonstigen Bezügen	nicht angegeben (ICD-Forschung: 2x/Monat < 7 Jahre; 1x/Monat > 7 Jahre)
Dauer	min. 3 konsekutive Monate	nicht angegeben (ICD-Forschung: 3 Monate)
Ausschlusskriterien	körperliche Erkrankung: Diabetes mellitus und insipidus, Spina bifida, zerebrale Anfälle, HWI, neurogene Blase	Epilepsie, neurologische Inkontinenz, strukturelle Veränderungen des Harntraktes, medizinische Erkrankungen andere psychische Störungen, die die ICD-10 Kriterien erfüllen Enuresis Hauptdiagnose (bei Komorbidität mit anderen emot. Störungen): nur wenn mehrfach wöchentl. Einnässen, zeitliche Kovarianz der Symptomatik Diagnose Enkopresis: wenn Enuresis und Enkopresis zusammen auftreten
Subtypen	nocturna diurna, nocturna et diurna	
Primär	keine trockene Periode (Dauer nicht angegeben)	Verlängerung der normalen infantilen Inkontinenz
Sekundär	trockene Periode vorhanden (Dauer nicht angegeben)	nach einer Periode bereits erworbener Blasenkontrolle

* DSM-IV (American Psychiatric Association, 1994) und klinische Kriterien der ICD-10 (Dilling et al. 1991, Remschmidt et al., 2001), ergänzt durch die Forschungskriterien (WHO, 1993)

oder körperliche Erkrankung klassifiziert, was in den Zusätzen „nicht-organische Enuresis“ (ICD-10-Forschungskriterien), „funktionelle Enuresis“ (nach der nicht mehr gebräuchlichen DSM-III-R) und „Enuresis, die nicht auf eine allgemeinmedizinische Störung zurückzuführen ist“ (DSM-IV, American Psychiatric Association 1994), ausgedrückt wird.

ICD-10 und DSM-IV Definitionen revisionsbedürftig

Obwohl die Klassifikation nach ICD-10 und DSM-IV relativ ähnlich ist, gibt es einige Unterschiede, wie in Tabelle 1 dargestellt. Obwohl diese Differenzen minimal sind, werden durch unterschiedliche Definitionen verschiedene Populationen von einnässenden Kindern erfasst. Zudem sind einige Aspekte der Definitionen dringend revisionsbedürftig, da sie dem aktuellen Stand der Forschung nicht entsprechen und sogar im praktischen Einsatz hinderlich sind. Von daher werden die einzelnen Aspekte der Klassifikationsschemata kritisch diskutiert und durch eine aktuelle Einteilung ergänzt.

1.1.1 Klassifikationen nach ICD-10 und DSM-IV

Enuresis Klassifikation: ICD-10 versus DSM-IV

Wie aus Tabelle 1 ersichtlich, behandeln beide Klassifikationsschemata die Enuresis, als ob es sich um eine einheitliche Störung handelt. Neuere Ergebnisse weisen darauf hin, dass der Begriff „Enuresis“ sehr viel restriktiver eingesetzt werden muss. Im Prinzip handelt es sich bei der Enuresis um ein Einnässen am falschen Platz und zur falschen Zeit, bei der keinerlei Hinweis auf eine Blasenfunktionsstörung vorliegt. Mit anderen Worten, bei der Enuresis ist die Blasenfunktion völlig normal, die Blase lässt sich tagsüber und nachts ohne jegliche Auffälligkeiten füllen und entleeren. Nachts handelt es sich fast immer um eine Enuresis, tagsüber ist sie dagegen extrem selten.

funktionelle Harninkontinenz

Für die meisten Kinder, die tags einnässen, sollte statt dessen der Begriff „funktionelle Harninkontinenz“ verwendet werden. Harninkontinenz deutet an, dass tatsächlich eine Störung der Blasenfunktion vorliegt, die mit dem ungewollten Harnabgang assoziiert ist. Eine Harninkontinenz kann strukturell, z.B. durch Fehlbildungen oder durch eine Störung der Blaseninnervierung bedingt sein. Der Begriff funktionell deutet an, dass keine körperlich/organische Blasenfunktionsstörung vorliegt, sondern, dass diese durch angeborene oder erworbene Funktionsstörungen bedingt ist. Da sich solche funktionellen Auffälligkeiten praktisch bei allen tags einnässenden Kindern nachweisen lassen, sollte in diesem Zusammenhang nicht von einer Enuresis gesprochen werden.

Wie weiter in Tabelle 1 ersichtlich, wird die Enuresis zum Teil auch als ein willkürliches Einnässen aufgefasst. Nach eigener klinischer Erfahrung ist das Einnässen immer unwillkürlich und wird von den meisten Kindern als wenig beeinflussbar und mit hohem Leidensdruck erlebt. Dagegen ist die elterliche Implikation, ein Kind nässe absichtlich ein, häufig mit gravierenden Interaktionsproblemen assoziiert. Diese Konstellation wurde von dem englischen klinischen Kinderpsychologen Richard Butler als „parental intolerance" (elterliche Intoleranz) beschrieben (Butler, 1994).

Interaktionsprobleme

Wenn ein Kind tatsächlich willkürlich einnässt, handelt es sich fast immer um ein Zeichen einer schweren, zu Grunde liegenden psychischen Störung. So kann im stationären Bereich immer wieder bei Kindern nach schweren Deprivations- und Misshandlungserlebnissen beobachtet werden, dass sie in Abfalleimer, Schubladen oder absichtlich neben die Toilette Wasser lassen. In diesen Fällen ist es wenig hilfreich, von einer Enuresis zu sprechen.

Einnässen als Zeichen schwerer psychischer Störung

Die Definition der Enuresis ab einem Alter von 5 Jahren ist allgemein anerkannt und sinnvoll, da im Alter von 4 Jahren über 20 % der Kinder noch einnässen. Bei einer so hohen Prävalenz handelt es sich um ein physiologisches, reifungsbedingtes Phänomen und natürlich nicht um eine Störung. Obwohl Kinder mit einer geistigen Behinderung eindeutig häufiger einnässen, ist der Zusatz eines kognitiven Entwicklungsalters ab 4 Jahren nicht sinnvoll. Nach eigenen Untersuchungen sind Ausscheidungsstörungen bei Kindern mit Intelligenzminderung für Eltern hoch belastend und sollten, wie auch bei Kindern mit durchschnittlicher Intelligenz, ab einem Alter von 5 Jahren untersucht und behandelt werden.

Prävalenz

Die Häufigkeiten werden mit zweimal pro Woche (DSM-IV) bis einmal pro Monat (ICD-10-Forschungskriterien) angegeben. Durch diese großen Differenzen werden völlig unterschiedliche Gruppen von Kindern erfasst. Im DSM-IV wird als ergänzendes Kriterium die klinisch relevante Belastung und Einschränkung in sozialen, schulischen und sonstigen Bezügen als Alternative zur Häufigkeitsdefinition von zweimal pro Woche angeführt. Diese vagen Angaben berücksichtigen zwar den subjektiven Leidensdruck der Kinder, verhindern jedoch für Forschungszwecke eine einheitliche und verbindliche Definition. Nach eigenen klinischen Erfahrungen fanden wir die Häufigkeit von mindestens einmal pro Woche für die meisten Kinder als ein sinnvolles Kriterium für eine intensivere Diagnostik und Therapie.

Häufigkeitsangaben

Dagegen scheint die Dauer von mindestens drei Monaten, in der das Symptom Einnässen vorhanden sein muss, sinnvoll. Wenn eine Enuresis zum Beispiel nur einen Monat bestanden hat, ist die Wahrscheinlichkeit der spontanen Rückbildung hoch.

Veränderungen des Harntraktes und medizinische Erkrankungen müssen ausgeschlossen werden. Dagegen sind andere psychische Störungen als Ausschlusskriterium völlig unsinnig. Bei den Subtypen der Enuresis variieren psychische Begleitstörungen sowohl bezüglich Häufigkeit als auch Form. Diese zum Teil spezifischen Komorbiditäten könnten bei

Ausschluss medizinischer Erkrankungen

der derzeitigen ICD-10-Definition nicht erfasst werden. Auch eine Enkopresis als Ausschlusskriterium ist wenig hilfreich. Von daher empfehlen wir dringend, die Enuresis detailliert zu klassifizieren und zusätzlich jede weitere psychische Störung.

Einteilung der Subtypen

Die Einteilung der Subtypen nach Tageszeit (nocturna, diurna, nocturna et diurna) ist notwendig, reicht jedoch nicht aus. Statt dessen sollten die spezifischen Subtypen jeweils diagnostiziert werden. Auch die Einteilung in primär (noch nie trocken) und sekundär (Rückfall nach trockener Periode) ist ausgesprochen sinnvoll, jedoch ohne genaue Intervallangabe wenig aussagekräftig. In der Literatur finden sich für die Definition des trockenen Intervalls Vorschläge für eine Dauer von einem, drei, sechs und zwölf Monaten. Allein durch die (willkürliche) Längendefinition des trockenen Intervalles werden wiederum unterschiedliche Gruppen von einnässenden Kindern beschrieben.

Definition des trockenen Intervalls

Am häufigsten wird die Definition des trockenen Intervalls von sechs Monaten verwendet. Nach eigenen Untersuchungen zeigte sich, dass Kinder mit einer primären und sekundären Enuresis nocturna sich unabhängig von der Definition bezüglich somatischer Faktoren wenig unterschieden. Dagegen fanden sich bei Kindern mit einer sekundären Enuresis nocturna – selbst nach Definitionen von einer kurzen Intervalldauer von einem oder drei Monat(en) – deutlich höhere Raten von Verhaltenssymptomen und psychosozialen Belastungen. Von daher wäre auch die Definition von einem trockenen Intervall von drei Monaten durchaus zu rechtfertigen.

1.1.2 Neue Einteilung der Untergruppen

Nach neueren Erkenntnissen ist es sinnvoll, jeweils drei Subgruppen beim Einnässen nachts bzw. tagsüber zu unterscheiden.

1.1.2.1 Enuresis nocturna

Die Enuresis nocturna (Einnässen nachts) teilt sich in folgende Subformen auf (siehe Tabelle 2; siehe S. 6):

Subformen des nächtlichen Einnässens

- Die *primäre monosymptomatische (isolierte) Enuresis nocturna (PMEN)* wird durch ein nächtliches Einnässen ohne längeres trockenes Intervall (sechs Monate) und ohne Zeichen einer Blasenfunktionsstörung (wie Drangsymptome, Aufschub oder Dyskoordination) definiert. Der Begriff „monosymptomatisch“ deutet an, dass das nächtliche Einnässen das einzige („Mono-“) Zeichen („Symptomatik“) darstellt. In anderen Worten, es handelt sich nicht um eine Störung der Blase, sondern wie unten ausgeführt, um eine Reifungs-Regulationsstörung des zentralen Nervensystems.

Ein typisches klinisches Zeichen ist das Einnässen mit großen Urinmengen. Tatsächlich konnten Untersuchungen nachweisen, dass Kinder mit dieser Form des Einnässens im Durchschnitt mehr Urin bilden, was auch als Polyurie bezeichnet wird. Diese Urinmengen können bei einzelnen Kindern das Fassungsvolumen der Blase übersteigen. Eltern berichten typischerweise, dass „das Bett schwimmt", das heißt, Schlafanzug und Bettlaken sind nicht nur feucht, sondern triefend naß. Ferner ist typisch, dass die Kinder sehr tief schlafen und trotz Rütteln und Ansprache kaum erweckbar sind.

Polyurie und Schlaftiefe

Bei der Diagnose der monosymptomatischen Enuresis nocturna finden sich tagsüber keinerlei Auffälligkeiten beim Wasserlassen. Wenn ein Miktionsprotokoll (siehe unten) ausgefüllt wird, gehen die Kinder normal häufig auf die Toilette (ideal 7x, noch normal 5-9x pro Tag), die Urinmengen tagsüber sind altersentsprechend, sie klagen nicht über heftigen Harndrang, halten den Urin nicht zurück und können ihn ohne Probleme entleeren. Auch koten sie nicht ein.

- Die *primäre, nicht-monosymptomatische (nicht isolierte) Enuresis nocturna (PNMEN)* ist definiert durch ein nächtliches Einnässen ohne längeres trockenes Intervall (6 Monate), jedoch mit typischen Zeichen einer Blasenfunktionsstörung, wie sie Kinder mit einem Tageseinnässen auch aufweisen (Typen 4-6). Bei diesen Formen handelt es sich im Prinzip um abgeschwächte Varianten der funktionellen Harninkontinenz, weshalb der Begriff Enuresis nocturna in diesem Fall nicht ganz zutreffend ist. Da er sich jedoch so eingebürgert hat, sollte er trotzdem beibehalten werden. Die praktische Konsequenz bei diesen nicht-monosymptomatischen Formen ist, dass immer die Tagesproblematik zuerst behandelt werden muss, bevor man das nächtliche Einnässen therapiert. Beide Formen (PMEN und PNMEN) werden auch als primäre Enuresis nocturna (PEN) zusammengefasst.

Blasenfunktionsstörung

- Die *sekundäre Enuresis nocturna (SEN)* ist definiert als ein Rückfall nach einer trockenen Periode von üblicherweise 6 Monaten. Die Diagnose einer sekundären Enuresis nocturna ist wichtig, da die Rate von psychischen Begleitstörungen, die zum Teil separat behandelt werden müssen, deutlich erhöht ist. Ansonsten ist die Symptomatik identisch mit der primären Enuresis nocturna. Das heißt, es finden sich Kinder mit eindeutigen isolierten, monosymptomatischen Formen mit tiefem Schlaf und großen Urinmengen, wie auch Kinder, die typische Blasenfunktionsstörungen aufweisen. Obwohl dies in der Literatur nicht gebräuchlich ist, wäre es auch bei der sekundären Enuresis nocturna ausgesprochen sinnvoll, zwischen mono- und nicht-monosymptomatischen Formen zu unterscheiden.

Beachtung psychischer Begleitstörungen

Tabelle 2: Übersicht über Formen des nächtlichen Einnässens

	Längstes trockenes Intervall < 6 Monate	**Längstes trockenes Intervall > 6 Monate**
Allgemein	Primäre Enuresis nocturna (PEN)	Sekundäre Enuresis nocturna (SEN)
Keine Blasenfunktionsstörungen tagsüber*	Primäre monosymptomatische Enuresis nocturna (PMEN)	Sekundäre monosymptomatische Enuresis nocturna (SMEN)**
Blasenfunktionsstörungen tagsüber* vorhanden	Primäre nicht-monosymptomatische Enuresis nocturna (NMEN)	Sekundäre nicht-monosymptomatische Enuresis nocturna (SMEN)**

* Zeichen von Drang, Aufschub, Dyskoordination, Einkoten; d.h. ähnlich wie bei der funktionellen Harninkontinenz, jedoch kein Einnässen tagsüber; ** Diese Formen werden in der bisherigen Literatur nicht berücksichtigt, was nach der klinischen Erfahrung nicht ganz logisch ist; auch bei der sekundären Enuresis nocturna gibt es Formen mit und ohne Blasenfunktionsstörungen tagsüber.

1.1.2.2 Funktionelle Harninkontinenz (Einnässen tagsüber)

Eine weitere Hauptgruppe stellt die funktionelle Harninkontinenz (Einnässen tagsüber oder tagsüber/nachts) dar.

Leitsymptome der funktionellen Harninkontinenz

Bei Kindern, die nur tagsüber oder kombiniert tagsüber und nachts einnässen, können drei häufige und mehrere seltene Formen unterschieden werden. Üblicherweise werden primäre und sekundäre Formen nicht differenziert. Die wichtigsten Leitsymptome sind in Tabelle 3 zusammengefasst (vgl. S. 9).

- *Die idiopathische Dranginkontinenz (DI)* ist definiert durch einen ungewollten Harnabgang mit überstarkem Harndrang. Es handelt sich hierbei um eine meist angeborene Funktionsstörung der Blase, die die Füllungsphase betrifft. Die Blase lässt sich nicht passiv füllen, sondern beginnt, sich während der Füllung zu kontrahieren. Dadurch kommt es zu dem Gefühl des Harndranges, zu häufigen Toilettengängen mit jeweils kleinen Urinmengen.

Miktionsprotokoll

Wenn man ein Miktionsprotokoll ausfüllen lässt, finden sich typischerweise häufige Toilettengänge (über 7, zum Teil bis 20x pro Tag) mit jeweils Mengen, die weit unter der Altersnorm liegen. Es wird von Eltern häufig beschrieben, dass sie bei dem Harndrang ihrer Kinder sofort eine Toilette aufsuchen müssen. Dies wird als imperativer Harndrang bezeichnet. Manche Eltern schildern, dass sie bei Autofahrten direkt an den Randstreifen heranfahren müssen oder beim Einkaufen z.T. mehrfach Kaufhaustoiletten aufsuchen müssen.

Die Kinder versuchen, diesem Harndrang mit Haltemanövern zu begegnen. Dabei spannen sie die Beckenbodenmuskulatur an, pressen die Oberschenkel zusammen, hüpfen von einem Bein auf das andere, und so weiter. Mädchen gehen häufig in Hockstellung und entlasten so den Beckenboden. Oft setzen sie sich z.B. während der Schulstunden auf ihre Ferse und zögern so den Harndrang bis zur Pause hinaus. Bei den Haltemanövern wirken die Kinder häufig abwesend durch ihre Konzentration auf den Drang. Trotz der Haltemanöver kommt es meist wiederholt am Tag zum Einnässen von kleinen Urinmengen, vor allem bei zunehmender Ermüdung im Laufe des Nachmittags und Abends. Dadurch, dass die Unterhose fast immer feucht, aber nicht unbedingt nass ist, kann sich die Haut im Genitalbereich entzünden und gerötet sein. Auch kommt es häufiger zu Harnwegsinfekten und anderen medizinischen Komplikationen.

trotz Haltemanöver Einnässen kleiner Mengen

Zusammengefasst handelt es sich bei der idiopathischen Dranginkontinenz damit um eine physiologisch bedingte „Blaseninstabilität“, d.h. es kommt zu spontanen Kontraktionen der Blasenmuskulatur, die eine normale Füllung der Blase verhindern. Alle klinischen Zeichen, wie auch die meisten psychischen Begleitsymptome entstehen als sekundäre Folge dieser Grundstörung.

- Die *Harninkontinenz bei Miktionsaufschub (MA)* ist durch ein Hinauszögern des Wasserlassens gekennzeichnet, so dass es trotz Einsatz von Haltemanövern zum Einnässen tagsüber kommt. Es handelt sich um eine psychogen bedingte, erworbene Störung. Das wichtigste Zeichen sind die seltenen Toilettengänge (weniger als 5x pro Tag), die oft erst mit dem Ausfüllen eines Miktionsprotokolls deutlich werden. Typischerweise schieben die Kinder den Toilettengang in bestimmten Situationen auf, z.B. in der Schule, aus Ekel vor verschmutzten Toilettenräumen, beim Heimweg von der Schule oder beim Spielen und Fernsehen. Oft haben die Kinder Angst, etwas zu verpassen oder anschließend nicht mehr in das Spiel integriert zu werden. Mit zunehmender Dauer des Miktionsaufschubes wird der Harndrang immer stärker, so dass Haltemanöver, wie bei der Dranginkontinenz, eingesetzt werden. Mit anderen Worten: aufgrund der Haltemanöver kann man diese beiden häufigen Formen des Tagseinnässens nicht unterscheiden. Wenn die Miktion nicht weiter aufgeschoben werden kann, kommt es schließlich zum Einnässen. Häufig sind die Kinder verstopft (obstipiert) und koten ein (Enkopresis).

Miktionsaufschub

begleitende Enkopresis

Zusammengefasst liegt bei der Harninkontinenz bei Miktionsaufschub keine angeborene Blasenfunktionsstörung vor, sondern sie entwickelt sich im Sinne eines erlernten Verhaltens oder als Teilaspekt einer Störung des Sozialverhaltens mit oppositionellem Verhalten. Zusätzlich kann sich eine Harninkontinenz mit Miktionsaufschub in einzelnen Fällen aus einer Dranginkontinenz entwickeln, wenn übermäßig Haltemanöver eingesetzt werden.

komorbide Störung des Sozialverhaltens

- Die *Detrusor-Sphinkter-Dyskoordination (DSD)* wird durch eine fehlende Relaxation und paradoxe Kontraktion des Blasenschließmuskels während des Wasserlassens definiert. Üblicherweise ist beim

Wasserlassen eine subtile Abstimmung zwischen Blasenhohlmuskel (Detrusor) und Blasenschließmuskel (Sphinkter) notwendig. Während der Miktion entspannen sich der Beckenboden und der Schließmuskel vollkommen und der Blasenhohlmuskel zieht sich zusammen, so dass der Urin ungehindert austreten kann. Bei dieser Störung tritt genau das Gegenteil auf: Während des Wasserlassens entspannt sich der Schließmuskel nicht, sondern spannt sich paradoxerweise an. Der Hohlmuskel muss deshalb mit erhöhtem Drücken gegen den Widerstand des Schließmuskels entleeren.

Typische klinische Zeichen sind, dass die Kinder nicht spontan Wasser lassen können, sondern deutlich pressen müssen. Auch erfolgt das Wasserlassen nicht in einem Strahl, sondern unterbrochen in mehreren Portionen. Liegen diese beiden Leitsymptome vor, ist eine weitergehende Untersuchung und Abklärung unbedingt notwendig, da die Rate von medizinischen Komplikationen bei dieser Form am höchsten ist. So tritt sehr häufig ein so genannter vesikoureteraler Reflux auf, das heißt, der Urin fließt aus der Blase zurück zur Niere und kann so zu bleibenden Nierenschädigungen führen. Auch sind Harnwegsinfekte, Stuhlretentionen, Verstopfung und Einkoten sehr häufig.

medizinische Komplikationen des vesikoureteralen Reflux

Koordinationsstörung als erlerntes Verhalten

Zusammengefasst handelt es sich bei der Detrusor-Sphinkter-Dyskoordination um eine erworbene Koordinationsstörung zwischen Blasenhohl- und -schließmuskel im Sinne eines erlernten Verhaltens. Auch kann sie sich aus einer Dranginkontinenz oder einer Harninkontinenz bei Miktionsaufschub entwickeln. Es ist unbedingt notwendig, diese Form wegen der vielfältigen Komplikationen zu erkennen und zu behandeln.

Die *seltenen Formen* sollen nur kurz besprochen werden, da sie zwar erkannt werden müssen, aber in der üblichen Praxis sehr selten vorkommen. In jedem Fall ist eine weitergehende medizinische Abklärung notwendig:

Stressinkontinenz

- Bei der *Stressinkontinenz* kommt es zu einem Urinabgang in Zusammenhang mit erhöhtem Druck innerhalb des Bauchraumes, z.B. beim Husten oder Niesen. Im Prinzip handelt es sich dabei um einen „undichten" Schließmuskel, so dass auch nur geringe Druckerhöhungen im Bauchraum zum Urinaustritt führen. Diese Form ist bei erwachsenen Frauen aufgrund einer Beckenbodenschwäche häufig, aber im Kindesalter extrem selten. Die Urinmengen sind beim Einnässen eher gering.

Lachinkontinenz

- Bei der *Lachinkontinenz* kommt es zu einer kompletten Blasenentleerung beim Lachen, die wie bei der Stressinkontinenz nicht durch eine Druckerhöhung, sondern durch einen Reflex ausgelöst wird. Die Urinmengen sind groß, das heißt, die Kleidungsstücke sind meistens komplett nass. Das Symptom ist für die Betroffenen extrem lästig. Diese Störung wird genetisch vererbt.

- Schließlich handelt es sich bei dem so genannten *Lazy-Bladder-Syndrom* („Syndrom der faulen Blase") um eine extreme Form der Harninkontinenz bei Miktionsaufschub. Die Blase ist so „ausgeleiert" und vergrößert, dass sie sich nicht mehr vollständig entleeren kann und immer ein Resturin zurückbleibt. Das Wasserlassen ist unterbrochen, da die Blase eine komplette Entleerung nicht mehr „schafft". Es wird deshalb häufig eine Bauchpresse eingesetzt, um die Blasenentleerung zu Ende zu bringen.

Lazy-Bladder-Syndrom als extreme Form der Harninkontinenz bei Miktionsaufschub

Diese seltenen Einnässformen erfordern immer eine spezielle medizinische Diagnostik und Therapie, wobei auch verhaltenstherapeutische Elemente integriert werden. In diesem Zusammenhang muss auf die Spezialliteratur verwiesen werden (siehe von Gontard, 2001a).

spezielle Diagnostik

Tabelle 3: Übersicht über die wichtigsten Leitsymptome der funktionellen Harninkontinenz: beim Vorliegen dieser Symptome muss die entsprechende Verdachtsdiagnose durch weitergehende Untersuchungen erhärtet werden

Form des Einnässens tagsüber	Wichtigste Leitsymptome
Idiopathische Dranginkontinenz	Häufiger Toilettengang > 7x/Tag, kleine Mengen, Drangsymptome
Harninkontinenz bei Miktionsaufschub	Seltener Toilettengang < 5x/Tag mit Hinauszögern
Detrusor-Sphinkter-Dyskoordination	Pressen zu Beginn und während des Wasserlassens, unterbrochener Harnfluss
Stressinkontinenz	Einnässen beim Husten, Niesen, Anspannen, kleine Mengen
Lachinkontinenz	Einnässen beim Lachen, grosse Mengen mit kompletter Entleerung
Lazy-Bladder-Syndrom	Unterbrochener Harnfluss, Blasenentleerung nur mit Pressen möglich

1.1.3 Prävalenz

1.1.3.1 Enuresis nocturna

Das nächtliche Einnässen ist zwei- bis dreimal häufiger als das Einnässen tagsüber. Das Geschlechtsverhältnis beträgt 1,5 bis 2 Jungen zu 1 Mädchen. Die Prävalenz ist weltweit, transkulturell vergleichbar und beträgt je nach Definition 43,2 % bei den 3-Jährigen und 20,2 % bei den 4-Jährigen, d.h. vor Definition einer Störung. Bei den 5-Jährigen sind 15,7 % betroffen, bei den 6-Jährigen 13,1 %, den 7-Jährigen 10,3 %, den 8-Jährigen 7,4 %, den 9-Jährigen 4,5 %, den 10-Jährigen 2,5 %, den Jugendlichen 1 bis 2 % und schließlich bei den Erwachsenen 0,3 bis 1,7 %. Wie ersichtlich, zeigt das nächtliche Einnässen eine hohe spontane Rückbildungsrate auch ohne Therapie. Die spontane Remissionsrate beträgt 13 % pro Jahr, das heißt, von jedem Jahrgang werden ein Jahr später 13 % der Kinder trocken, während 87 % weiter einnässen (von

Prävalenz nach Alter und Geschlecht

Gontard & Lehmkuhl, 1997a, b; Wille, 1994a; Hellström et al., 1990; Fergusson & Horwood, 1994; Järvelin et al., 1988; de Jonge et al., 1973; Krantz et al., 1994).

Die primäre Enuresis nocturna (PEN) ist allgemein häufiger als die sekundäre. Die sekundäre Enuresis nocturna (SEN) hat einen Häufigkeitsgipfel von 7 Jahren (5,1 %) und ist zu diesem Alter gleich häufig wie die primäre Enuresis (5,2 %).

In den epidemiologischen Untersuchungen werden die monosymptomatischen und die nicht-monosymptomatischen Formen üblicherweise nicht unterschieden, so dass die Daten dazu sehr spärlich sind. Bei den 7-Jährigen waren in einer Untersuchung beide Formen etwa gleich häufig.

1.1.3.2 Funktionelle Harninkontinenz

Prävalenzangaben der funktionellen Harninkontinenz

transkulturelle Unterschiede

Zu dem Einnässen tagsüber liegen weniger genaue Prävalenzdaten vor. Das Geschlechtsverhältnis beträgt 1,0 bis 1,5 zu 1 (weiblich : männlich), das heißt, Mädchen sind gleich oder etwas häufiger betroffen als Jungen. Es zeigen sich deutlichere transkulturelle Unterschiede, so nässen 16 bis 47 % der 3-Jährigen und 2 bis 12 % der 4-jährigen Kleinkinder, das heißt, vor Definition einer Störung ein. Es sind dann je nach Definition 2 % der 5-Jährigen, 2,9 % der 6-Jährigen, 3,6 % der 7-Jährigen, 4,0 % der 8-Jährigen, 3,0 % der 10-Jährigen und unter 1 % der Jugendlichen. Das Einnässen tagsüber nimmt im Erwachsenenalter deutlich zu, so nässen 12 bis 18 % der 25- bis 64-Jährigen und 9 bis 23 % der über 65-Jährigen ein. Zu den Subformen liegen praktisch keine Daten vor. Die idiopathische Dranginkontinenz (ID) ist die häufigste Form des Tagseinnässens und die einzige, bei der die Mädchen häufiger betroffen sind. Die Harninkontinenz bei Miktionsaufschub (MA) war in klinischen Untersuchungsreihen etwa gleich häufig mit einer höheren Knabenwendigkeit.

1.1.4 Differenzialdiagnose

1.1.4.1 Psychopathologische Differenzialdiagnose

In vielen Fällen nässen Kinder ein, ohne dass eine weitere psychische Störung vorliegt. In diesen Fällen wird nur die Form des Einnässens diagnostiziert. Wenn das Kind sowohl einnässst, als auch Zeichen einer weiteren psychischen Störung aufweist, werden beide getrennt klassifiziert.

Beim Einnässen handelt es sich demnach weniger um eine Frage der psychopathologischen Differenzialdiagnose, sondern um einer Erfassung der Komorbidität (siehe 1.2.1). Hierbei müssen vor allem zwei seltene Ausnahmen differenzialdiagnostisch überlegt werden:

Erfassung der Komorbidität

Ein willkürliches Einnässen kann im Rahmen von schweren Deprivations- und Misshandlungssyndromen sowie bei anderen schweren psychischen Störungen (der Emotionen und des Sozialverhaltens) auftreten. Hierbei gilt es vor allem, die entwicklungs- und aufrechterhaltenden Bedingungen des Einnässens zu erfassen, wobei das Symptom nicht zwingend bei Deprivationszuständen auftreten muss, aber an eine entsprechende Konstellation gedacht werden sollte.

Bedeutung von entwicklungs- und aufrechterhaltenden Bedingungen

Auch eine psychogene Polydipsie (exzessives Trinken) kann in seltenen Fällen zum Einnässen führen. Diese wurde in der eigenen Praxis jedoch noch nie beobachtet. Statt dessen findet man sehr viel häufiger, dass Kinder zu wenig trinken, das heißt, sie versuchen, zum Teil ihre Einnässproblematik durch ein Einschränken der Trinkmenge zu kompensieren.

1.1.4.2 Somatische Differenzialdiagnose

Körperliche Grunderkrankungen spielen von ihrer Häufigkeit her eine bedeutende Rolle und müssen unbedingt ausgeschlossen werden. Sie sind sehr viel häufiger bei Kindern, die tagsüber einnässen. Während alle Kinder ärztlich untersucht werden sollten, erfordern Kinder, die tagsüber einnässen eine sehr viel intensivere Abklärung und Mitbehandlung der organischen Grundproblematik. Ein besonderes Ziel im Kindesalter ist es, bleibende Schädigungen der Nieren, die u.a. durch Harnwegsinfektionen des Nierensystems entstehen können, unbedingt zu vermeiden. Leider kommt es immer noch zu vermeidbaren, irreversiblen Nierenschädigungen aufgrund einer funktionellen Blasenstörung, die nicht adäquat oder zu spät behandelt wurde.

organische Ursachen häufiger bei tagsüber einnässenden Kindern

Man kann die organischen Ursachen der Harninkontinenz grob in folgende Gruppen einteilen:

- strukturell bedingte (d.h. durch Fehlbildungen und Fehlanlagen des Harntaktes)
- neurogen bedingte (d.h. durch Störungen der Innervation der Blase)
- durch andere medizinische Erkrankungen hervorgerufene (d.h. entweder durch Allgemeinerkrankungen, die zu einer vermehrten Urinbildung führen, oder durch Entzündungen des Harntraktes).

organische Ursachen der Harninkontinenz

Diese Aspekte müssen in die Differenzialdiagnose mit einbezogen werden.

- *Strukturelle Harninkontinenz*

Fehlbildung im Harntrakt

Die strukturelle Harninkontinenz entsteht durch Fehlbildungen im Bereich des Harntraktes. Sie sind insgesamt häufiger bei einnässenden Kindern im Vergleich zu Kontrollen. Oft stellen sie einen Zufallsbefund dar, der durch eine genaue Untersuchung erhoben wird, manchmal stehen sie auch in direktem kausalen Zusammenhang mit dem Einnässen. Alle diese Erkrankungen bedürfen einer urologischen oder kinderchirurgischen Fachabklärung. Eine kurze, empfehlenswerte Übersicht findet sich in dem Kompendium von Dietz et al. (2001).

Fehlbildung der Niere

So können im Bereich der *Nieren* auftreten: Eine renale Agenesie (komplettes Fehlen einer Niere); eine Doppelnierenbildung, die wir an unserer Klinik häufig als Zufallsbefund diagnostiziert haben; eine Erweiterung des Nierenbeckens, z.B. durch eine Ureterabgangsstenose (d.h. eine Verengung des Harnleiters, so dass das Nierenbecken aufgestaut wird). In seltenen Fällen müssen Nierenzysten (flüssigkeitsgefüllte Hohlräume im Nierengewebe) und in extrem seltenen Fällen sogar Tumore ausgeschlossen werden.

Im Bereich des *Harnleiters* kann es ebenfalls zu Fehlbildungen kommen, z.B. in Form eines Megaureters (vergrößerten Harnleiters) oder durch eine Fehleinmündung des Harnleiters an einer nicht üblichen Stelle, wie am Blasenhals, an der Harnröhre oder der Vagina.

Eine häufige Differenzialdiagnose ist der vesikoureterale Reflux. Darunter versteht man ein Zurückfließen des Harns in den Harnleiter und bis zu den Nieren. Üblicherweise fließt der Urin von den Nieren in eine Richtung, nämlich zur Blase hin. Durch einen speziellen Verschlussmechanismus bei der Einmündung des Harnleiters in die Harnblase wird üblicherweise verhindert, dass Urin zurückfließt.

vesikoureteraler Reflux

Dieser vesikoureterale Reflux ist deutlich häufiger bei Kindern, die tagsüber einnässen. Jede Erhöhung des Blaseninnendrucks (wie bei der Harninkontinenz bei Miktionsaufschub oder der Detrusor-Sphinkter-Dyskoordination) kann dazu führen, dass langfristig Urin zur Niere zurückfließt. Bei extremen Formen kann sogar das gesamte Nierenbecken betroffen sein mit der Gefahr einer langfristigen Niereninsuffizienz (Nierenversagen). Aber auch bei leichteren Formen ist die Gefahr eines Harnwegsinfektes deutlich erhöht. Vesikoureterale Refluxe erfordern unbedingt eine röntgenologische und fachärztliche Abklärung. Die leichteren Formen werden konservativ mit einer antibiotischen Prophylaxe (Langzeitantibiotika) behandelt, die schwereren müssen operiert werden.

Aber auch im Bereich der *Harnröhre* kann es zu Fehlbildungen kommen. Am häufigsten finden sich hintere Harnröhrenklappen (segelförmige Klappen in der Harnröhre), die eine Entleerung der Blase verhindern. Aber auch andere Einengungen der Harnröhre, z.B. durch eine Phimose (Vorhautverengung), müssen bedacht werden. Ferner gibt es auch bei der Harnröhre Fehleinmündungen, wie die Hypospadie (Fehleinmündung der Harnröhre am unteren Penisschaft) und die Epispadie (Fehleinmündung der Harnröhre am oberen Penisschaft) bei Jungen.

- *Neurogene Harninkontinenz*

Bei den neurogen bedingten Formen der Harninkontinenz ist die Innervation (die Funktion der Nervenbahnen von und zur Blase) gestört. Ein Beispiel hierfür ist die Spina bifida occulta (der sog. „offene Rücken"). Hierbei handelt es sich um eine Verschlussstörung der Wirbelbögen, die vollständig (Spina bifida) oder inkomplett, verdeckt auftreten kann (Spina bifida occulta). Sie können zu Ausfällen der Nerven für die unteren Extremitäten, aber auch für die Blase führen.

Spina bifida

Andere seltene neurogene Formen sind das so genannte „Tethered Chord Syndrom", bei dem der untere Teil des Rückenmarks während der Entwicklung fixiert wird und unter Zug gerät, sowie seltene Tumore des Wirbelkanals (Olbing, 1993). Deshalb sollten bei der kinderärztlichen Untersuchung immer auf die Wirbelsäule, sowie auf Asymmetrien, Reflexdifferenzen und Sensibilitätsausfälle der unteren Extremitäten geachtet werden.

- *Harninkontinenz aufgrund medizinischer Grunderkrankungen*

Erkrankungen, die mit einer erhöhten Urinausscheidung (Polyurie)und einem gesteigerten Durst (Polydipsie) einhergehen, können sich mit dem Symptom Einnässen manifestieren. Beispiele hierfür sind der Diabetes mellitus (Zuckerkrankheit) und der Diabetes insipidus (Mangel des antidiuretischen Hormons ADH).

Wegen der Häufigkeit und der hohen Relevanz werden Harnwegsinfekte ausführlich unter 1.2.2 dargestellt.

1.2 Komorbide Störungen

1.2.1 Komorbide psychische Störungen

Es besteht gar kein Zweifel daran, dass Kinder mit einer Einnässproblematik unter einem hohen Leidensdruck stehen. Auch das Selbstwertgefühl kann deutlich beeinträchtigt sein. In mehreren Studien konnte jedoch gezeigt werden, dass dieses subjektive Leiden oft eine Folge des Einnässens ist und sich mit einer erfolgreichen Behandlung zurückbildet – unabhängig von der Behandlungsform (Hägglöf et al., 1996).

Bedeutung von Leidensdruck

Der Leidensdruck verbunden mit Symptomen des Selbstzweifels oder auch Trauer, Ärger und Enttäuschung darf nicht mit einer manifesten psychischen Begleitstörung verwechselt werden. In mehreren epidemi-

erhöhte Komorbidität für die Gesamtgruppe

ologischen Studien konnte eindeutig nachgewiesen werden, dass die Komorbiditätsrate für die Gesamtgruppe der einnässenden Kinder mit ca. 30 % eindeutig erhöht ist. Dies bedeutet, dass die meisten einnässenden Kinder keine weiteren psychischen Auffälligkeiten haben. Höhere Raten finden sich natürlich aufgrund von Selektionskriterien bei klinischen Populationen, vor allem bei Inanspruchnahmepopulationen von kinderpsychiatrischen Kliniken. In diesem Kontext wurden Komorbiditätsraten von bis zu 70 % beschrieben. Andererseits erlauben klinische Stichproben eine sehr viel genauere Erfassung der psychischen Begleitstörungen, als dieses in bevölkerungsbezogenen Untersuchungen oft möglich ist. Es sollen deshalb auch immer wieder Ergebnisse eigener Untersuchungen zitiert werden (von Gontard, 1995; von Gontard et al., 1999), nach denen bei 40% aller einnässenden Kinder mindestens eine weitere psychische Störung nach ICD-10 vorlag.

geringere Komorbidität bei primärer Enuresis nocturna

Enuresis nocturna: Insgesamt zeigen Kinder mit einer reinen Enuresis nocturna eine geringere Komorbiditätsrate als Kinder, die tagsüber einnässen. In den eigenen Untersuchungen betrug die Rate 34 % bei der Gesamtgruppe der Enuresis nocturna, bei der primären Enuresis nocturna (PEN) hingegen nur 20 %. Dabei zeigten sich deutliche Unterschiede bei den verschiedenen Subtypen.

Primäre monosymptomatische Enuresis nocturna (PMEN): Kinder, die nur nachts einnässen, aber tagsüber keine weiteren Zeichen einer Blasenfunktionsstörung zeigen, weisen eine besonders niedrige Rate von begleitenden psychischen Störungen auf. So erfüllten in der eigenen Untersuchung nur 10 % aller Kinder die Kriterien einer Diagnose nach ICD-10. Mit 6 % waren expansive, externalisierende Störungen am häufigsten. Zusammengefasst sind Kinder mit dieser Form des Einnässens nicht auffälliger als nicht einnässende Kinder. Die wenigen Mitauffälligkeiten sind Aufmerksamkeitsprobleme oder Störungen des Sozialverhaltens.

Primäre nicht-monosymptomatische Enuresis nocturna (PNMEN): Sobald Kinder tagsüber Zeichen einer Blasenfunktionsstörung aufweisen, wie z.B. Drangsymptome, steigt die Rate von psychischen Störungen auf 34 %. Am häufigsten sind wiederum externalisierende Störungen mit 22 % und Enkopresis mit 16 %, auf die später weiter eingegangen werden soll (siehe 1.2.3).

erhöhtes Risiko bei sekundärer Enuresis nocturna

Sekundäre Enuresis nocturna (SEN): Kinder, die einen Rückfall erleiden, haben ein eindeutig erhöhtes Risiko für eine begleitende Störung. In eigenen Untersuchungen lag die Rate für eine ICD-10-Diagnose bei 75 %. 32 % hatten eine expansive, 25 % eine emotionale Störung.

Damit sind Kinder mit einer sekundären Enuresis nocturna die psychisch am meisten belastete Gruppe, die eine weitergehende intensive Diagnostik und entsprechende Therapieangebote – über die Behandlung der

Enuresis hinaus – benötigt. Zudem konnten mehrere klinische, wie auch epidemiologische Studien zeigen, dass die Rate von belastenden Lebensereignissen bei Kindern mit SEN signifikant erhöht war, vor allem vor dem Einsetzen des Rückfalls. Besonders belastend war die Verarbeitung der elterlichen Trennung/Scheidung (Järvelin et al., 1990).

Einfluss belastender Lebensereignisse

Funktionelle Harninkontinenz: Kinder, die tagsüber einnässen, zeigen eine insgesamt erhöhte Rate von psychischen Begleitstörungen. In eigenen Untersuchungen lag diese bei 53 %. Ein besonderes Problem bei tagsüber einnässenden Kindern ist die Enkopresis mit 25 %, auf die noch später zurückgekommen wird (siehe 1.2.3). Doch auch innerhalb der Subgruppen zeigen sich deutliche Unterschiede.

Enkopresis gehäuft bei funktioneller Harninkontinenz

Dranginkontinenz (DI): Kinder mit einer Dranginkontinenz zeigen eine leicht erhöhte psychische Komorbidität, die in eigenen Untersuchungen 41 % betrug. Emotionale Störungen waren mit 18 % am häufigsten. Nach klinischem Eindruck entwickeln diese sich als Folge des Einnässens.

Wenn jedoch begleitende Harnwegsinfekte vorliegen, zeigen Kinder mit einer Dranginkontinenz sehr viel seltener psychische Probleme, wie in einer Vergleichsuntersuchung mit Kindern aus einer Kinderklinik demonstriert werden konnte (von Gontard, Lettgen et al., 1998). Man kann deshalb fast zwei Gruppen unterscheiden:

- Dranginkontinenz mit Harnwegsinfekten und nur seltenen oder gering ausgeprägten Verhaltensauffälligkeiten, z.B. emotionalen Störungen
- Dranginkontinenz ohne Harnwegsinfekte, die eine leicht erhöhte psychische Komorbidität aufweisen.

Miktionsaufschub (MI): Kinder mit dieser Form des Einnässens zeigen häufig Begleitstörungen in 61 %, überwiegend expansive Störungen mit 39 %, jedoch auch emotionale Störungen mit 18 % und Enkopresis mit 25 %.

Im Prinzip kann die Harninkontinenz mit Miktionsaufschub bei vielen Kindern als eine Subform der Störung des Sozialverhaltens mit oppositionellem Verhalten aufgefasst werden. Das Zurückhalten des Urins und das Verweigern der Miktion ist häufig verbunden mit anderen oppositionellen Verhaltensweisen. Bei den restlichen Kindern handelt es sich um ein umschriebenes erlerntes Verhalten.

Kombination von Harninkontinenz mit Miktionsaufschub und Störung des Sozialverhaltens

Detrusor-Sphinkter-Dyskoordination: Sie kann entweder als eine erlernte Angewohnheit ohne jegliche psychische Begleitsymptomatik auftreten – oder sie ist mit schweren komorbiden Störungen assoziiert. In eigenen Untersuchungen betrug die Komorbidität für eine weitere ICD-10-Diagnose 57 %, wobei die Stichprobe relativ klein war.

1.2.2 Kormorbide somatische Störungen

Höhere somatische Komorbidität bei tagsüber Einnässen

Alle somatischen Störungen, die differenzialdiagnostisch erwogen werden müssen (siehe 1.1.4), können auch als komorbide Störungen in Frage kommen. Die somatische Komorbidität ist bei Kindern, die tagsüber einnässen, deutlich erhöht im Vergleich zu nächtlichen Einnässern. Zwei Störungen müssen besonders beachtet werden, da sie zu Komplikationen während der Therapie führen können: Der vesikoureterale Reflux und begleitende Harnwegsinfekte.

Vesikoureteraler Reflux (VUR): Wie oben erwähnt (sieh 1.1.4), kommt es beim VUR zu einem Zurückfließen des Urins von der Blase in den Harnleiter, zum Teil bis in das Nierenbecken. Die Rate von VUR ist bei Kindern mit einer funktionellen Harninkontinenz (Einnässen tagsüber) deutlich erhöht. Dies wiederum erhöht das Risiko für Harnwegsinfekte. Falls diese auch das Nierenbecken und -gewebe betreffen (so genannte Pyelonephritis), kann es zu bleibenden Schädigungen der Nieren kommen. Dies muss auf jeden Fall vermieden werden.

Deshalb ist es unbedingt erforderlich, bei allen Kindern, die tagsüber und nachts einnässen, zunächst die Tagproblematik zu behandeln. So kann zum Beispiel eine zu früh begonnene Behandlung mit einem Klingelgerät bei einem Kind mit einer Harninkontinenz bei Miktionsaufschub die Retentionsneigung weiter verstärken und das Auftreten eines Refluxes, wie auch von Harnwegsinfekten begünstigen.

Diagnostik bei Reflux: MCU

Refluxe können nur mit speziellen Röntgenaufnahmen diagnostiziert werden, bei denen die Blase mit einem Kontrastmittel gefüllt wird und das Zurückfließen während des Wasserlassens röntgenologisch dokumentiert wird. Diese Untersuchung wird mit dem Miktionscystourogramm (MCU) durchgeführt.

Harnwegsinfekte: Harnwegsinfekte können nur die Blase betreffen und äußern sich in einem häufigen Toilettengang, Drangsymptomen und Brennen beim Wasserlassen. Diese Form wird als *Zystitis* (Blasenentzündung) bezeichnet. Wenn zusätzlich Fieber und Schmerzen im Rückenbereich auftreten, muss dieses als absolutes Warnzeichen für das Vorliegen einer *Pyelonephritis* (Nierenbeckenentzündung) gewertet werden, die sofort behandelt werden muss. Harnwegsinfekte werden akut mit Antibiotika behandelt, nachdem eine Urinuntersuchung mit Keimbestimmung (Mikrobiologie) durchgeführt wurde. Falls wiederholte Harnwegsinfekte auftreten, kann es erforderlich sein, dass eine antibiotische Prophylaxe mit einem niedriger dosierten Antibiotikum über mehrere Monate durchgeführt wird.

Bei *asymptomatischen Bakteriurien* finden sich zwar Keime in der Blase, jedoch manifeste Zeichen, wie Brennen beim Wasserlassen oder gar Fieber fehlen. Eltern können berichten, dass der Urin anders riecht und die Kinder häufiger auf die Toilette müssen. Asymptomatische Bakteriurien werden möglichst nicht oder nur zurückhaltend antibiotisch behandelt wegen der Gefahr, resistente Keime anzuzüchten. Hier gilt es, dass das Kind kinderärztlich untersucht und beobachtet wird, aber eben nicht mit Antibiotika behandelt wird.

Harnwegsinfekte gehäuft bei tagsüber Einnässen

Auch Harnwegsinfekte sind deutlich erhöht bei Kindern, die tagsüber einnässen. Dabei kann es zu einem typischen Teufelskreis kommen: Durch die Blasenfunktionsstörung wird das Auftreten von Harnwegsinfekten begünstigt; durch die Harnwegsinfekte kommt es häufiger zum Einnässen; durch die feuchte Unterwäsche kann sich der nächste Infekt, vor allem bei Vorschädigungen der Blasenwand, leichter entwickeln, wodurch es wieder zum Einnässen kommt usw. Dieser Teufelskreis sollte unbedingt unterbrochen werden – durch Antibiotika, wie auch durch die Behandlung der Blasenfunktionsstörung.

Wenn ein Kind jedoch unter einem akuten Harnwegsinfekt leidet, wird es oft nicht möglich sein, vor Abklingen des Infektes z.B. verhaltenstherapeutische Maßnahmen adäquat durchzuführen. In diesen Fällen ist abzuwarten, bis der Harnwegsinfekt zu Ende behandelt ist.

1.2.3 Komorbides Einkoten (Enkopresis)

Assoziation von Enuresis und Enkopresis

Mehrere Studien konnten eindeutig zeigen, dass Einkoten und Einnässen überdurchschnittlich häufig miteinander assoziiert sind. In einer Studie nässten 29 % der Kinder mit Enkopresis tagsüber und 34 % auch nachts ein. Da diese Assoziation vor allem bei tagsüber einnässenden Kindern diagnostisch und therapeutisch so wichtig ist, soll sie näher besprochen werden.

ICD-10-Kriterien der Enkopresis

Definition der Enkopresis: Die Enkopresis wird nach ICD-10 definiert als ein willkürliches oder unwillkürliches Absetzen von Stuhl an Stellen, die nicht dafür vorgesehen sind, ab einem Alter von 4 Jahren nach Ausschluss organischer Ursachen. Eine Häufigkeit von mindestens einmal pro Monat und eine Dauer von 6 Monaten muss vorliegen.

Praktisch sehr sinnvoll ist die Unterscheidung nach DSM-IV in eine Enkopresis mit und eine ohne Verstopfung (Obstipation).

Enkopresis mit Obstipation

- *Enkopresis mit Obstipation:* Die Enkopresis mit Obstipation beginnt oft im Kleinkindalter und kann durch psychische, wie auch somatische Faktoren (wie schmerzhafte Stuhlentleerung durch Hautrisse) ausgelöst werden. Häufige psychische Auslöser sind belastende Ereignisse im Leben des Kindes. Die Kinder halten akut, zunächst zeitlich begrenzt den Stuhl ein, hieraus kann sich jedoch wiederum ein Teufelskreis entwickeln. Es kommt dabei zu einer immer ausgeprägteren Stuhlretention, der Darm weitet sich aus, die Sensibilität lässt nach und die Transitzeit des Darmes wird deutlich verlängert, das heißt, der harte Stuhl verbleibt länger im Darm. Frischer Stuhl kann zwischen alten Stuhlballen austreten. Dieses wurde früher als „Überlaufenkopresis" bezeichnet, korrekter wäre eher der Begriff „Zwischenlauf-Enkopresis".

Erhebung einer gründlichen Anamnese

Zum gleichzeitigen Einnässen kommt es bei dieser Form des Einkotens vermutlich durch lokale Faktoren. So drücken die zurückgehaltenen Stuhlmassen von hinten gegen die Blase und den Blasenhals und können die Funktion der Blase beeinträchtigen. Ferner stellt der Beckenboden eine gemeinsame physiologische Einheit dar, so dass das Zurückhalten des Stuhles eine Retention des Urins und anders herum bewirken wird.

Als praktische Konsequenz dieser Befunde konnte gezeigt werden, dass bei Kindern, die einnässen, einkoten und obstipiert sind, alleine die Behandlung des Einkotens das Einnässen reduziert. Es sollte deshalb anamnestisch immer nach einer begleitenden Verstopfung und nach Einkoten gefragt werden. Falls diese Symptome vorliegen, sollten sie immer zuerst behandelt werden.

Enkopresis ohne Obstipation

- *Enkopresis ohne Obstipation:* Bei der zweiten Form des Einkotens finden sich keine Zeichen der Verstopfung. Doch auch hierbei kann es zum komorbiden Einnässen kommen, nach einer Studie nässten 7 % tagsüber, 10 % nachts ein.

  Die pathophysiologischen Zusammenhänge sind bei dieser Form des Einkotens sehr viel weniger geklärt. Doch auch hier gilt, dass eine Behandlung der Enkopresis alleine die Einnässproblematik reduziert und deshalb immer vorgezogen werden sollte.

  Die Behandlung der Enkopresis wird unten ausgeführt. Bei beiden Formen sind nach Abklärung psychoedukative, verhaltenstherapeutische Maßnahmen mit regelmäßigen Schickzeiten auf die Toilette notwendig.

Differenzielle Therapie der Enkopresis

  Bei der Enkopresis mit Obstipation sind häufig Einläufe und abführende Maßnahmen unumgänglich. Bei der Enkopresis ohne Obstipation können abführende Mittel dagegen zu einer Symptomverstärkung führen.

1.3 Pathogenese

1.3.1 Genetik

Enuresis nocturna: Bei der Enuresis nocturna handelt es sich um eine genetisch bedingte Reifungsstörung des zentralen Nervensystems. Die genetische Belastung ist für die primären, wie auch die sekundären Formen gleich und kann deshalb zusammenfassend besprochen werden. Genetik als wichtigster ätiologischer Faktor wird sowohl durch formalgenetische Studien, die das Vererbungsmuster „untersuchen", wie durch molekulargenetische Untersuchungen der DNA unterstrichen (von Gontard et al., 2001).

Formalgenetische Untersuchungsergebnisse zeigen Bedeutung familiärer Belastung

Formalgenetisch zeigen empirische Familienuntersuchungen, dass 60 bis 80 % aller einnässenden Kinder weitere Verwandte mit einer Einnässproblematik haben. Das Wiederholungsrisiko beträgt 44 % wenn ein Elternteil, 77 % wenn beide Eltern eingenässt haben (Bakwin, 1961, 1973).

Auch epidemiologische Studien konnten zeigen, dass eine familiäre Belastung für Enuresis den wichtigsten Faktor überhaupt darstellte. Wenn mindestens zwei erstgradige Verwandte eingenässt hatten, verzögerte sich das Erreichen der Trockenheit um 1 ½ Jahre. Zudem hatten Kinder, die nach dem Alter von 5 Jahren trocken wurden, ein 3,4fach höheres Risiko für einen Rückfall, das heißt, für eine sekundäre Enuresis nocturna. In einer anderen epidemiologischen Studie war das Risiko für eine Enuresis bei 7-jährigen Kindern 5- bis 7fach erhöht, wenn ein Elternteil, 11,3fach, wenn beide Eltern eingenässt hatten.

Konkordanz bei eineiigen Zwillingen erhöht

Ferner konnten mehrere Zwillingsstudien zeigen, dass die Konkordanz (Übereinstimmung) bei eineiigen Zwillingen signifikant höher lag (46 bis 68 %) im Vergleich zu zweieiigen Zwillingen (19 bis 36 %), die, wie alle Geschwister, nur 50 % ihrer Gene teilen (Bakwin, 1973).

Bei Segregationsanalysen (statistischen Stammbaumanalysen) zeigte sich ferner, dass etwa 44 % aller Familien einem autosomal dominanten Erbgang mit reduzierter Penetranz folgen. Dies bedeutet, dass nur ein „Enuresis-Gen" von einem Elternteil ausreicht und zu der Enuresis führen kann (dominant) und dass dieses Gen nicht auf einem der Geschlechtschromosomen liegt (autosomal). Die reduzierte Penetranz von 90 % bedeutet, dass, selbst wenn ein entsprechendes Gen vorliegt, nur 90 % eine Einnässproblematik entwickeln. Dagegen sind nur ein Drittel aller Fälle „sporadisch", das heißt, keine weiteren Verwandten leiden oder litten unter der Einnässproblematik.

Enuresis nocturna überwiegend genetisch determiniert

Zusammengefasst zeigen die genetischen Untersuchungen zur Enuresis nocturna eindeutig, dass es sich um eine überwiegend genetische Störung handelt, die durch Umweltfaktoren moduliert wird. Bei der primären Enuresis nocturna ist der Umwelteinfluss relativ gering, das heißt, die Erbfaktoren führen über ein verspätetes Trockenwerden zu dem nächtlichen Einnässen. Bei der sekundären Enuresis nocturna dagegen führen die genetischen Faktoren zu einem verspäteten Trockenwerden sowie zu einer erhöhten Disposition, mit einem Rückfall zu reagieren. Wenn Umweltfaktoren, wie belastende Lebensereignisse, wie auch vorbestehende psychische Störungen auf diese genetische Position treffen, dann entwickelt sich ein Einnässen – und nicht, wie bei anderen Kindern, eine andere Störung (siehe Abb. 1).

Zusammenwirken genetischer Faktoren und Umweltbedingungen

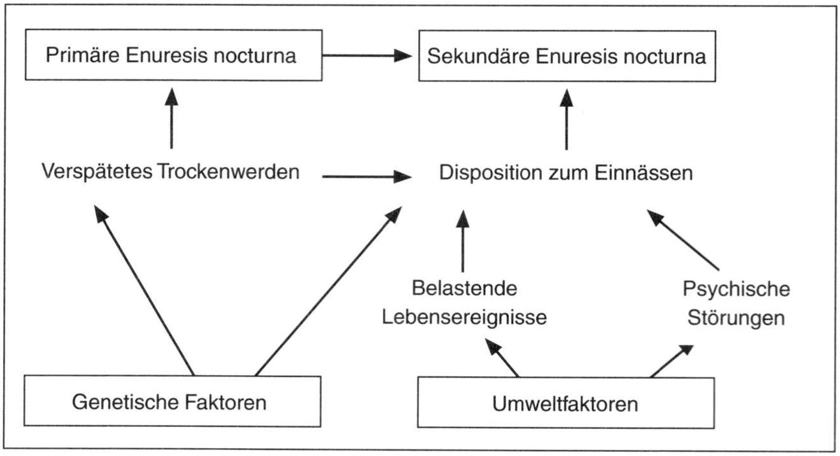

Abbildung 1: Zusammenhänge zwischen primärer und sekundärer Enuresis nocturna (nach von Gontard, 1998)

Genetische Faktoren bewirken somit ein verspätetes Trockenwerden bei der primären und eine Disposition für einen Rückfall bei der sekundären Enuresis nocturna, die durch belastende Lebensereignisse, wie durch psychische Störungen ausgelöst werden kann.

Molekulargenetische Befunde

Molekulargenetisch sind seit 1995 in Kopplungsanalysen mehrere Genorte (Loci) auf den Chromosomen 4, 8, 12, 13 und 22 lokalisiert worden. In anderen Worten, es sind inzwischen sogar auf DNA-Ebene die Orte gefunden worden, an denen die Gene für die Enuresis nocturna mit Sicherheit liegen. Die Gene selber, sowie deren direkte Genprodukte (Eiweiße) sind noch nicht bekannt. Nach den neurobiologischen und hormonellen Ergebnissen (siehe 1.3.2 und 1.3.3) handelt es sich bei der Enuresis nocturna um eine Störung des Zentralen Nervensystems, d.h. im Gehirn werden die Enuresis-Gene ihre Hauptwirkung auslösen (Eiberg et al., 1995a, b; von Gontard et al., 1997).

Funktionelle Harninkontinenz: Beim Einnässen tagsüber sind genetische Faktoren bisher sehr viel schlechter untersucht als beim nächtlichen Einnässen.

Dranginkontinenz: Die Dranginkontinenz ist die Subform, die am eindeutigsten genetisch determiniert ist. In mehreren Familien finden sich Vererbungsmodi, die ebenfalls mit einem autosomal dominanten Erbgang vereinbar wären. Die erste Kopplungsanalyse konnte einen möglichen Genort auf Chromosom 17 identifizieren (Eiberg et al., 1999).

Harninkontinenz bei Miktionsaufschub: Bei dieser Form spielen genetische Faktoren vermutlich keine Rolle. Es handelt sich um ein psychogen bedingtes Verweigerungssyndrom.

Detrusor-Sphinkter-Dyskoordination: Obwohl in einigen Familien Kinder und Eltern unter einer dyskoordinierten Blasenentleerung leiden, wird überwiegend davon ausgegangen, dass es sich um ein erlerntes, erworbenes Verhalten handelt.

1.3.2 Neurobiologische Befunde

Enuresis nocturna: Auch die neurobiologischen Befunde sind bei den primären und sekundären Formen vergleichbar, so dass sie zusammen besprochen werden können (von Gontard & Lehmkuhl, 1997b).

neurobiologische unspezifische Befunde: EEG, „soft-signs"

Zunächst finden sich als unspezifische Hinweise auf eine Beteiligung des zentralen Nervensystems ein geringeres Geburtsgewicht, ein geringeres Längenwachstum und ein verzögertes Knochenalter. Diese diskreten Auffälligkeiten zeigen sich oft erst in großen Kohorten und müssen für das einzelne Kind natürlich nicht zutreffen. Dagegen nässen geistig wie auch körperlich behinderte Kinder häufiger ein. Auch finden sich bei etwa einem Drittel aller Kinder feinneurologische Koordinationsstörungen (so genannte „soft-signs") als weiterer unspezifischer Hinweis auf die Beteiligung des zentralen Nervensystems. Auch in den Hirnstromkurven (EEG) zeigen Kinder mit nächtlichem Einnässen eine etwas höhere Rate von auffälligen Befunden.

unauffällige Schlafphasen

In Schlafuntersuchungen – ebenfalls mit EEG-Ableitungen – zeigen Kinder mit Enuresis nocturna dagegen erstaunlich wenig Besonderheiten. So ist die Schlafarchitektur (die Struktur der einzelnen Schlafphasen) völlig unauffällig. Das Einnässen entspricht keinem Traumäquivalent, da das Auftreten in einer Traumphase (so genannte REM- oder Rapid-Eye-Movement-Phase) eher zur Ausnahme gehört. Statt dessen kann es in allen Non-REM (Nicht-Traum-Phasen) auftreten, das heißt, sowohl im leichten als auch im tiefen Schlaf. Es findet sich lediglich eine Häufung im ersten Drittel der Nacht (Watanabe & Azuma, 1989; Watanabe, 1995; Norgaard et al., 1997).

Das Grundproblem bei der Enuresis nocturna liegt demnach nicht im Bereich der Großhirnrinde, deren Aktivität im EEG gemessen wird, sondern in tieferen Hirnstrukturen. Zwei mögliche Funktionsstörungen können zum nächtlichen Einnässen führen, wenn die Blase gefüllt ist und bereit ist, sich zu entleeren:

- Der Blasenentleerungsreflex wird nicht adäquat unterdrückt. Diese Funktion wird von dem pontinen Miktionszentrum im Hirnstamm übernommen.

– Die volle Blase führt nicht zu einem Erwecken, was durch ein zweites Zentrum, nämlich dem Locus Coeruleus vermittelt wird.

Beide Zentren liegen in direkter anatomischer Nähe und sind funktionell miteinander verbunden. Diese Funktionsstörungen können mit anderen neurophysiologischen Untersuchungen, z.B. der Modulation des Blink-Reflexes, nachgewiesen werden. Auch kann das pontine Miktionszentrum bei Erwachsenen mittels funktioneller Bildgebung (PET-Untersuchungen) dargestellt werden.

erschwerte Erweckbarkeit

Die erschwerte Erweckbarkeit ist ein typisches Merkmal, das von vielen Eltern nachts einnässender Kinder berichtet wird (Wille, 1994b). In ersten, standardisierten Weckversuchen konnte gezeigt werden, dass Kinder mit einer Enuresis nocturna tatsächlich sehr viel schwerer erweckbar sind als nicht einnässende Kinder. Mit Lautstärken bis zu 120 Dezibel konnten nur 9% der enuretischen Kinder geweckt werden (Wolfish et al., 1997).

Weckversuche bei gesunden Kindern konnten zeigen, dass allgemein nur eine geringe Assoziation zwischen Erweckbarkeit und Schlafstadium besteht. Jüngere Kinder sind schwerer erweckbar als Jugendliche und Erwachsene.

Regulationsstörung im Hirnstamm

Auch sind die meisten Kinder sowieso im ersten Drittel der Nacht schwerer erweckbar. Dies könnte erklären, warum nächtliche Enuretiker mit ihrer spezifischen Regulationsstörung im Bereich des Hirnstammes besonders häufig im ersten Drittel der Nacht einnässen.

Funktionelle Harninkontinenz: Neurobiologische Faktoren sind bei tagsüber einnässenden Kindern sehr viel schlechter untersucht als bei nächtlichen Enuretikern. Dabei scheinen sie eher noch ein höheres neurologisches Risiko aufzuweisen als Kinder, die nur nachts einnässen. In eigenen Untersuchungen betrug die Rate von neurologischen Auffälligkeiten insgesamt 26 % bei tagsüber und 14 % bei nachts einnässenden Kindern. Auch die Rate von pathologischen Wach-EEGs war mit 25 % gegenüber 13 % deutlich erhöht (von Gontard, 1995; von Gontard et al., 1999b). Auch diese Befunde müssen als unspezifische Hinweise verstanden werden, wobei bekannt ist, dass es einen engen Zusammenhang zwischen feinneurologischen und psychischen Auffälligkeiten gibt, die ebenfalls bei den tagsüber Einnässenden häufiger koexistieren.

unspezifische neurobiologische Befunde bei funktioneller Harninkontinenz

Doch auch hierbei unterscheiden sich die einzelnen Subformen deutlich:

– *Idiopathische Dranginkontinenz:* Bei der Dranginkontinenz handelt es sich um eine periphere Störung der Blase und nicht um eine Störung des zentralen Nervensystems. In eigenen Untersuchungen war die Rate von neurologischen Auffälligkeiten mit 21 % gegenüber nächtlichen Einnässern nur gering erhöht.

- *Harninkontinenz bei Miktionsaufschub:* Kinder mit einem Miktionsaufschub hatten mit 32 % die höchste Rate von feinneurologischen Zeichen. Es fanden sich in 25 % der Fälle eindeutig pathologische, aber in 36 % abnorme EEGs. Beides kann als diffuse, unspezifische neurobiologische Belastung bei diesen Syndrom mit einer ausgeprägten psychischen Symptomatik gewertet werden.
- *Detrusor-Sphinkter-Dyskoordination:* Hierzu liegen keinerlei exakte Daten vor, die auf eine neurobiologische Beteiligung schließen lassen.

1.3.3 Neuroendokrinologische Befunde

Enuresis nocturna: Bei Kindern mit primärer wie auch sekundärer Enuresis nocturna finden sich bei vielen, jedoch nicht allen Kindern folgende zwei Besonderheiten: Eine vermehrte Urinproduktion nachts (Polyurie) und eine Verschiebung der zirkadianen Tag-/Nachtrhythmik des antidiuretischen Hormons ADH. Die vermehrte Urinbildung kann so stark sein, dass sie die Kapazität der Blase deutlich übersteigt. In anderen Worten, falls die Kinder nicht aufwachen, kommt es unweigerlich zum Einnässen. Das Ausmaß der Urinbildung wird u.a. durch das antidiuretische Hormon reguliert. Dies wird in der Hirnanhangsdrüse ausgeschieden und führt zu einer geringeren Urinbildung (Anti-Diurese). Es wird üblicherweise tagsüber geringer ausgeschüttet, so dass größere Mengen Urin tagsüber gebildet werden. Nachts steigt die Ausschüttung an, so dass die Urinproduktion gedrosselt wird, die Urinmengen abnehmen und der Urin konzentrierter wird.

Auffälligkeiten in der Urinproduktion nachts und zirkadianen Rhythmik des antidiuretischen Hormons

In mehreren Untersuchungen konnte gezeigt werden, dass diese übliche zirkadiane Rhythmik bei einigen Kindern mit Enuresis nocturna aufgehoben ist, das heißt, sie schütten nachts ähnlich viel ADH aus wie tagsüber, aber relativ weniger im Vergleich zu nicht einnässenden Kindern. In keinem Fall handelt es sich um einen Mangel des antidiuretischen Hormones, sondern nur um eine Fehlverteilung im Tag-/Nachtrhythmus (Rittig et al., 1989; Norgaard et al., 1985).

Aufgrund dieser Befunde wurde in den 80er Jahren die „Polyurie und ADH-Hypothese" der Enuresis nocturna postuliert, das heißt, die Polyurie wurde als Hauptursache angesehen. Inzwischen muss diese Hypothese in Frage gestellt werden. So konnten die Befunde zum Teil repliziert werden, zum Teil jedoch nicht. Ferner zeigt sich eine ausgeprägte inter- wie auch intraindividuelle Variabilität. Entscheidend ist jedoch, dass es bei induzierter Polyurie, in dem man Kindern vermehrt Flüssigkeit und urinausscheidende Medikamente (Diuretika) gibt, es nicht zur typischen Enuresis nocturna kommt: Die Kinder wachen auf oder nässen nur geringe Mengen ein. Ferner konnte eine Untersuchung an gesunden Kindern zeigen, dass selbst in der Bevölkerung etwa ein Drittel

hohe inter- und intraindividuelle Variabilität

aller Kinder nachts gleich oder mehr Urin bildet als tagsüber (Polyurie), jedoch nachts aufsteht und nicht einnässt.

Zusammenwirken von Polyurie, erschwerter Erweckbarkeit und antidiuretischem Hormon

Zusammengefasst erhöht die Polyurie eindeutig das Risiko für ein nächtliches Einnässen, reicht jedoch als Bedingung nicht aus: Hinzukommen muss die erschwerte Erweckbarkeit oder die fehlende Unterdrückung des Blasenentleerungsreflexes, das heißt, die oben diskutierten Regulationsstörungen des Hirnstammes. Die Polyurie und Variationen des antidiuretischen Hormones können deshalb als ein weiteres Epiphänomen einer generellen Reifungsverzögerung des zentralen Nervensystems angesehen werden. Weitere hormonelle Veränderungen liegen bei der Enuresis nocturna nicht vor.

Funktionelle Harninkontinenz: Bei allen Formen des tagsüber Einnässens liegen keine Veränderungen der Hormonproduktion oder -ausschüttung vor.

1.3.4 Urodynamische Befunde

Funktion des unteren Harntraktes

Die Urodynamik beurteilt die Funktion bzw. Dysfunktion des unteren Harntraktes. Das Ziel ist die Identifikation einer Blasenfunktionsstörung, die gezielt behandelt werden muss. Wichtige Hinweise ergeben sich schon aus einer genauen Anamnese und vor allem aus einem 24-Stunden-Miktionsprotokoll, in dem Häufigkeit, Urinmengen sowie weitere Auffälligkeiten beim Wasserlassen dokumentiert werden.

- *Uroflowmetrie (Harnflussmessung)*

Uroflowmetrie: Urinvolumen, Miktionsdauer und Harnflussgeschwindigkeit

Eine weitere wichtige, nicht invasive Untersuchung ist die Uroflowmetrie (Harnflussmessung). Neben den Urinvolumina können Miktionsdauer und maximale Harnflussgeschwindigkeit unter anderem gemessen werden. Entscheidend jedoch ist die qualitative Beurteilung der Harnflusskurve. Es können unterschieden werden: Die normale „Glockenform", bei der es zu einem raschen Anstieg der Harnflussgeschwindigkeit bis zu einem Maximum kommt und einem ähnlich kontinuierlichen Abfall, nachdem das Maximum erreicht wurde. Alle anderen Harnflusskurven sind auffällig. Bei einem so genannten „Plateau" erreicht die Harnflussgeschwindigkeit ein nur niedriges Niveau, das während der Miktion beibehalten wird. Diese Kurven können durch Verengungen der Harnröhre bedingt sein. Bei der „intermittierenden" Harnflusskurve kommt es zu Flussgeschwindigkeitsschwankungen, wobei der Fluss nie vollständig, wie bei der „fraktionierten" Form, unterbrochen wird.

Gleichzeitig mit der Harnflussmessung kann ein Oberflächen-EMG (Muskelaktivitätsmessung) registriert werden. Die Kombination von Anspannung im Beckenboden und unterbrochenem Harnfluss ist typisch für die Detrusor-Sphinkter-Dyskoordination.

• *Sonographie (Ultraschall)*

Ferner finden sich auch bei Ultraschalluntersuchungen zwei typische Befunde, die für eine Blasenfunktionsstörung sprechen können. Zum einen weist ein verbleibender Resturin nach der Miktion auf eine inkomplette Blasenentleerung hin, die vor allem bei tagsüber einnässenden Kindern gehäuft ist. Zum anderen findet sich bei Blasenfunktionsstörungen eine Verdickung der Blasenwand, die sich bei korrekter Behandlung zurückbilden kann. Die Blasenwandverdickung entspricht einer Hypertrophie (Volumenzunahme) des Blasenmuskels durch eine unphysiologische, vermehrte Blasenaktivität, die bei Kindern mit einer funktionellen Harninkontinenz typisch ist.

Sonographie: Erfassung von Resturin und Blasenwandverdickung

1.3.4.1 Urodynamische Befunde bei der Enuresis nocturna

Primäre monosymptomatische Enuresis nocturna: Bei dieser Form liegt keine periphere Störung der Blase, sondern, wie oben erwähnt, eine Dysregulation des zentralen Nervensystems vor. Dementsprechend sind die urodynamischen Untersuchungsbefunde weitgehend unauffällig (von Gontard et al., 1999b).

Primäre nicht-monosymptomatische Enuresis nocturna: Kinder mit dieser Form nässen zwar nur nachts ein, zeigen aber tagsüber ähnliche Probleme wie Kinder, die auch tagsüber einnässen. Sie können als Varianten der Dranginkontinenz, der Harninkontinenz bei Miktionsaufschub oder Detrusor-Sphinkter-Dyskoordination aufgefasst werden. Von daher finden sich die gleichen Auffälligkeiten, wie auch bei tagsüber einnässenden Kindern. In eigenen Untersuchungen zeigten sie vor allem eine fehlende Entspannung des Beckenbodens.

Fehlende Entspannung des Beckenbodens

Sekundäre Enuresis nocturna: Kinder mit einer sekundären Enuresis nocturna zeigen ähnliche Auffälligkeiten, wie primäre nächtliche Enuretiker, abhängig davon, ob sie der monosymptomatischen oder nicht-monosymptomatischen Form ähneln.

1.3.4.2 Urodynamische Befunde bei der funktionellen Harninkontinenz

Dranginkontinenz: Bei der idiopathischen Dranginkontinenz handelt es sich um eine überwiegend genetisch bedingte Instabilität der Blase. Normalerweise lässt sich die Blase passiv ohne Druckschwankungen langsam füllen, bis die volle Blase über ein Dranggefühl zum Entleeren der Blase auffordert. Im Gegensatz dazu verhält sich die Blase bei der Dranginkontinenz „instabil“. Schon bei geringen Füllungsvolumina zieht sie sich zusammen, es kommt zu einem Druckanstieg, der als Drangge-

Dranginkontinenz: Störung der Füllungsphase

fühl wahrgenommen wird. Kinder versuchen, zunächst diesen Drang per Haltemanöver, d.h. durch willkürliche Kontraktionen der Beckenbodenmuskulatur, zu unterdrücken. Falls dies nicht erfolgreich ist, kommt es zum Einnässen. Wenn der Drang sehr plötzlich und heftig auftritt, wird dieses als imperativer Drang bezeichnet.

Führt man eine Uroflowuntersuchung bei Kindern mit Dranginkontinenz durch, ist typisch, dass sie trotz nur gering gefüllter Blase einen heftigen Harndrang verspüren. Bei der Miktion steigt die Harnflussgeschwindigkeit deshalb schnell zu einem so genannten „frühen Gipfel" an und fällt anschließend ab. Ansonsten finden sich keine wesentlichen Auffälligkeiten in den Uroflowmetrie-Untersuchungen während der Entleerung.

Harninkontinenz bei Miktionsaufschub: Bei dieser Form ist die Blase ursprünglich nicht betroffen. Durch das wiederholte Aufschieben der Miktion und Einsatz von Haltemanövern wird die Blase „gezwungen", größere Volumina als sonst zu halten. Typisch sind eine Erweiterung der Blasenwand, wie auch ein Resturin nach Miktion. Auch die erhöhte Rate von auffälligen Uroflowkurven, vor allem intermittierende Kurven (Schwankungen der Harnflussgeschwindigkeit ohne vollständige Unterbrechung), lässt sich als sekundäre Folge des unphysiologischen Hinausschiebens der Miktion erklären. Alle Zeichen sind im Prinzip reversibel und können sich mit entsprechender Therapie zurückbilden.

auffällige Uroflowkurve

Detrusor-Sphinkter-Dyskoordination: Störung der Entleerungsphase

Detrusor-Sphinkter-Dyskoordination: Bei dieser Form der funktionellen Harninkontinenz liegen die schwersten urodynamischen Auffälligkeiten vor, die sogar die Voraussetzung für die Diagnose darstellen. Im Gegensatz zur Dranginkontinenz, die eine Störung der Füllungsphase darstellt, handelt es sich hier um eine Problematik der Entleerungsphase. Normalerweise kommt es bei der Entleerung zu einer gleichzeitigen Entspannung des Beckenbodens, Öffnung des Schließmuskels und Kontraktion des Blasenhohlmuskels. Bei der Detrusor-Sphinkter-Dyskoordination ist dieser Vorgang paradoxerweise ins Gegenteil verkehrt. Der Schließmuskel öffnet sich nicht, sondern spannt sogar mit dem Beckenboden an und verhindert die Entleerung. Die Kinder müssen pressen, um den Harnfluss in Gang zu bringen, der durch die Kontraktionen mehrfach unterbrochen ist. Die fraktionierte Miktion (vollständige Unterbrechung des Harnflusses) mit vorherigen Kontraktionen des Beckenbodens kann man mit einer Uroflowmetrie mit Beckenboden-EMG darstellen und nachweisen.

frühzeitiges Biofeedback-Training

Als Folge dieser Störung steigt der Innendruck der Blase an, die Blasenwand kann verdicken, es kann zu einem Reflux, Harnwegsinfekten und Schädigungen des Nierensystems kommen. Aus diesem Grund muss diese Form frühzeitig erkannt und mit einem Biofeedback-Training behandelt werden.

1.3.5 Psychosoziale Faktoren

Enuresis nocturna: Entgegen bisheriger Annahmen hat das Sauberkeitstraining der Eltern keinen Einfluss auf das nächtliche Trockenwerden. Dies konnten zwei Schweizer Längsschnittstudien aus den 50er und 70er Jahren zeigen. Während in den 50er Jahren 96 % aller Eltern mit dem Sauberkeitstraining bis zum Alter von einem Jahr begonnen hatten (Median 7 Monate), hatte sich dies in den 70er Jahren aufgrund veränderter Erziehungseinstellungen und Wegwerfwindeln auf 19 bis 21 Monate (Median) verschoben. Erstaunlicherweise hatten diese enormen Unterschiede keinerlei Einfluss auf das nächtliche Trockenwerden. Man kann deshalb mit den Autoren folgern, dass „frühzeitiges, intensives Training die Entwicklung der Blasenkontrolle nur unwesentlich beeinflussen kann" (Largo et al., 1978, 1996).

Sauberkeitstraining und Erziehungseinstellung

Obwohl das Alter des nächtlichen Trockenwerdens damit überwiegend biologisch bedingt ist, können psychosoziale Faktoren zum Beispiel bei einem Rückfall assoziiert sein. In jedem Fall sollten Einnässen und begleitende psychosoziale Risiken erfasst werden, bevor man voreilig Rückschlüsse auf mögliche kausale Zusammenhänge zieht. Im Prinzip können drei mögliche Assoziationen zwischen Einnässen und psychosozialen Faktoren unterschieden werden:

Zusammenhang von Einnässen und psychosozialen Risiken

- Psychosoziale Risiken, wie belastende Lebensereignisse oder vorbestehende psychische Störungen können einem Rückfall vorausgehen und somit auslösen.
- Das Einnässen kann das Selbstwertgefühl beeinträchtigen und zu einem hohen Leidensdruck bei Kindern und Familien führen. Bei symptomatischer Behandlung – unabhängig von der Art der Behandlung – bilden sich diese subklinischen Zeichen zurück. Hinweise auf eine so genannte „Symptomverschiebung" konnten empirisch nicht bestätigt werden. Diese Selbstwertprobleme können allerdings eine schon bestehende psychische Problematik verstärken.
- Psychosoziale Risiken und Einnässen können ohne jeglichen kausalen Zusammenhang koexistieren. Kausale Rückschlüsse entsprechen dann eher dem Bedürfnis der Eltern und Therapeuten nach einer eindeutigen Erklärung.

Wegen der Komplexität soll der Einfluss psychosozialer Faktoren bei den einzelnen Subformen getrennt besprochen werden. Dabei zeigt sich eindeutig, dass die Formen mit der höchsten psychischen Komorbidität auch die meisten psychosozialen Risiken aufweisen. Wieder sollen Daten aus eigenen Untersuchungen zitiert werden (von Gontard, 1995; von Gontard et al., 1997)

unterschiedlicher Einfluss psychosozialer Faktoren bei einzelnen Subformen

Primäre monosymptomatische Enuresis nocturna: In den epidemiologischen Untersuchungen fanden sich bei der primären Enuresis nocturna als Gesamtgruppe keine Erhöhung von psychischen Störungen, wie auch von einer Vielzahl psychosozialer Risikofaktoren gegenüber Kontrollgruppen. Auch in eigenen Untersuchungen war die Rate von assoziierten abnormen psychosozialen Umständen am niedrigsten (nach der 5. Achse des multiaxialen Klassifikationsschemas der ICD-10; Remschmidt et al., 2001). Nur bei 18 % der Kinder wurden von den Eltern belastende Lebensereignisse angegeben, die im Zusammenhang mit dem Einnässen stehen könnten. Diese Befunde unterstützen ferner die überwiegend genetisch-biologische Ätiologie der primären monosymptomatischen Enuresis nocturna.

Primäre nicht-monosymptomatische Enuresis nocturna: Diese Störung nimmt eine Zwischenstellung zwischen der Enuresis nocturna und den Formen der funktionellen Harninkontinenz ein. Während die psychische Komorbidität leicht erhöht war, waren in eigenen Untersuchungen weder die abnormen psychosozialen Umstände (MAS 5. Achse), noch von Eltern angegebene belastende Lebensereignisse gegenüber der primären monosymptomatischen Enuresis nocturna erhöht. Diese Form wurde in den epidemiologischen Untersuchungen nicht getrennt erfasst.

sekundäre Enuresis nocturna: akute belastende Lebensereignisse als Auslöser

Sekundäre Enuresis nocturna: In epidemiologischen Studien konnte eindeutig gezeigt werden, dass belastende Lebensereignisse und vorausgehende psychische Störungen erhöht sind und als Auslöser für einen Rückfall wirken können. Dabei scheint es zwei Häufigkeitsgipfel zu geben: Im frühen Kleinkindesalter (2 bis 3 Jahre) und im Vorschulalter (5 bis 6 Jahre). Der wichtigste Risikofaktor ist dabei Trennung/Scheidung der Eltern (Järvelin et al., 1990).

Bedeutung familiärer Belastungsfaktoren

In eigenen Untersuchungen hatten nicht nur 75 % aller Kinder mit einer sekundären Enuresis nocturna eine komorbide psychische Störung, sondern 62 % aller Eltern gaben belastende Lebensereignisse im Umfeld des Kindes an, unter anderem bei 19 % eine Trennung/Scheidung der Eltern. Nach der 5. Achse des Multiaxialen Klassifikationsschemas (MAS) waren folgende Faktoren gegenüber primären nächtlichen Enuretikern signifikant erhöht: Disharmonie in der Familie zwischen Erwachsenen, psychische Störung eines Elternteils, inadäquate oder verzerrte Kommunikation, unzureichende elterliche Aufsicht und isolierte Familie.

Trotz gleicher genetischer Disposition ist damit die sekundäre Enuresis nocturna die Gruppe, die die intensivste psychopathologische Abklärung und Behandlung von Begleitsymptomen erfordert.

Funktionelle Harninkontinenz: Bei tagsüber einnässenden Kindern hat das elterliche Sauberkeitstraining einen nur vorübergehenden Effekt in der frühen Kindheit, wie die oben erwähnten Schweizer Längsschnittstudien zeigen konnten (Largo et al., 1978, 1996). So wurden mit frühem, intensivem Training Kinder in den 50er Jahren im Alter von 18 bis 24 Monaten vorübergehend schneller trocken. Im Alter von schon 36

Monaten waren es mehr Kinder, die in den 70er Jahren eine permissivere Erziehungshaltung genossen hatte. Bis zum Alter von 5 Jahren unterschieden sich die Gruppen nicht. Auch hierbei müssen die Subformen getrennt betrachtet werden.

Idiopathische Dranginkontinenz: Kinder mit Dranginkontinenz haben die geringste psychische Komorbidität von allen tagsüber einnässenden Kindern, vor allem, wenn begleitende Harnwegsinfekte vorliegen. In eigenen Untersuchungen waren abnorme psychosoziale Umstände (5. Achse MAS) gegenüber der primären Enuresis nocturna zwar erhöht, erreichten aber kaum Signifikanz. Belastungen und Interaktionsprobleme innerhalb der Familie können deshalb überwiegend als sekundäre Folge des Einnässens aufgefasst werden.

idiopathische Dranginkontinenz: geringste psychische Komorbidität

Harninkontinenz bei Miktionsaufschub: Bei dieser Form ist nicht nur die psychische Komorbidität deutlich erhöht, sondern häufig besteht eine Problematik mit Störung des Sozialverhaltens und oppositionellen Verhaltensweisen, so dass auch gehäuft Interaktionsprobleme innerhalb der Familie zu beobachten sind. Zudem finden sich ähnlich gravierende abnorme psychosoziale Umstände (5. Achse MAS), wie bei der sekundären Enuresis nocturna. In eigenen Untersuchungen waren dies Mangel an emotionaler Zuwendung in der Eltern-Kind-Beziehung, Disharmonie in der Familie zwischen Erwachsenen, psychiatrische Störungen eines Elternteils, inadäquate oder verzerrte Kommunikation, unzureichende elterliche Aufsicht und abweichende Elternsituation. In Familienfragebogen (FACES-III) zeigte sich in den Familien eine geringe Adaptabilität (Rigidität) und eine geringe Kohäsion (dysengagiert, separiert) (Lettgen et al., 2002).

Harninkontinenz bei Miktionsaufschub: gravierende abnorme psychosoziale Belastungen

Von daher ist bei Kindern und Familien mit einer Harninkontinenz bei Miktionsaufschub eine genaue psychopathologische Abklärung und Mitbehandlung der Grundproblematik erforderlich.

Detrusor-Sphinkter-Dyskoordination: Bei dieser Form ist die empirische Datenlage ausgesprochen gering. Aufgrund klinischer Berichte können zwei Gruppen unterschieden werden:

- Kinder und Familien mit geringen psychosozialen Risiken, bei denen das Symptom der Dyskoordination ein umschriebenes, erlerntes Verhalten darstellt.
- Kinder mit schweren psychischen Störungen und zum Teil extremen psychosozialen Belastungen wie Misshandlungen, Deprivation und dergleichen. Bei diesen stellt sich die Dyskoordination als ein Symptom einer umfassenden psychischen Grundproblematik dar. Gerade diese Subgruppe muss erkannt und erfasst werden, da neben den Biofeedbackverfahren weitergehende psychotherapeutische und psychiatrische Interventionen notwendig sind.

Dyskoordination als Symptom einer generellen Problematik

1.4 Verlauf

Enuresis nocturna: hohe Remissionsraten

Enuresis nocturna: Die Enuresis nocturna zeigt eine hohe spontane Remissionsrate von nur 13 % pro Jahr. Therapeutische Interventionen verbessern die Prognose. So führen allgemeine, unspezifische entlastende Maßnahmen während einer Baseline bei 15 bis 20 % der Kinder zu einer Trockenheit. Wie weiter unten ausgeführt, werden unter der effektivsten Behandlungsform, der apparativen Verhaltenstherapie (AVT), 60 bis 80 % der Kinder trocken, 50 % bleiben auch langfristig trocken. Die Rückfallquote liegt bei 15 bis 20 %. Ein Rückfall kann oft wiederum erfolgreich mit einer apparativen Verhaltenstherapie behandelt werden. Die Pharmakotherapie ist dagegen mit hohen Rückfallquoten behaftet und sollte nur speziellen Indikationen vorbehalten sein.

apparative Verhaltenstherapie als effektivste Behandlungsform

Zu den Subformen liegen nur spärliche Daten vor. Im Prinzip werden primäre und sekundäre nächtliche Einnässer gleich behandelt. Nur bei den nicht-monosymptomatischen Formen müssen die Blasenfunktionsstörungen zuerst behandelt werden.

Durch die spontane Remission sowie die spezifischen Therapien nässen 1 bis 2 % der Jugendlichen und 0,3 bis 1,7 % der Erwachsenen ein. Dies bedeutet, dass bei einer kleinen Subgruppe die Enuresis nocturna bis zum Erwachsenenalter persistieren kann. Ferner kann die Nykturie (nächtliches Aufwachen mit anschließendem Wasserlassen) als Restsymptom einer ehemaligen Enuresis nocturna bestehen bleiben. Auch wirkt die Enuresis nocturna im Kindesalter weiter als Disposition für ein nächtliches Einnässen im Erwachsenenalter. So ist das Risiko für einen Erwachsenen, nachts einzunässen, 8fach erhöht, wenn er/sie als Kind eingenässt hat.

Restsymptome können persistieren

funktionelle Harninkontinenz: hohe Remissionsraten

Funktionelle Harninkontinenz: Auch das Einnässen tagsüber zeigt eine spontane Remission, so dass weniger als 1% der Jugendlichen tagsüber einnässen. Dagegen nimmt die Harninkontinenz im höheren Erwachsenenalter rapide zu. So beträgt die Prävalenz 2 bis 18 % bei 25- bis 64-Jährigen und 9 bis 23 % bei den über 65-Jährigen. Dabei sind Frauen ein- bis zweimal häufiger betroffen. Das Einnässen im Kindesalter wirkt auch hierbei als Risikofaktor für das Einnässen bei Erwachsenen. Wenn Mädchen im Alter von 6 Jahren mehrfach pro Woche einnässen, haben sie als Frauen im Alter von 48 Jahren ein 1,3fach höheres Risiko für Zeichen einer Stress- und Dranginkontinenz und ein 3fach höheres Risiko für eine schwere Inkontinenz. Ein zusätzliches Einnässen tagsüber im Alter von 6 Jahren erhöht ferner das Risiko für Drangsymptome. Auch sind begleitende psychische Störungen etwas häufiger bei Frauen, wenn sie als Kinder eingenässt hatten.

Idiopathische Dranginkontinenz: Diese Form nimmt deutlich bis zur Pubertät ab, steigt jedoch, wie oben ausgeführt, dann im Erwachsenenalter wieder an.

Harninkontinenz bei Miktionsaufschub: Bei dieser Form liegen nur spärliche Daten zum Verlauf vor. Der Therapieerfolg wird vor allem durch das Vorliegen oppositioneller Verhaltensweisen vermindert.

Detrusor-Sphinkter-Dyskoordination: Unter spezifischer Biofeedback-Therapie kommt es bei der Hälfte der Fälle zu einer vollkommenen, jeweils bei einem Viertel zu einer partiellen bzw. keiner Besserung. Die Detrusor-Sphinkter-Dyskoordination kann auch bei Erwachsenen diagnostiziert werden. Zum Verlauf aus dem Kindesalter liegen keine Daten vor.

1.5 Therapie

differenzierter Therapieplan notwendig bei der komplexen Problematik

Bei der Komplexität der Problematik ist die Voraussetzung für eine effektive, spezifische Therapie immer eine genaue Diagnostik. Nur so kann die Problematik in ihren gesamten Facetten erfasst und ein Therapieplan, der auf die Bedürfnisse des Kindes und der Familie ausgerichtet ist, aufgestellt werden. Aus eigener Erfahrung sind Familien sehr dankbar, wenn dieser diagnostische Prozess ausführlich und genau durchgeführt wird.

Zur Therapiedurchführung bestehen allgemeine Richtlinien, die für alle Formen des Einnässens gelten können. In den meisten Fällen kann die Diagnostik und Therapie ambulant durchgeführt werden. Stationäre und teilstationäre Therapien kommen nur in Frage bei Therapieresistenz gegenüber den bisherigen Methoden, bei schwerer psychischer Begleitsymptomatik und bei aufwendigen Methoden wie Biofeedback-Training, wenn eine höhere und kontinuierliche Trainingsfrequenz erforderlich ist.

Grundprinzipien: organische Formen zuerst behandeln

Vor Beginn der Therapie müssen unbedingt erkannt und behandelt werden: Organische Formen der Harninkontinenz, wie oben ausgeführt; manifeste Harnwegsinfekte, die nach Urinuntersuchung und Keimbestimmung mit einem Antibiotikum behandelt werden müssen; asymptomatische Bakteriurien, die untersucht und beobachtet werden sollten. Falls das Kind zusätzlich einkotet, sollte dieses zuerst behandelt werden, da sich das Einnässen alleine dadurch zurückbilden kann. Wegen dieser praktischen Relevanz wird die Therapie der Enkopresis separat dargestellt (siehe 1.5.1.1).

Einnässen am Tag zuerst behandeln vor nächtlichem Einnässen

Ansonsten gilt das Grundprinzip, immer das Einnässen am Tag oder begleitende Miktionsauffälligkeiten tagsüber zuerst zu behandeln, bevor das nächtliche Einnässen therapiert wird.

Erhebung einer „Baseline“

Zudem ist es sinnvoll, alle bisherigen nicht-effektiven Maßnahmen abzusetzen und eine so genannte „Baseline“ zu erheben. Dabei wird die

Symptomatik ohne aktive Intervention für einen gewissen Zeitraum, zum Beispiel vier Wochen, beobachtet. Allein die emotionale Entlastung, kombiniert mit Beobachtung und Registrierung, kann bei einer Subgruppe der Kinder zum Erfolg führen, so dass weitere Maßnahmen gar nicht notwendig werden (Devlin & O'Cathain, 1990).

symptomorientiertes Vorgehen

Ansonsten sollte die Einnässproblematik immer symptomorientiert behandelt werden. Therapien, die auf einer Behandlung des Einnässens direkt ausgerichtet sind, sind nicht nur effektiver, sondern können als Folge nicht nur zur Trockenheit, sondern zu einer Besserung des Selbstwertgefühls, wie auch subklinischen Verhaltensauffälligkeiten führen. Falls jedoch eine manifeste psychische Störung vorliegt, wird diese natürlich nicht durch das Trockenwerden verschwinden. Sie erfordert statt dessen – unabhängig vom Einnässen – eine eigene, spezifische Behandlung. Im Einzelfall muss entschieden werden, ob die psychische Störung, wie zum Beispiel eine hyperkinetische Störung, zuerst, gleichzeitig oder nach dem Einnässen behandelt wird. Dies ist abhängig von der Gesamtsituation in einer jeweils individuellen Indikationsstellung zu entscheiden.

manifeste psychische Störungen bedürfen spezifischer Therapie

1.5.1 Verhaltenstherapeutische Interventionen

1.5.1.1 Therapie der Enkopresis

Auch bei der Enkopresis sollte die Behandlung immer symptomorientiert ausgerichtet sein, da eine Besserung der Symptomatik für Eltern und Kind entlastend wirkt, das Selbstwertgefühl steigert und sogar allgemeine Verhaltensauffälligkeiten reduziert. Bisherige Therapiestudien zeigen, dass verhaltenstherapeutische Maßnahmen am effektivsten sind (McGrath et al., 2000). Wegen der hohen psychischen Komorbidität sind bei entsprechenden Begleitstörungen weitergehende Therapiemaßnahmen notwendig. Diese können entsprechend den Leitlinien der Deutschen Gesellschaft für Kinder- und Jugendpsychiatrie und Psychotherapie sowohl aus weitergehenden verhaltenstherapeutischen, tiefenpsychologischen oder familientherapeutischen Maßnahmen bestehen. Die Indikation hierfür bestimmt die komorbide Störung und nicht die Enkopresis.

Behandlung der Enkopresis immer symptomorientiert

hohe psychische Komorbidität

Wie oben ausgeführt, lassen sich bei der Enkopresis zwei grundverschiedene Formen unterscheiden: die Enkopresis mit und ohne Obstipation. Grundprinzipien der Therapie sind für beide Formen gleich; bei der Enkopresis mit Obstipation sind zusätzlich abführende Maßnahmen erforderlich.

allgemeines Therapievorgehen

- *Allgemeine Therapieprinzipien bei der Enkopresis*

Neben Diagnostik, psychoedukativen Maßnahmen, emotionaler Entlastung und Motivationssteigerung sollte das Hauptziel eine Regulierung des Stuhlgangs sein. Falls sich das Kind einseitig ernährt, kann eine Änderung der Ernährung (ballaststoffreiche Diät) sinnvoll sein.

regelmäßige Toilettengänge und „Schickzeiten“

Wichtig sind vor allem regelmäßige Toilettengänge. Dabei sollte das Kind 3-mal/Tag nach den Mahlzeiten auf die Toilette geschickt und dort 5 bis 15 Minuten entspannt auf der Toilette sitzen. Zur Entspannung tragen Fusskontakt zum Boden, sowie andere Beschäftigungen wie Lesen bei. Die so genannten „Schickzeiten“ nach den Mahlzeiten sind wichtig, da zu diesem Zeitpunkt die Darmentleerungsreflexe am aktivsten sind.

Einsatz von Verstärkerplänen

In einem Plan werden Stuhlgang, sowie auch Einkotepisoden, vermerkt. Der „Schickplan“ kann mit einem Tokensystem verstärkt werden, wobei darauf geachtet werden sollte, dass vor allem die Mitarbeit des Kindes verstärkt wird (siehe M20, S. 156). In einer Studie wurden durch diese einfachen Maßnahmen 15% aller ambulant vorgestellten Kinder mit einer Enkopresis nach nur einer Beratung innerhalb von 6 Wochen sauber (van den Plas et al., 1997).

Biofeedback-Methoden

Langfristig sprechen ca. 2/3 aller Kinder auf solche kombinierten, symptomorientierten Therapien an. In speziellen Zentren werden Biofeedback-Methoden mit intrarektaler Druckmessung (mittels Darmsonden) oder über perianale Oberflächen-EMGs (Muskelaktivitätsmessung) durchgeführt. Neuere Studien konnten jedoch zeigen, dass der klinische Erfolg durch Biofeedback gegenüber konventioneller Therapie nicht gesteigert werden konnte. Ein intensives verhaltenstherapeutisches Training kann sogar erfolgreicher sein als eine Kombination mit Biofeedback (Reduktion der Einkotepisoden in 3 Monaten: jeweils 76% und 65%) (Cox et al., 1998).

- *Therapie der Enkopresis mit Obstipation*

Insgesamt ist die Enkopresis mit Obstipation sehr viel besser erforscht. In den USA wurden sogar ausführliche Leitlinien zur Behandlung von Kindern mit einer Verstopfung entwickelt (Felt et al., 1999).

Entleerung durch Einläufe

Wegen der nicht seltenen mehrjährigen Retention von Stuhl liegt der erste Schritt in der Entleerung des Darmes durch Einläufe. Es ist nicht möglich, eine chronische Verstopfung adäquat durch orale Abführmittel zu behandeln. Es werden deshalb z. B. phospathaltige Klistiere (wie Practo-Klyss®) verschrieben, die von den Eltern verabreicht werden. Es sollte darauf geachtet werden, dass die Klistiere nicht retiniert werden, da es gerade bei jungen Kindern zu Nebenwirkungen kommen kann.

Dokumentation im Ultraschall

An der eigenen Klinik wird empfohlen, in den ersten 4 Wochen zweimal pro Woche an vorher festgelegten Tagen ein Klistier (oder bei jüngeren Kindern 1/2 oder 2/3 eines Klistiers) zu geben. Auch dieses wird in einem Plan vermerkt. Je nach Verlauf, der auch gut im Ultraschall dokumentiert werden kann, wird der Einlauf anschließend einmal pro Woche, später nur noch einmal alle zwei Wochen gegeben.

Vermeidung von Retention

Im zweiten Schritt (Erhaltungsphase über mindestens 6 Monate) muss eine erneute Retention von Stuhl durch Gabe von oralen Laxantien vermieden werden. Am häufigsten wird Lactulose (Milchzucker) flüssig oder in Pulverform verabreicht. Es handelt sich um einen Zucker, der im menschlichen Darm nicht abgebaut wird und deshalb Flüssigkeit osmotisch in den Darm „zieht". Dadurch kommt es zu einer weicheren Stuhlkonsistenz. Der Milchzucker wird nach Wirkung dosiert – sollte der Stuhl zu flüssig werden, wird die Menge reduziert. Die Dosis beträgt üblicherweise 3-mal ein Teelöffel bis 3-mal ein Esslöffel pro Tag.

Es muss betont werden, dass eine abführende Behandlung nie alleine durchgeführt werden sollte. Begleitenden verhaltenstherapeutische Maßnahmen sollten immer angeboten werden – weitergehende psychotherapeutische und kinderpsychiatrische Interventionen bei entsprechender Indikation.

- *Therapie der Enkopresis ohne Obstipation*

Dagegen sind bei Kindern mit Enkopresis ohne Obstipation abführende Maßnahmen nicht indiziert und können sogar zu einer Verschlechterung führen. Das Vorgehen bei dieser Form ist weniger gut erforscht und standardisiert, beruht aber ausschließlich auf nicht-pharmakologischen, psychotherapeutischen Maßnahmen.

1.5.1.2 Therapie der Enuresis nocturna

Die Behandlung der Enuresis nocturna ist für alle Formen ähnlich und kann deshalb zusammenfassend besprochen werden. Ein symptomorientiertes, verhaltenstherapeutisches Vorgehen steht dabei im Vordergrund.

apparative Verhaltenstherapie bei Enuresis nocturna in vielen Studien gut untersucht

Manche Methoden, wie die apparative Verhaltenstherapie (AVT), sind inzwischen in über 70 kontrollierten Studien sehr gut untersucht worden. Die Therapieempfehlungen beruhen deshalb auf einem hohen Grad der empirischen Evidenz (Grad I oder II). Inzwischen liegen auch mehrere, umfassende Meta-Analysen und Zusammenfassungen vor, wie zum Beispiel von Houts et al. (1994), Lister-Sharp et al. (1997), Mellon und Mc Grath (2000) und Moffat (1997).

Auch wurden für die Enuresis nocturna sogar fachübergreifende Empfehlungen und Leitlinien formuliert, wie zum Beispiel die Europäischen Empfehlungen von Läckgren et al. (1999). In dieser Arbeit ist es gelungen, gemeinsame Empfehlungen aus dem Bereich der Kinderheilkunde, Kinderurologie und Kinderpsychiatrie zu formulieren, ein für die Zukunft wegweisendes Vorgehen. Die Europäischen Empfehlungen schlagen ein fünfstufiges Vorgehen vor:

- Diagnostik
- Unspezifische Maßnahmen, wie Motivationssteigerung, Information und Kalenderführung
- Bei ausreichender Motivation eine apparative Verhaltenstherapie für 6 bis 8 Wochen
- Pharmakotherapie mit Desmopressin in einer Dosierung von 10 bis 40 µg abends über 3 Monate
- Eine Pharmakotherapie mit Desmopressin mit 10 bis 40 µg abends über 12 Monate oder alternativ ein zweiter Versuch mit einer apparativen Verhaltenstherapie oder alternativ eine Kombination von Desmopressin und apparativer Verhaltenstherapie.

fünfstufiges Vorgehen empfohlen

Wie schon in der Einleitung ausgeführt, folgen die Empfehlungen dieses Buches den Leitlinien der Deutschen Gesellschaft für Kinder- und Jugendpsychiatrie und Psychotherapie (2000), die im Wesentlichen den Europäischen Empfehlungen folgen, aber in einzelnen Punkten aufgrund der empirischen Datenlage andere Schwerpunkte setzen. So wird eine apparative Verhaltenstherapie für nur 6 bis 8 Wochen als zu kurz angesehen und sollte für maximal 16 Wochen durchgeführt werden.

Einsatz unspezifischer Maßnahmen: Psychoedukation und Selbstbeobachtung

Kalenderführung: Unspezifische Maßnahmen, wie Psychoedukation, Motivationssteigerung und Selbstbeobachtung konnten in zwei, nicht randomisierten Studien die nassen Nächte signifikant reduzieren (Lister-Sharp et al., 1997). In einer empirischen Studie wurden 18 % der Kinder nach einer Baseline von 8 Wochen trocken (Devlin & O'Cathain, 1990). Wir empfehlen eine Baseline von 4 Wochen mit einem Sonne- und Wolkenkalender, der in Kapitel 4 abgebildet ist (M12, S. 140 und 141). Falls sich eine deutliche Besserung unter Kalenderführung alleine erreichen lässt, kann diese natürlich über die 4 Wochen hinaus weitergeführt werden. Vor allem bei jüngeren, 5- bis 6-jährigen Kindern kann dies sinnvoll sein. Bei Älteren, vor allem mit häufiger Einnässfrequenz, kann dagegen schon eine Kalenderführung über 4 Wochen demotivierend wirken, so dass die Zeit abgekürzt werden kann.

Kalenderführung

Apparative Verhaltenstherapie (AVT): Die apparative Verhaltenstherapie ist die mit Abstand effektivste Behandlungsform für die Enuresis nocturna. Die Ergebnisse der Metaanalyse von Houts et al. (1994) sind in Tabelle 4 (siehe S. 36) dargestellt. Danach sind 62 % der Kinder am Behandlungsende trocken und 47 % zum Katamnesezeitpunkt. Damit handelt es sich auch um die Methode mit den besten Langzeiteffekten (Moffat, 1997). In der Übersicht von Mellon und Mc Grath (2000) waren sogar 77,9 % trocken und die Wahrscheinlichkeit, 14 trockene Nächte in Folge zu erreichen, war nach Lister-Sharp et al. (1997) um einen Faktor von 13,3 erhöht.

apparative Verhaltenstherapie

Aufgrund der vorliegenden Datenlage sollte – falls das Kind genügend motiviert und keine Familienfaktoren gegen die Klingelgerätbehandlung sprechen –, eine apparative Verhaltenstherapie als Mittel der ersten Wahl eingesetzt werden (siehe auch M16, S. 151).

Tabelle 4: Effektivität der Therapie der Enuresis nocturna (Metaanalyse nach Houts et al., 1994): Prozent der trockenen Kinder am Behandlungsende und zum Katamnesezeitpunkt (nach durchschnittlich 21,2 Wochen)

Behandlungsmethode	Prozent trocken am Behandlungsende	Prozent trocken bei Katamnese
Psychotherapien		
– Klingelgerät (AVT- apparative Verhaltenstherapie) – insgesamt	66%	51%
– AVT ohne Verstärker	62%	47%
– AVT mit Verstärker	72%	56%
– Therapien ohne Klingelgerät (AVT) – insgesamt	31%	21%
– Verhaltenstherapien	33%	30%
– Verbale Psychotherapien	21%	11%
Pharmakotherapien		
– Trizyklische Antidepressiva	40%	17%
– Imipramin	43%	14%
– andere trizyklische Antidepressiva	33%	22%
– Desmopressin	46%	22%
– andere Medikamente – insgesamt	23%	13%
– Sedativa	27%	10%
– Stimulantien	18%	16%

Apparative Verhaltenstherapie mit Verstärker: Wie ebenfalls aus Tabelle 4 ersichtlich, kann die Effektivität der apparativen Verhaltenstherapie durch zusätzliche Maßnahmen verstärkt werden. So waren 72 % am Behandlungsende, 56 % bei Katamnese trocken, wenn andere Maßnahmen zusätzlich zur AVT eingesetzt werden (Houts et al., 1994). Nach Mellon und Mc Grath (2000) wurden sogar 79,2 % trocken.

Arousal-Training

Verstärkung der Therapiemotivation durch ein Token-System

Ein leicht durchführbares Training ist das Arousal-Training nach van London et al. (1993, 1995). Hierbei wird die Therapiemotivation des Kindes durch ein einfaches Token-System verstärkt. Es wird vereinbart, dass das Kind innerhalb einer festgelegten Zeit nach dem Alarm aus dem Bett aufsteht und seinen Eltern hilft. Falls dieses Ziel erreicht wird, bekommt es einen Verstärker. Unter diesen einfachen Maßnahmen wurden in zwei Studien über 90 % der Kinder trocken im Vergleich zu 79 % mit dem Klingelgerät alleine. Wegen der guten Wirksamkeit und der einfachen Durchführung, wird dieses Programm bevorzugt an unserer Klinik eingesetzt.

Overlearning

Auch ein so genanntes Overlearning nach Morgan (1978) war in einer Studie effektiv und konnte die Rate der Rückfälle von 20 bis 40 % auf 10 % reduzieren. Nachdem das Kind durch das Klingelgerät trocken geworden ist, werden bei dieser Behandlung größere Flüssigkeitsmengen abends angeboten. Im Prinzip handelt es sich um eine Provokationsmethode, um die erreichte Trockenheit unter erschwerten Bedingungen (vermehrte Flüssigkeit) zu konsolidieren.

Kombination apparative Verhaltenstherapie mit Desmopressin

Auch die Kombination mit dem Medikament Desmopressin erwies sich in einer Studie effektiver als bei der Behandlung mit dem Klingelgerät alleine (Bradbury et al., 1995). Dabei wurde Desmopressin über 6 Wochen in einer Dosierung von 40 µg zusammen mit dem Klingelgerät eingesetzt, danach die AVT alleine ohne Medikament weiter fortgesetzt. Dieses Verfahren erwies sich besonders günstig bei Kindern mit einer hohen Einnässfrequenz und zusätzlichen Verhaltensproblemen.

Dry-Bed-Training nach Azrin et al.

Das wohl bekannteste verhaltenstherapeutische Programm, das in Kombination mit dem Klingelgerät durchgeführt wird, ist das Dry-Bed-Training (DBT) nach Azrin et al. (1974) (siehe M19, S. 154). Dies ist ein aufwändiges Programm, das eine hohe Motivation und Bereitschaft zur Mitarbeit bei Kindern und Eltern voraussetzt. Korrekt durchgeführt, werden 75 % der Kinder damit trocken (Mellon & Mc Grath, 2000). Die Wahrscheinlichkeit, 14 Nächte hintereinander trocken zu werden, ist gegenüber Kontrollgruppen um einen Faktor von 10 erhöht (Lister-Sharp et al., 1997). Allerdings zeigte sich kein Unterschied zur apparativen Verhaltenstherapie alleine. Auch stellt das Klingelgerät bei dem Dry-Bed-Training die wichtigste Komponente dar. Wenn das Dry-Bed-Training ohne AVT durchgeführt wird, ist die Wahrscheinlichkeit für 14 trockene Nächte hintereinander nur 2,5fach höher.

Zusammengefasst kann das DBT gegenüber einer AVT alleine eigentlich nicht empfohlen werden. Es sollte primär bei therapieresistenten Kindern und vor allem Jugendlichen unter enger Supervision und Anleitung angewendet werden. Nach eigenen Erfahrungen hat es sich im stationären Bereich bei therapieresistenten Kindern als hilfreich erwiesen. In anderen europäischen Ländern werden für Jugendliche so genannte „Trainings-Camps" mit Erfolg unter Verwendung des DBT durchgeführt. Diese Intensivmaßnahmen finden im Rahmen von speziellen Freizeitangeboten statt.

„Full-Spectrum-Home-Training" nach Houts et al.

Auch andere Kombinationen erwiesen sich als effektiv, wie zum Beispiel das so genannte „Full-Spectrum-Home-Treatment" nach Houts et al. (1986). Dieses umfasst einen ausführlichen Vertrag, dass das Kind nachts vollständig wach wird, das Bett macht, Overlearning und ein Blasenretentionstraining. Nach zwei Studien wurden hierunter 78,5 % der Kinder trocken. Dabei ist anzumerken, dass das Blasenretentionstraining bei der Enuresis nocturna nicht sinnvoll ist, da keine Störung der Blase vorliegt.

Da das „Full-Spectrum-Home-Treatment" auch nicht effektiver ist als die einfache AVT ohne Verstärker (Lister-Sharp et al., 1997), kann es nach neueren empirischen Daten nicht empfohlen werden. Auch im Vergleich zu dem einfachen „Arousal-Training" wirkt das Programm von

Houts et al. (1986) sehr viel umständlicher und aufwendiger. Aus diesen Gründen empfehlen wir deshalb als Verstärkung der AVT an erster Stelle das Arousal-Training von van Londen et al. (1993).

Verhaltenstherapien ohne Klingelgerät: Wenn eine Verhaltenstherapie ohne Klingelgerät durchgeführt wird, d.h., operante verhaltenstherapeutische Ansätze in Form von Belohnung, Verstärkung sowie aversiven Techniken und Weckplänen (s. Leitlinie 16), werden nach Houts et al. (1994) nur 33 % der Kinder am Behandlungsende trocken, 30 % auch langfristig. Wie in Tabelle 4 dargestellt, ist die Wirksamkeit nur halb so gut wie eine apparative Verhaltenstherapie und kann deshalb nicht empfohlen werden.

1.5.1.3 Therapie der funktionellen Harninkontinenz

Funktionelle Harninkontinenz: Die Behandlungsempfehlungen für tagsüber einnässende Kinder beruhen auf einem sehr viel geringeren empirischen Grad der Evidenz als die oben ausgeführten Richtlinien für die Enuresis nocturna. Sie beruhen überwiegend auf klinischer Erfahrung, offenen Studien und nur ausnahmsweise auf randomisiert kontrollierten Studien. In diesem Bereich sind viele Fragen zur Therapieeffektivität noch nicht genügend erforscht.

symptomorientiertes, kognitiv-behaviorales Vorgehen

Dennoch liegt auch hier ohne Zweifel der Schwerpunkt auf dem symptomorientierten, kognitiv-behavioralen Vorgehen. Auch die Psychoedukation spielt hierbei eine große Rolle, da sowohl die Anatomie, als auch die Physiologie des Harntraktes vielen Kindern überhaupt nicht bekannt sind. Die häufigste kindliche Vorstellung ist die eines Schlauches, der vom Mund durch den Körper bis zum Genital führt (bei 44 %). Nur 34 % der Kinder haben eine Vorstellung von der Lage und Funktion der Blase (Sonnenschein, 2001). Von daher stehen Psychoedukation und Informationsvermittlung häufig am Anfang eines Therapieprogrammes.

Psychoedukation und Information

Idiopathische Dranginkontinenz: Als erstes werden Kind und Eltern die physiologischen Zusammenhänge erklärt: Füllungs- und Entleerungsphase der Blase, spontane Kontraktionen während der Füllungsphase, das Gefühl von Drang und der unphysiologische Einsatz von Haltemanövern.

Da den Kindern diese Zusammenhänge häufig nicht bewusst sind, besteht das nächste Ziel darin, sie in ihrer Wahrnehmung zu schulen, ohne automatisch Haltemanöver einzusetzen. Es soll dabei erreicht werden, dass eine bewusste Wahrnehmung bisher unbewusst ablaufender körperlicher Prozesse stattfindet. Dadurch ist es möglich, dass die Blase über zentrale Prozesse auch „beruhigt" wird. Als Folge werden Haltemanöver, die eine Art „Notbremse" darstellen, nicht mehr notwendig, so dass die Gefahr einer sich später entwickelnden Dyskoordination nachlässt.

Dazu erhalten die Kinder die Aufforderung, ihren Harndrang wahrzunehmen. Wenn sie merken, dass sie auf die Toilette müssen, sollen sie

Beobachtungsplan

sofort gehen und die Blase entleeren. Wenn die Hose dabei trocken geblieben ist, tragen sie in einem Beobachtungsplan zum Beispiel eine Fahne ein. Falls die Hose trotzdem nass geworden ist, wird zum Beispiel das Symbol einer Wolke gewählt. Natürlich kann jedes andere Symbol auch genommen werden. Da diese Pläne in Holland mit dem Symbol einer Fahne entwickelt wurden, heißen sie in Fachkreisen auch „Fähnchenpläne“ (van Gool et al., 1992) (siehe M3, S. 142 bis 146).

Nach eigenen Erfahrungen reicht ein solches verhaltenstherapeutisches Programm bei etwa einem Drittel der Kinder vollkommen aus. Die meisten Kinder benötigen allerdings eine zusätzliche Pharmakotherapie unter Fortsetzung der Verhaltenstherapie.

Blasenretentionstraining kontraindiziert

Unter keinen Umständen sollten die Kinder dazu angehalten werden, zurückzuhalten, wie es früher propagiert wurde (das so genannte Blasenretentionstraining). Dies ist nicht effektiv und führt dazu, dass bei einigen Kindern aus einer Dranginkontinenz eine Harninkontinenz bei Miktionsaufschub und sogar eine Detrusor-Sphinkter-Dyskoordination entstehen kann.

Harninkontinenz mit Miktionsaufschub, Bedeutung von Psychoedukation

Harninkontinenz bei Miktionsaufschub: Auch hierbei steht die Psychoedukation an erster Stelle. Neben Lage und Funktion der Blase werden Kinder darauf hingewiesen, dass eine Blase üblicherweise 7-mal am Tag entleert werden möchte (übliche Miktionsfrequenz im Kindesalter). Es werden die Folgen der Urinretention erklärt und am besten aufgezeichnet: Wenn die Blase nicht entleert wird, wird sie immer größer bis sie irgendwann überläuft und die Hose nass macht. Oft sind diese einfachen Zusammenhänge Eltern und Kindern nicht bewusst. Auch auf das Verbleiben von Resturin nach der Miktion wird hingewiesen. Das Letztere kann sehr effektiv auch im Ultraschall demonstriert werden.

Als nächstes werden die Therapieziele erarbeitet. Dabei sollen die Kinder 7-mal am Tag ohne größere Abstände auf die Toilette gehen und dies in einem Plan eintragen. Allein durch das Trainieren eines regelmäßigen Toilettenganges werden die meisten Kinder mit einer Harninkontinenz bei Miktionsaufschub tagsüber trocken (siehe M14, S. 147 bis 149).

Verbesserung der Motivation durch ein Token-System

Ein großes Problem in der Behandlung ist die oft mangelnde Motivation. Man kann versuchen, die Verhaltenspläne durch ein Token-System mit positiver Verstärkung zu ergänzen. Vor allem ältere Kinder empfinden es als große Hilfe, wenn sie an die Toilettenzeiten „erinnert“ werden. Dazu bieten sich digitale Armbanduhren an, mit denen man ein Klingeln nach drei Stunden einstellen kann. Jüngere Kinder sind dadurch überfordert, so dass häufig Eltern ihre Kinder nach festen Zeiten auf die Toilette schicken müssen.

Ein wesentliches Problem in der Behandlung ergibt sich durch das oppositionell-verweigernde Verhalten des Kindes, so dass es zu eskalierenden, heftigen, zum Teil auch aggressiven Auseinandersetzungen zwischen Eltern und Kind kommen kann. Von daher sind bei dieser Form häufig andere kinderpsychiatrische und psychotherapeutische Maßnahmen notwendig, die sich nach der Art der psychischen Grundstörung richten (Störung des Sozialverhaltens, Hyperkinetisches Syndrom usw.).

Detrusor-Sphinkter-Dyskoordination: Relaxationstechniken hilfreich

Detrusor-Sphinkter-Dyskoordination: Der Schwerpunkt der Psychoedukation liegt hierbei auf der Entleerungsphase und dem subtilen Zusammenspiel zwischen Blasenhohlmuskel (Detrusor) und dem Blasenschließmuskel (Sphinkter). Auch allgemeine Relaxationstechniken können hierbei von Hilfe sein (s. Leitlinien 19).

Biofeedback-Training wichtigste spezifische Maßnahme

Als wichtigste spezifische Maßnahme ist bei dieser Störung ein Biofeedback-Training indiziert, mit dem Ziel einer bewussten Wahrnehmung der dysfunktionalen Abläufe bei der Blasenentleerung. Dabei gibt es mehrere Varianten:

- Ein reines Uroflow-Feedback.
- Ein kombiniertes visuelles Uroflow und ein akustisches EMG-Biofeedback.
- Ein reines EMG-Biofeedback.

Zum Biofeedback-Training liegen mehrere offene Studien vor, die zeigen, dass bei 50 % ein kompletter, jeweils bei einem Viertel ein partieller bzw. kein Erfolg erreicht wird (Kjolseth et al., 1993; Hanson et al., 1987). Auch Langzeiterfolge konnten dokumentiert werden. Die Wirksamkeit der einzelnen spezifischen Elemente dieses Trainings sind nicht untersucht worden.

1.5.2 Pharmakotherapie

Pharmakotherapie Mittel der zweiten Wahl

Eine Pharmakotherapie ist nur bei zwei Formen des Einnässens indiziert: bei der Enuresis nocturna und bei der idiopathischen Dranginkontinenz. Sie stellt üblicherweise das Mittel der zweiten Wahl dar. Zusätzlich gibt es für die Behandlung mit Medikamenten spezielle Indikationen: Ein Therapieversagen gegenüber anderen Methoden; eine Kombination mit Verhaltenstherapie; fehlende Motivation des Kindes und familiäre Faktoren, die eine aufwendige Verhaltenstherapie ausschließen; die Notwendigkeit, kurzfristig trocken zu werden, zum Beispiel vor bevorstehenden Schulausflügen.

1.5.2.1 Pharmakotherapie der Enuresis nocturna

Wie aus Tabelle 4 ersichtlich, gibt es nur zwei Medikamentengruppen, die bei der Enuresis nocturna wirksam sind: Desmopressin und trizyklische Antidepressiva.

Beim *Desmopressin (Minirin®)* handelt es sich um eine pharmakologische Variante des natürlich vorkommenden antidiuretischen Hormons. Es wirkt einerseits durch eine Reduktion der Urinproduktion nachts, andererseits vermutlich durch bisher nicht geklärte Wirkfaktoren am zentralen Nervensystem. Nach der Metaanalyse von Houts et al. (1994) wurden unter Desmopressin 46 % der Kinder am Behandlungsende trocken, jedoch nur 22 % bei Katamnese. Mit anderen Worten, die meisten Kinder erleben einen Rückfall nach Absetzen des Medikamentes. In einer Metaanalyse von Moffat et al. (1993) fand sich eine Reduktion der nassen Nächte bei 10 bis 91 % der Kinder, 24,5 % wurden über 14 Tage vollkommen trocken, die bleibende Trockenheit 6 Monate nach Therapie betrug nur 5,7 %. Die Wahrscheinlichkeit, 14 konsekutive trockene Nächte zu erreichen, war gegenüber Kontrollgruppen nur 4,5fach höher. Bei Katamnese jedoch fand sich kein Unterschied. Dagegen war die Wahrscheinlichkeit für einen Rückfall 9fach höher als nach einer apparativen Verhaltenstherapie (Lister-Sharp et al., 1997).

Desmopressin als pharmakologische Variante des antidiuretischen Hormons

Wegen der guten Verträglichkeit und eher geringen Nebenwirkungen wird das Desmopressin als Mittel der zweiten Wahl nach der apparativen Verhaltenstherapie eingesetzt, wenn eine Pharmakotherapie indiziert ist. Die für jedes Kind benötigte Dosierung (20 bis 40 µg abends als Nasenspray oder 200 bis 400 µg abends als Tablette) muss vorher austitriert werden (siehe M17 und M18, S. 152 und 153). Dies wird unten ausführlich dargestellt (s. Leitlinie 20).

Besonders bewährt hat sich die Behandlung mit Desmopressin zum Beispiel, wenn ein Kind vor Schulausflügen oder Ferien schnell trocken werden möchte. Falls ein Kind noch nicht zur Verhaltenstherapie genügend motiviert ist, kann ein Vorlauf mit Desmopressin motivationssteigernd wirken. Das Kind erfährt dabei zum ersten Mal, dass es trocken sein kann und widmet sich mit größerer Energie und Motivation der Klingelgerätbehandlung. Auch eine Kombination mit AVT kann indiziert sein und war in einer Studie sogar effektiver als AVT alleine (Bradbury et al., 1995). Eine ganz besondere Indikation besteht bei therapieresistenten Jugendlichen, bei denen keine bisherigen Maßnahmen gewirkt haben und die in ihrem Selbstwertgefühl zum Teil extrem eingeschränkt sind. Bei dieser Gruppe sehen wir auch eine Indikation für eine längerfristige Gabe von Desmopressin, unter Umständen auch über 1 bis 2 Jahre. Dabei sollte alle 3 Monate ein Absetzversuch durchgeführt werden, um zu sehen, ob das Medikament weiterhin notwendig ist oder der Jugendliche inzwischen spontan trocken geworden ist.

Kombination mit AVT

Indikation bei therapieresistenten Jugendlichen

Klassische trizyklische Antidepressiva, vor allem Imipramin (Tofranil®) haben einen eindeutigen antidiuretischen Effekt. So werden 40 % der Fälle am Behandlungsende trocken, jedoch nur 17 % bleiben trocken bei Katamnese (Houts et al., 1994). Die Wahrscheinlichkeit für 14 konsekutive trockene Nächte ist 4fach höher als bei Kontrollgruppen ohne Therapie. Zum Katamnesezeitpunkt finden sich keinerlei Unterschiede (Lister-Sharp et al., 1997).

Einsatz trizyklischer Antidepressiva

Nebenwirkungsrate verlangt intensive Überwachung: Blutbildkontrollen und EKG-Ableitung

Wegen der höheren Nebenwirkungsrate, vor allem schweren Herzrhythmusstörungen, ist eine intensivere Überwachung mit Blutbildkontrollen und EKG-Untersuchungen notwendig. Wegen der Risiken und des zusätzlichen Aufwandes wird Imipramin, das abends in einer niedrigen Dosierung von 10 bis 25 mg dosiert wird, nur zurückhaltend eingesetzt. Indikationen sind eine vollkommene Therapieresistenz, auch gegenüber Desmopressin sowie in seltenen Fällen der Komorbidität mit anderen psychischen Störungen, wie dem Hyperkinetischen Syndrom.

Andere Medikamente sind bei der Enuresis nocturna nicht indiziert. Auch Anticholinergika, wie das *Oxybutinin (Dridase®),* die durch eine Hemmung der parasympathischen Innervierung der Blase und einer Muskelrelaxation peripher die Blase beeinflussen, haben keinerlei Effekt. Die einzige Ausnahme ist eine nicht-monosymptomatische Enuresis nocturna (primär oder sekundär), bei der eindeutig eine zusätzliche Drangsymptomatik vorliegt. Diese muss anamnestisch, wie auch in einem Miktionsprotokoll nachgewiesen werden, zum Beispiel durch häufige Miktionen mit Drangsymptomen und niedrigen Urinvolumina. In diesen Fällen kann eine apparative Verhaltenstherapie nicht wirksam werden, da die Blase auch nachts zu spontanen Kontraktionen neigt. Falls dies vorliegt, kann Oxybutinin, wie bei einer Dranginkontinenz, verschrieben werden. In leichteren Fällen reicht auch eine einmalige Gabe von 5 mg abends in Kombination mit der apparativen Verhaltenstherapie.

Alle anderen Medikamente haben keine Indikation in der Therapie der Enuresis nocturna, insbesondere Neuroleptika, Stimulanzien wie Methylphenidat oder Prostaglandin-Synthesehemmer wie Indomethazin oder Diclofenac.

1.5.2.2 Pharmakotherapie der funktionellen Harninkontinenz

Bei den tagsüber einnässenden Kindern gibt es nur eine Indikation für eine Pharmakotherapie, nämlich bei einer idiopathischen Dranginkontinenz.

Bei idiopathischer Dranginkontinenz ist Kombination aus Verhaltenstherapie und Pharmakotherapie mit Oxybutinin indiziert

Idiopathische Dranginkontinenz: Falls die verhaltenstherapeutischen Maßnahmen nicht ausreichen, ist bei ca. zwei Drittel der Kinder eine Kombination von Verhaltenstherapie und Pharmakotherapie notwendig. Das Mittel der ersten Wahl ist Oxybutinin (Dridase®), das eine spasmolytische (muskelentspannende) anticholinerge (Parasympathicus-hemmende) und lokalenergetische (schmerzstillende) Wirkung hat. Man beginnt mit einer niedrigen Dosierung von 0,3 mg pro Kilogramm Körpergewicht pro Tag in 2 bis 3 Dosen in Kombination mit der Verhaltenstherapie. Falls hierunter keine befriedigende Wirkung erreicht wird, kann die Dosierung auf 0,6 mg pro Kilogramm Körpergewicht pro Tag (maximal 15 mg/Tag) unter Fortsetzung der Verhaltenstherapie erhöht werden.

Als Alternative kann auch das Medikament Propiverin Hydrochlorid (Mictonorm®, Mictonetten®) in einer Dosierung von maximal 0,8 mg pro Kilogramm Körpergewicht pro Tag in 2 Dosen eingesetzt werden (maximal 15mg/Tag). In einzelnen Fällen war bei Therapieresistenz ein Umstellen von Dridase auf Mictonetten erfolgreich.

In Zukunft wird das Medikament Tolterodin (Detrusitol®) wegen einer höheren Wirksamkeit und geringeren Nebenwirkungsrate vermutlich ein wichtiges Medikament in der Behandlung der Dranginkontinenz werden. Zur Zeit ist es für Kinder noch nicht zugelassen (erwartete Zulassung: vermutlich Ende 2003). Alle weiteren Medikamente sind auch bei der idiopathischen Dranginkontinenz nicht indiziert.

1.5.3 Multimodale Therapie

multimodale Therapie bei komplizierten und therapieresistenten Verläufen

Für die meisten Kinder mit einer Einnässproblematik reicht ein einziges Therapieverfahren üblicherweise aus. Bei komplizierten und therapieresistenten Verläufen kann eine multimodale Therapie indiziert sein. Als Beispiel wurden oben die Kombination von Desmopressin und AVT bei der Enuresis nocturna und Oxybutinin und Verhaltenstherapie bei der idiopathischen Dranginkontinenz diskutiert.

Falls weitere psychische Störungen vorhanden sind, sollten weitere Therapiemethoden überlegt und in einem individuellen Therapieplan kombiniert und integriert werden.

1.5.4 Andere Therapien

Enuresis nocturna: Andere Therapien, speziell für das Symptom Einnässen, haben sich als wenig effektiv erwiesen, obwohl sie bei Eltern sowie Psychotherapeuten zum Teil sehr beliebt sind.

elterliches nächtliches Wecken nicht effektiv

So führt das nächtliche Wecken des Kindes durch die Eltern zwar zu einer leichten Reduktion der nassen Nächte, bewirkt jedoch nicht ein permanentes Trockenwerden (Lister-Sharp et al., 1997). Aus diesem Grund muss das elterliche Wecken als nicht effektiv eingestuft und davon abgeraten werden. Besonders wenig wirksam ist das sog. „Abhalten“, bei dem das Kind im Schlaf von den Eltern auf die Toilette getragen und dort „abgehalten“ wird. Auch zeigt eine Reduktion der Flüssigkeit keinen Effekt und sollte unterlassen werden. Im Gegenteil, viele einnässende Kinder trinken zu wenig, was z.T. erst bei dem Ausfüllen eines Miktionsprotokolls deutlich wird.

Spieltherapien und verbale Psychotherapien nicht effektiv

Auch allgemeine Psychotherapien sind bezogen auf das Symptom Einnässen nicht effektiv und zeigen keinen Unterschied im Vergleich zu Kontrollgruppen (Lister-Sharp et al., 1997). In der Metaanalyse von Houts et al. (1994) wurden durch allgemeine verbale Psychotherapien 20 % der Kinder am Behandlungsende trocken, 11 % bei Katamnese. Wenn man bedenkt, dass die spontane Remissionsrate für die Enuresis nocturna 13 % pro Jahr beträgt, ist dieses Ergebnis ernüchternd. Von daher ist eine Spieltherapie oder eine Gesprächspsychotherapie ohne begleitende emotionale Problematik bei einer reinen Enuresis nocturna als ein Kunstfehler aufzufassen. Bei weiteren komorbiden emotionalen Störungen sollten entsprechend den in den Leitlinien vorgeschlagenen diagnostischen Schritten die entsprechenden Therapiemaßnahmen eingeleitet werden. Diese können parallel mit der apparativen Verhaltenstherapie durchgeführt werden.

Zur Hypnotherapie wurde bisher eine kontrollierte Studie durchgeführt, jedoch mit gravierenden methodischen Mängeln. Bei der Katamnese nach 6 Monaten waren 19 % trocken, so dass auch diese Methode als nicht effektiv eingestuft werden muss.

Funktionelle Harninkontinenz: Andere Therapien wurden für die funktionelle Harninkontinenz nicht überprüft. Einen Stellenwert haben Relaxations- und Entspannungsmethoden bei der idiopathischen Dranginkontinenz und der Detrusor-Sphinkter-Dyskoordination.

Blasenretentionstrainings nicht indiziert bei kindlichem Einnässen

Bei keiner Form des kindlichen Einnässens sind Blasenretentionstrainings oder reine Anspannungsübungen, wie sie bei Inkontinenzformen im Erwachsenenalter üblich sind, indiziert. Es besteht eine große Gefahr, dass durch die Anspannung im Beckenbodenbereich eine „Dyskoordination" antrainiert wird.

An- und Entspannungsübungen bei der idiopathischen Dranginkontinenz wirksam

In einer Studie waren An- und Entspannungsübungen der Blase (so genannte Kegel-Übungen) bei der idiopathischen Dranginkontinenz wirksam (Schneider et al., 1995). Dabei werden vermutlich die Wahrnehmung und Entspannungsanteile am wirksamsten sein, so dass an unserer Klinik selbst bei der idiopathischen Dranginkontinenz auf diese Übungen wegen der Gefahr einer Dyskoordination verzichtet wird. Statt dessen wird verhaltenstherapeutisch-kognitiv die Wahrnehmung des Harndrangs und der sofortige Toilettengang ohne Einsatz von Haltemanövern eingeübt und operant verstärkt.

Gerade bei tagsüber einnässenden Kindern sind weitere Therapiestudien unbedingt notwendig.

Grenzen der Verhaltenstherapie: Obwohl das symptomorientierte verhaltenstherapeutische Vorgehen bei allen Formen des Einnässens an erster Stelle stehen, ist es wichtig, auch die Grenzen der Methoden zu kennen. Dies ist insbesondere bei Therapieversagen und bei zusätzlichen psychischen Begleitstörungen (wie z.B. bei emotionalen Störungen) unbedingt notwendig. Bei der Umsetzung der AVT sind die familiären Hintergründe mit einzubeziehen, damit die Intervention erfolgreich sein kann. Deshalb ist es für Therapeuten wichtig, auch mit anderen Therapieverfahren (wie der Familientherapie, analytischer oder personenzentrierter Psychotherapie) vertraut zu sein, um die Indikation hierfür zu stellen oder sie selber durchzuführen.

Einbeziehung familiärer Bedingungen notwendig

So werden trotz der hohen Erfolgsraten der AVT 20 bis 40 % aller Kinder eben nicht trocken. Eine Fortsetzung der AVT über die 16 empfohlenen Wochen hinaus würde den Leidensdruck, die Frustration und intrafamiliäre Spannung nur weiter erhöhen. In solchen Fällen ist es manchmal nötig, eine „Therapiepause" einzulegen und dem Kind die Entscheidung zu übergeben, wann es wieder mit einer symptomorientierten Therapie beginnen möchte.

In anderen Fällen kann es notwendig sein, einen Schnitt bzw. einen therapeutischen „Paradigmenwechsel" zu vollziehen. In solchen Fällen können neben verhaltenstherapeutischen auch tiefenpsychologisch fundierte, personenzentrierte und familientherapeutische Therapien indiziert sein und sollten den Betroffenen angeboten werden. Nach Bearbeitung der weitergehenden Symptomatik, die emotionale Auffälligkeiten und dysfunktionale familiäre Interaktionsmuster betreffen kann, ist es dann zu einem späteren Zeitpunkt oft möglich, die symptomorientierte Verhaltenstherapie der Enuresis wieder aufzunehmen. Ein „komplizierter Fall" wird in Kapitel 5 ausführlich dargestellt, bei dem die symptomorientierte Verhaltenstherapie der Enuresis nicht ausreichte, sondern durch eine tiefenpsychologisch fundierter Psychotherapie (Sandspieltherapie nach D. Kalff und C.G. Jung) erfolgreich ergänzt wurde.

Bearbeitung dysfunktionaler familiärer Interaktionsmuster

In der Praxis haben sich bei der Komorbidität von Einnässen und emotionalen Störungen (wie depressive und Angststörungen) folgende zeitliche versetzte Therapiekombinationen bewährt:

Differenzielle Therapieindikation bei Komorbidität

- Bei leichten emotionalen Symptomen (keine Störungen): nur symptomorientierte Verhaltenstherapie der Enuresis – mit hoher Wahrscheinlichkeit werden sich die Symptome mit dem Therapieerfolg „Trockenheit" spontan zurückbilden
- Bei mittelschweren emotionalen Störungen: mit symptomorientierter Verhaltenstherapie der Enuresis beginnen – nach therapeutischen Erfolgserlebnisssen ergibt sich oft ein guter Einstieg. Weitergehende Auffälligkeiten und Symptome können dann entsprechend den Leitlinien mit tiefenpsychologisch fundierter Therapie, Spieltherapie oder Verhaltenstherapie behandelt werden
- Bei schweren emotionalen Störungen: erst Behandlung der emotionalen Störung – dadurch wird erst die Voraussetzung geschaffen für eine spätere symptomorientierte Therapie der Enuresis

2 Leitlinien

2.1 Leitlinien zur Diagnostik und Verlaufskontrolle

Bei der Enuresis handelt es sich um eine Störung, bei der – im Gegensatz zum Beispiel zur hyperkinetischen Störung – eine körperliche Leitsymptomatik, nämlich das unwillkürliche Einnässen, im Vordergrund steht. Zudem kann eine psychische Begleitsymptomatik vorhanden sein. Bei einigen Subformen, wie der primären monosymptomatischen Enuresis nocturna, ist die Wahrscheinlichkeit hierfür nicht viel höher als in der Bevölkerung; bei anderen, wie der sekundären Enuresis nocturna, ist die psychische Komorbidität deutlich erhöht. Beide Symptombereiche (Einnässen und mögliche psychische Störung) müssen separat diagnostisch erfasst werden, um eine für das individuelle Kind spezifische und effektive Therapie zu ermöglichen.

separate Diagnostik von Einnässen und möglichen psychischen Symptomen

Die körperliche kinderärztliche Diagnostik dient bei vielen Kindern dem Ausschluss einer organischen Grundstörung. Bei der Enuresis nocturna reicht es meistens, wenn sie einmal zu Beginn der Therapie durchgeführt wird. Nachdem medizinische Störungen ausgeschlossen wurden, kann man sich beruhigt der Psychotherapie des Kindes widmen.

Bei anderen Kindern, vor allem tagsüber einnässenden, kann es auch während der Behandlung zu wiederholten Komplikationen, zum Beispiel in Form von Harnwegsinfekten kommen. In diesen Fällen ist es unerlässlich, dass eine kinderärztliche Kontrolle und Behandlung der organischen Komplikation parallel zur Verhaltenstherapie angeboten wird. Eine gute Absprache und Koordination mit dem mitbehandelnden Kinderarzt ist dabei unerlässlich.

Aufgrund der unterschiedlichen Komplexität der Störungen kann man zwischen einem Standardprogramm und einem erweiterten Programm der Diagnostik unterscheiden (siehe Tabelle 5).

diagnostisches Standardprogramm und erweitertes Programm

Das *Standardprogramm* reicht üblicherweise für die monosymptomatische Enuresis nocturna (ob primär oder sekundär) vollkommen aus und umfasst: Anamnese, Miktionsprotokoll, Fragebogen, körperliche Untersuchung, Ultraschall und Urinstatus.

Das *erweiterte Programm* umfasst: Anamnese, Miktionsprotokoll, Fragebogen, körperliche Untersuchung, Ultraschall, Uroflowmetrie, Urinstatus und Bakteriologie und unter Umständen weitergehende kinderärztliche und kinderurologische Diagnostik.

Tabelle 5: Standardprogramm und erweiterte körperliche Diagnostik

Standarddiagnostik: für monosymptomatische Enuresis nocturna immer, für andere Formen oft ausreichend	**Erweiterte Diagnostik**
– Anamnese – Miktionsprotokoll – Fragebogen – körperliche Untersuchung – Ultraschall – Urinstatus	– Anamnese – Miktionsprotokoll – Fragebogen – körperliche Untersuchung – Ultraschall – Urinstatus *Bei Indikation:* – Urinbakteriologie – Uroflowmetrie *weitergehende kinderärztliche und kinderurologische Diagnostik:* – Röntgenaufnahmen, Blasenspiegelung, Blasen-Innendruckmessungen, usw.

In Analogie zu den bisherigen Leitlinien soll in diesem Kapitel folgendes Schema (Tabelle 6) eingehalten werden:

Tabelle 6: Unterteilung der Leitlinien zur Diagnostik und Verlaufskontrolle

L1	**Exploration der Eltern**
L2	**Exploration und psychopathologische Beurteilung des Kindes**
L3	Fragebogen und **Miktionsprotokolle**
L4	Testpsychologische Untersuchung
L5	**Körperliche und neurologische Untersuchung**
L6	Spezielle Diagnostik: **Ultraschall**
L7	Verlaufskontrolle

Von diesen sind *unverzichtbar* und sollten in keinem Fall unterlassen werden:

Die Exploration der Eltern und des Kindes (L1, L2): eine detaillierte und genaue Anamnese wird nach eigenen Erfahrungen ca. 75 % der Informationen liefern, die für die Diagnose und Therapieplanung notwendig sind. Man sollte sich deshalb für diesen Bereich viel Zeit lassen und systematisch vorgehen.

Exploration für Diagnose und Therapieplanung notwendig

Das Miktionsprotokoll (L3): Dies ist eine unmittelbare Ergänzung der Anamnese und liefert Informationen, die weder Eltern noch Kind bewusst sind. Es ist unerlässlich, um zum Beispiel nicht-monosymptomatische Formen des Einnässens zu erkennen und liefert entscheidende Informationen zum Miktions-, aber auch Trinkverhalten des Kindes über den Tag verteilt. Nach eigenen Erfahrung sind Eltern mit entsprechender Instruktion fast immer dazu bereit, das Protokoll durchzuführen,

Miktionsprotokoll wichtige Ergänzung der Anamnese

wenn ihnen die Notwendigkeit erläutert wird. Das Miktionsprotokoll ist mit Sicherheit noch wichtiger als die Fragebogen, die natürlich auch die Anamnese ergänzen können.

körperliche Untersuchung unerlässlich

Körperliche Untersuchung (L5): In keinem Fall darf bei einer Enuresis nocturna auf eine körperliche Untersuchung verzichtet werden. Es wäre ein absoluter Kunstfehler, die Einnäss-Symptomatik zu behandeln und dabei zum Beispiel eine Fehlbildung im Genitalbereich zu übersehen.

Ultraschalluntersuchung zur Restharnbestimmung

Ultraschall (L6): Die Ultraschalluntersuchung ist schmerzfrei, hat keinerlei Nebenwirkungen und kann beliebig oft wiederholt werden. Sie liefert wichtige Hinweise über Niere, Blase und sogar Füllungszustand des Darmes. Die Ultraschalluntersuchung sollte immer mit einer Restharnbestimmung verbunden werden, um zu sehen, ob die Blase vollständig entleert wird. Bei dieser Gelegenheit kann auch gleich Urin für eine Urinuntersuchung gewonnen werden.

2.1.1 Exploration der Eltern

Die Exploration der Eltern findet üblicherweise beim Erstkontakt statt. Es bietet sich an, Eltern und Kind zusammen zu explorieren. Dieses hat nicht nur den Vorteil der Zeitersparnis, sondern ermöglicht, unterschiedliche Sichtweisen und Differenzen zwischen Eltern und Kind wahrzunehmen. Auch ermöglicht es, die Interaktion zwischen Eltern und Kind zu beobachten.

Exploration sollte neben der Symptomatik Informationen über Schuldgefühle, Ängste und Interaktionen erbringen

Nur in sehr wenigen Ausnahmen, zum Beispiel bei älteren Jugendlichen, kann eine Exploration des Jugendlichen ohne die Eltern aufgrund der Schamgefühle sinnvoll sein. Erst im zweiten Schritt werden dann die Eltern zum Gespräch hinzu genommen. Andererseits kann es bei Kindern mit schweren psychischen Begleitstörungen, zum Beispiel autistischen Störungen oder geistiger Behinderung mit erethischem Verhalten sinnvoll sein, die Exploration der Eltern ohne das Kind durchzuführen und das Kind erst bei einem zweiten Termin einzuschließen.

Bei der Exploration ist es wichtig, sich das subjektive Erleben vieler Eltern und Kinder zu vergegenwärtigen. Viele Kinder schämen sich, sorgen sich und haben große Ängste vor dem, was auf sie zukommen wird. Bei den Eltern können Schuldgefühle, Versagensängste, aber auch versteckte Aggressionen ihrem Kind gegenüber vorliegen.

Es ist deshalb nötig, eine vertrauenserweckende, ruhige Atmosphäre in einer kindgerechten Umgebung zu gestalten, in der das Kind sich entspannen und wohlfühlen kann. Deshalb sollte immer genügend Spiel- und Malmaterial vorhanden sein.

Es ist erfahrungsgemäß sinnvoll, Eltern und Kinder darauf hinzuweisen, was bei dem ersten Termin eingeplant ist, zum Beispiel nur die

Exploration oder auch anschließende Untersuchungen. Es kann für Kinder sehr beruhigend sein, wenn sie wissen, dass keine schmerzhaften oder bedrohlichen Untersuchungsschritte geplant sind.

Nach einem allgemeinen Beziehungsaufbau, Aufklärung und Gestaltung der Umgebungsatmosphäre ist es nicht sinnvoll, lange um die Problematik herumzureden. Da das Kind Hauptperson in dem diagnostischen und therapeutischen Prozess ist, kann die Frage nach dem Vorstellungsanlass direkt an das Kind gerichtet werden, zum Beispiel mit den Worten: „Du weißt, dass es heute um Dich geht. Weißt Du denn auch, warum Du heute hier bist?“ Wenn das Kind nicht direkt auf diese Frage antworten kann, kann man zum Beispiel anbieten, die Eltern zu fragen, mit der Bitte, dass das Kind genau zuhört und seine Meinung auch gleich dazu sagt. Über diesen Umweg ist es manchmal möglich, später wieder die Frage an das Kind zu stellen.

semi-strukturelles Vorgehen mit Explorationsleitfaden

Wenn das Kind antwortet, sagt es häufig: „Weil ich ins Bett mache.“ oder: „Weil ich in die Hose mache.“ Nachdem geklärt ist, ob es nur tagsüber, nur nachts oder tagsüber und nachts ist, ist man schon mitten in der Exploration, die dann gleich fortgesetzt werden kann. Am günstigsten ist dabei das Prinzip eines „semi-strukturierten Interviews“, das heißt, Eltern und Kind die Möglichkeit zu geben, offen und in eigenen Worten die Problematik darzustellen, dann jedoch mit speziellen Fragen „nachzuhaken“, die zur Einschätzung notwendig sind. Dabei hat sich bewährt, die Problematik tagsüber und nachts vollkommen voneinander zu trennen und komplett zu explorieren. Es folgen dann die Eigenanamnese und zuletzt die Familienanamnese. Das genaue Vorgehen ist in der Leitlinie L1 zusammengefasst. Ein Anamnesebogen, der die wichtigsten Angaben enthält, findet sich in dem Materialienkapitel (M03, S. 113). Weitere Mitteilungen von Eltern und Kind sollten frei mitgeschrieben werden.

L1 Leitlinie 1: Exploration der Eltern [1]

Sektion 1: Vorstellungsanlass

- Freie Schilderung des Vorstellungsanlasses
- Klärung des Vorstellungskontextes

Sektion 2: Spezifische Exploration der Einnässproblematik tagsüber

- Ist das Kind trocken, wenn ja, seit wann?

Wenn das Kind tagsüber einnässt

- Seit wann?
- Längste trockene Phase?
- Häufigkeit des Einnässens am Tag?

- Häufigkeit des Einnässens in der Woche?
- Einnässmenge?
- Situationen, in denen das Einnässen besonders häufig auftritt?

Sektion 3: Vorbehandlungen für Problematik tagsüber

- Hatte das Kind Harnwegsinfekte, Blasen- oder Nierenentzündungen?
- Wurde eine Behandlung mit Antibiotika durchgeführt?
- Welche Voruntersuchungen wurden durchgeführt?
- Welche Therapien wurden bisher durchgeführt?

Sektion 4: Miktions- und Trinkverhalten tagsüber

- Wie häufig geht das Kind tagsüber auf die Toilette?
- Liegen Drangsymptome vor?
- Trinkmenge pro Tag?
- Geht das Kind freiwillig auf die Toilette oder muss es dazu aufgefordert werden?
- Zeigt das Kind Auffälligkeiten beim Wasserlassen?
- Kotet das Kind ein? (An wie vielen Tagen pro Woche? Seit wann? Ist der Stuhlgang regelmäßig?)

Sektion 5: Einnässproblematik nachts

- Ist das Kind nachts trocken, wenn ja, seit wann?

Wenn das Kind nachts einnässt

- Seit wann?
- Längste trockene Phase?
- Häufigkeit des Einnässens in der Nacht?
- Häufigkeit des Einnässens in der Woche?
- Einnässmenge?
- Erweckbarkeit des Kindes?

Sektion 6: Voruntersuchungen und Vorbehandlungen zur Einnässproblematik nachts

- Wie reagierten die Eltern auf das Einnässen bzw. Trockensein (Bestrafung/Belohnung)?
- Welche Voruntersuchungen sind wo durchgeführt worden?
- Welche Vorbehandlungen sind erfolgt (apparative Verhaltenstherapie, medikamentöse Behandlungen, etc.)?

Sektion 7: Andere begleitende psychische Störungen

- Liegen weitere Störungen vor?

Sektion 8: Eigenanamnese des Kindes

- Umfassende diagnostische Einschätzung der Problematik des Kindes/Jugendlichen und der psychosozialen Bedingungen, Exploration der Eltern und des Kindes/Jugendlichen, psychopathologische Beurteilung

Sektion 9: Familienanamnese
– Frage nach Einnäss- und Miktionsproblemen bei anderen Familienangehörigen?

1) In Anlehnung an Leitlinien von Fachgesellschaften und speziellen Arbeitsgruppen in Europa und in Deutschland (Deutsche Gesellschaft für Kinder- und Jugendpsychiatrie und Psychotherapie et al., 2000)

Sektion 1: Vorstellungsanlass

Klärung des Vorstellungskontextes

Freie Schilderung des Vorstellungsanlasses: Dabei genügt es als erstes, festzustellen, ob die Problematik tagsüber, nachts oder tagsüber und nachts auftritt.

Klärung des Vorstellungskontextes: Das heißt, wer die Vorstellung angeregt hat, sind die Eltern aus eigenem Wunsch gekommen oder wurden sie vom Kinderarzt geschickt. Welche Wünsche und Erwartungen haben sie an die Klinik, Praxis oder Beratungsstelle.

Am Ende dieser Sektion sollte man entschieden haben, ob man die Problematik tagsüber oder die Problematik nachts zuerst exploriert, das heißt, mit der Sektion 2 oder 4 beginnt.

Sektion 2: Spezifische Exploration der Einnässproblematik tagsüber

Ist das Kind trocken, wenn ja, seit wann? Diese Frage ist wichtig, da manche Kinder in der Zeit zwischen Anmeldung und Vorstellung spontan trocken werden. Wenn ein Kind nicht mehr tagsüber einnässt, können die anderen Fragen dieser Sektion übersprungen werden.

Wenn das Kind tagsüber einnässt, sollte gefragt werden seit wann. Ferner: liegt ein primäres Einnässen tagsüber vor, das heißt, war das Kind noch nie länger trocken; oder liegt ein sekundäres Einnässen tagsüber vor, das heißt, gab es längere trocken Phasen?

genaue Exploration des Einnässverhaltens und -verlaufs

Dabei ist die Frage nach der längsten trockenen Phase besonders wichtig: handelt es sich um Tage, Woche, Monate oder sogar Jahre? Es ist sinnvoll, genau zu notieren, wann, in welchem Alter diese trockene Phase oder sogar Phasen auftraten und ob mögliche Auslöser ihnen vorausgingen.

Häufigkeit des Einnässens zur Zeit am Tag? Dabei geht es um die Frage, ob das Einnässen tagsüber nur einmal oder sogar mehrfach auftritt.

Häufigkeit des Einnässens in der Woche? Diese Frage ist wichtig, um das Ausmaß der Problematik adäquat einschätzen zu können. Es sollte notiert werden, wie häufig das Kind pro Woche durchschnittlich einnässt, zum Beispiel an einem Tag pro Woche oder zum Beispiel an sieben Tagen pro Woche (unabhängig von der Häufigkeit an jedem Tag). Falls die Wochenfrequenz sehr variiert, sollen die Eltern die Variationsbreite ausführlich darstellen, zum Beispiel: Manchmal tritt es 5 Tage hintereinander auf, dann wieder 2 Wochen nicht, aber im Durchschnitt 2 mal pro Woche.

Die nächste Frage gilt der Einnässmenge. Als grobe Einschätzung ist bei geringen Mengen nur die Unterhose nass, während bei größeren Mengen auch die Hose oder das Kleid von außen sichtbar nass ist.

Erfassung der Einnässmenge und situativer Bedingungen

Situationen, in denen das Einnässen besonders häufig auftritt: zum Beispiel beim Spielen, Fernsehen oder Hausaufgaben machen? Diese Information ist wichtig, da dieses typisch für die Harninkontinenz bei Miktionsaufschub ist. Bei der Dranginkontinenz dagegen ist eine Zunahme des Einnässens im Laufe des Tages mit zunehmender Müdigkeit typisch.

Hilfreiche Materialien

Zur Exploration der Einnässproblematik tagsüber können folgende Fragebogen genutzt werden:
- *Anamnesebogen zum Einnässen* (M03, S. 113),
- *Anamnesefragebogen: Einnässen/Harninkontinenz* (M06, S. 123),
- *Elternfragebogen für Kinder mit Einnässen, rezidivierende Harnwegsinfekte, Blasenfunktionsstörungen* (M07, S. 126)
- *Elternfragebogen: Gefühle über das Einnässen* (M08, S. 136)

Weitere Hinweise zu den Fragebogen finden sich in Kapitel 2.1.3.

Sektion 3: Vorbehandlungen für Problematik tagsüber

Voruntersuchungen und Vorbehandlungen

Hatte das Kind schon Harnwegsinfekte, wenn ja, welche? Handelt es sich um Blasenentzündungen oder Nierenbeckenentzündungen? Wie häufig und wie lang wurde eine Behandlung mit Antibiotika durchgeführt, erhielt das Kind eine antibiotische Langzeitprophylaxe?

Welche Voruntersuchungen an welcher Klinik wurden bisher durchgeführt?

Welche Therapien wurden bisher durchgeführt, insbesondere operative, medikamentöse oder sonstige Therapien?

Sektion 4: Miktions- und Trinkverhalten tagsüber

Wie häufig geht das Kind tagsüber auf die Toilette? Diese Frage ist für alle Formen des Einnässens wichtig und sollte nie übersprungen werden. Sind es weniger als 5, besteht sofort der Verdacht auf einen Miktionsaufschub, sind es mehr als 7, auf eine Dranginkontinenz.

Dabei muss auch nachgefragt werden, ob Drangsymptome vorliegen, ob das Kind sofort auf die Toilette muss oder zum Beispiel beim Autofahren etwas länger einhalten kann.

Auch die Trinkmenge pro Tag ist aufschlussreich, da viele Kinder zu wenig trinken oder sogar versuchen, über eine reduzierte Trinkmenge ihre Einnässprobleme zu bewältigen und zu kontrollieren.

Trinkmenge und Toilettengang

Geht das Kind freiwillig auf die Toilette oder muss es zur Toilette geschickt werden, wie es bei der Harninkontinenz bei Miktionsaufschub oft üblich ist? Diese Frage weist auch auf mögliche Interaktionsprobleme in der Familie hin. Falls das Kind Haltemanöver einsetzt, kann man die Eltern offen fragen, ob sie merken, dass ihr Kind auf die Toilette muss, aber nicht geht. Oft werden Haltemanöver von den Eltern spontan beschrieben. Ansonsten kann man direkt nachfragen nach: Beineüberkreuzen, Hin- und Herhampeln, Bauch oder Genital festhalten, Fersensitz, Hocke usw.

Hinweise für Haltemanöver

Dabei sollte man beachten, dass Haltemanöver von Kindern mit einer Dranginkontinenz und einem Miktionsaufschub aus unterschiedlichen Gründen eingesetzt werden: bei der Dranginkontinenz, um den spontanen Blasenkontraktionen entgegenzuwirken; beim Miktionsaufschub, um den Toilettengang möglichst lange hinauszuschieben. Aufgrund der Haltemanöver an sich kann man die beiden Formen nicht unterscheiden – entscheidend ist die Häufigkeit der Toilettengänge (erste Frage dieser Sektion).

Zeigt das Kind Auffälligkeiten beim Wasserlassen? Unter Stottern versteht man einen unterbrochenen Harnfluss. Pressen bedeutet, dass das Kind zu Beginn der Miktion eine Bauchpresse anwenden muss, um den Harnfluss überhaupt in Gang zu bringen. Weitere Auffälligkeiten sollten frei beschrieben werden.

begleitende Enkopresis ausschließen

Kotet ihr Kind ein? Wenn ja, an wie vielen Tagen pro Woche? Seit wann? Ist der Stuhlgang regelmäßig oder gibt es auch Zeiten der Verstopfung? Diese Fragen sind wichtig, um eine begleitende Enkopresis festzustellen.

Sektion 5: Einnässproblematik nachts

> Ist das Kind nachts trocken, seit wann nässt es ein? Falls das Kind nicht nachts einnässt, kann diese Sektion übersprungen werden.

Falls das Kind nachts einnässt, ist die Frage nach der längsten trockenen Periode wiederum wichtig. Wann trat diese auf und wie lange? Falls es mehrere trockene Perioden gab, sollten diese individuell vermerkt sowie mögliche Auslöser erfragt werden.

Häufigkeit des Einnässens in einer Nacht: Nässt das Kind einmal oder zwei- oder mehrfach ein?

Wie häufig pro Woche nässt das Kind nachts ein, zum Beispiel einmal pro Woche oder siebenmal pro Woche? Falls ein Mittelwert nicht gebildet werden kann, sollte die Variationsbreite dargestellt werden.

Häufigkeit, Einnässmenge und Erweckbarkeit erfragen

Die Einnässmenge sollte erfragt werden: ob es sich um große Mengen handelt, ob das Bett „schwimmt" oder wenn Windeln getragen werden, ob diese am Morgen schwer und vollgefüllt sind? Diese grossen Urinmengen sind typisch für die monosymptomatischen Formen der Enuresis nocturna. Bei anderen Kindern können Unterhose, Bett oder Windeln nur feucht sein. Entweder handelt es sich um nicht-monosymptomatische Formen, oder das Kind befindet sich kurz vor dem Trockenwerden.

Die Erweckbarkeit des Kindes sollte von den Eltern eingeschätzt werden, ob das Kind leicht schläft oder ob es kaum zu erwecken ist. Die meisten Kinder mit einer Enuresis nocturna sind fast nicht erweckbar. Falls ein Kind aufwacht und zur Toilette geht (Nykturie), ist dies ein prognostisch günstiges Zeichen.

Hilfreiche Materialien

Zur Exploration der Einnässproblematik nachts können die bereits unter Sektion 2 genannten Materialien ebenfalls genutzt werden:
- *Anamnesebogen zum Einnässen* (M03, S. 113),
- *Anamnesefragebogen: Einnässen/Harninkontinenz* (M06, S. 123),
- *Elternfragebogen für Kinder mit Einnässen, rezidivierende Harnwegsinfekte, Blasenfunktionsstörungen* (M07, S. 126)
- *Elternfragebogen: Gefühle über das Einnässen* (M08, S. 136)

Weitere Hinweise zu den Fragebogen finden sich in Kapitel 2.1.3.

Sektion 6: Voruntersuchung und Vorbehandlungen zur Einnässproblematik nachts

Welche Voruntersuchungen sind wo durchgeführt worden?

Ergebnisse von Voruntersuchungen einholen

Welche Vorbehandlungen sind erfolgt? Dabei sollten sowohl eigene Behandlungsversuche der Eltern, wie auch ärztlich/therapeutisch empfohlene Interventionen notiert werden. Von den Eltern wird häufig ein nächtliches Wecken oder sogar Abhalten des Kindes über der Toilette ohne Wecken vorgenommen. Viele Eltern versuchen, auch die Trinkmenge einzuschränken. Einige Eltern haben von sich aus Belohnungs- bzw. Verstärkerpläne durchgeführt, indem sie ihre Kinder für trockene Nächte belohnten.

Auch die Frage nach bestrafenden Reaktionen ist wichtig. Gerade Bestrafungen, die niemals wirksam sind, sollten wegen möglicher Schuldgefühle behutsam erfragt werden. Doch auch unangemessene Belohnungen (z.B. ein Fahrrad bei Trockenheit) können demotivierend sein, wenn sie nicht erreicht werden.

Erfahrungen mit Vorbehandlungen

Wurde eine apparative Verhaltenstherapie bereits durchgeführt?

Wenn eine apparative Verhaltenstherapie (AVT) durchgeführt wurde, sind detaillierte Einzelheiten unbedingt wichtig, da ein Therapieversagen häufig auf eine unsachgemäß durchgeführte Therapie zurückzuführen ist. Wichtige Informationen sind: wann wurde die AVT eingesetzt, wie lange, wurde sie regelmäßig durchgeführt, warum wurde sie abgebrochen? Falls mehrere Versuche mit AVT vorliegen, sollten sie getrennt exploriert werden.

Exploration möglicher pharmakologischer Therapieansätze

Auch die Frage nach den Medikamenten sollte genau gestellt werden, da diese häufig zu kurz oder in nicht ausreichender Dosierung gegeben werden.

Unter „Sonstiges" sollte nach weiteren Hausmitteln gefragt werden, die oft auf magischen Vorstellungen beruhen, aber von den Eltern gerne verwendet werden Auch sollten operative Eingriffe erfragt werden, die leider trotz fehlender Indikation beim nächtlichen Einnässen immer wieder durchgeführt werden.

Sektion 7: Andere begleitende psychische Störungen

Erfassung begleitender psychischer Störungen

Nach der Exploration der Einnäss-Symptomatik sollte nochmals gezielt danach gefragt werden, welche weiteren Störungen vorliegen, zum Beispiel in der Form: „Gibt es andere Bereiche, über die Sie sich bei Ihrem Kind Sorgen machen?" Es sollte gezielt nach externalisierenden Störungen, wie Störungen des Sozialverhaltens und hyperkinetischen Störungen, als auch nach emotionalen Störungen gefragt werden. Dies kann in diesem Rahmen nicht ausführlich besprochen werden. Leitlinien zur Diagnostik psychischer Störungen im Kindes- und Jugendalter finden sich im Leitfaden zur Diagnostik psychischer Störungen (Döpfner et al., 2000a).

Sektion 8: Eigenanamnese des Kindes

Eine umfassende diagnostische Einschätzung der Problematik des Kindes/Jugendlichen und der psychosozialen Bedingungen setzt voraus, dass Informationen von mehreren Quellen zusammengetragen werden. Hierbei stellen die Eltern oder andere Hauptbezugspersonen des Kindes, aber auch Erzieher und Lehrer wichtige Informationsquellen dar (s. Döpfner et al., 2000a). Neben den psychosozialen Basisdaten sind die

Erwartungen von Eltern sowie Kindern/Jugendlichen zu erfassen. Insbesondere kommen Informationen zur Entwicklungsgeschichte des Kindes/Jugendlichen eine besondere Bedeutung zu. Die lebensgeschichtliche Entwicklung bezieht sich sowohl auf die objektiven Fakten als auch die emotionale Bedeutung der Fakten für die Familie und das Kind. Die chronologischen Abläufe können sich an wichtigen Ereignissen im Leben des Kindes oder der Familie orientieren, wobei Angaben zu Schwangerschaft und Geburt, Säuglings- und Kleinkindalter, Kindergartenalter sowie Grundschulalter und aktuelle Auffälligkeiten ein inhaltliches und zeitliches Raster darstellen.

Hilfreiche Materialien

Zur spezifischen Exploration der Einnässproblematik kann das Kind-Interview (M04, S. 118) sowie die folgenden Kinderfragebogen herangezogen werden:
- *Kinderfragebogen: Vorstellung über das Einnässen* (M09, S. 137),
- *Kinderfragebogen: Einstellung der Familie* (M10, S. 138)
- *Kinderfragebogen: Auswirkungen des Bettnässens* (M11, S. 139)

Weitere Informationen zum Interview und zu den Fragebogen finden sich in Kapitel 2.1.2 und in Kapitel 2.1.3.

Sektion 9: Familienanamnese

Bei der Familienanamnese ist die Frage nach Einnäss- und Miktionsproblemen bei anderen Familienangehörigen besonders wichtig. Man sollte gezielt bezüglich Geschwistern, Eltern und Verwandten der Eltern nachfragen: ob sie als Kind, in welchem Alter, ob tagsüber oder nachts eingenässt haben? Aufgrund von Erinnerungslücken, wie auch wegen der sozialen Stigmatisierung des Einnässens, kann es sinnvoll sein, Eltern zu bitten, ihre eigenen Eltern nach Informationen zu fragen.

Erfassung familiärer Belastung mit Einnässen

Diese Informationen können in einem Stammbaum eingetragen werden, so dass direkt ersichtlich ist, ob es sich um einen „sporadischen" Einzelfall handelt oder ob eine familiäre Belastung vorliegt. Speziell kann man überprüfen, ob zum Beispiel der Stammbaum mit einer autosomal dominanten Vererbung vereinbar wäre. Diese Information hilft im Beratungsgespräch, Eltern die genetisch-erbliche Komponente des Einnässens zu vermitteln. Dies wird von Eltern dankbar angenommen und hat einen enormen Effekt auf die Reduktion von Schuldgefühlen.

Hilfreiche Materialien

Zur Familienanamnese kann der Anamnesebogen zum Einnässen (M03, S. 113) genutzt werden.

2.1.2 Exploration des Kindes

L2 Leitlinie 2:
Exploration und psychopathologische Beurteilung des Kindes[1]

Bei der Exploration des Kindes geht es immer darum, die subjektive Sicht des Kindes zu erfahren und zu verstehen. Der Kinderpsychologe Richard Butler (1987, 1994) hat immer wieder darauf hingewiesen, dass es nicht genügt, nur die elterliche Sicht und Attribution zu erfragen, sondern die Gedanken, Vorstellungen, Sorgen und Gefühle des Kindes zu verstehen. Dies ist unerlässlich, da elterliche und kindliche Einschätzung zum Teil erheblich divergieren können.

Dabei gibt es zwei Möglichkeiten:

Sektion 1: Exploration des Kindes in Anwesenheit der Eltern

Das Kind wird in Anwesenheit der Eltern befragt. Dies ist die übliche und zeitökonomischste Form, Einsicht über die kindlichen Vorstellungen zu gewinnen. Andererseits wird das Kind in Gegenwart der Eltern aufgrund von Loyalitätskonflikten und Schamgefühlen möglicherweise nicht die eigene Sicht, sondern Erwartungen der Eltern ausdrücken.

Sektion 2: Exploration des Kindes ohne Eltern

Das Kind wird alleine exploriert. Sehr viel genauer erfährt man die kindlichen Vorstellungen und Sorgen, wenn man es einzeln in einem geschützten und entspannten Rahmen befragt.

1) In Anlehnung an Leitlinien von Fachgesellschaften und speziellen Arbeitsgruppen in Europa und in Deutschland (Deutsche Gesellschaft für Kinder- und Jugendpsychiatrie und Psychotherapie et al., 2000)

Sektion 1: Exploration des Kindes in Anwesenheit der Eltern

Im Prinzip können die Fragen, die an Eltern gerichtet werden, angepasst auf das Entwicklungsstadium des Kindes auch an das Kind gerichtet werden. In der gemeinsamen Exploration bietet es sich geradezu an, die jeweilige Sicht gegenüberzustellen, zum Beispiel mit den Worten: „Jetzt hast Du gehört, was Deine Mutter gesagt hat, siehst Du das auch so?“ Oder an die Eltern gerichtet: „Nehmen Sie das auch so wahr, wie Ihr Kind?“

subjektive Einschätzung und Belastung des Kindes durch das Einnässen

Darüber hinaus gibt es spezifische Bereiche, bei denen die subjektive Einschätzung des Kindes entscheidend ist. Dazu gehören zum Beispiel Fragen nach direkten Folgen des Einnässens:

„Wie fühlst Du Dich, wenn Du morgens aufwachst und merkst, dass das Bett nass ist? (Antwortmöglichkeiten z.B.: „Ich finde das blöd.“, „Ich ärgere mich.“, „Ich bin wütend.“, „Ich bin traurig.“ usw.)

Bei tagsüber einnässenden Kindern in Analogie: „Wie fühlst Du Dich, wenn die Hose nass ist?“ (Antwortmöglichkeiten z.B.: „Ich schäme mich.", „Ich versuche es zu verheimlichen.", „Ich ärgere mich.", „Es macht mir nichts aus." usw.)

Klärung von Therapiemotivation und sozialen Auswirkungen

Frage nach Vermeidung: „Gibt es irgendwelche Dinge, die Du nicht getan hast, weil Du einnässt, zum Beispiel bei Freunden übernachten, auf Schulausflüge mitfahren usw.?"

Fragen nach der Therapiemotivation: „Möchtest Du gerne, dass das Einnässen aufhört?", „Bist Du bereit, etwas dafür zu tun, oder ist es Dir egal?", „Wenn Du nichts dafür tun möchtest, kannst Du mit dem jetzigen Zustand gut leben?"

Fragen nach sozialen Konsequenzen: „Bist Du schon von jemand wegen des Einnässens geärgert oder gehänselt worden?" „Wer war das?", „Wie war das für Dich und was hast Du getan?"

Sektion 2: Exploration des Kindes ohne Eltern:

> Falls genügend Zeit zur Verfügung steht und vor allem, wenn es sich um eine komplexe oder therapieresistente Einnäss-Störung handelt, lohnt es sich, das Kind getrennt von den Eltern zu befragen.

An unserer Klinik wurde deshalb ein semi-strukturiertes Interview entwickelt, das sich an die Vorschläge von Richard Butler (1987) anlehnt und das im Materialteil (Kapitel 4) wiedergegeben ist. Dieses Interview wurde mit Kindern ab dem Alter von 5 Jahren problemlos durchgeführt, das heißt, in einem Alter, in dem Kinderfragebogen nicht eingesetzt werden können. Sehr hilfreich waren auch dabei Zeichnungen des Kindes. Über ein nicht-verbales Medium werden Gefühle und Vorstellungen zum Teil sehr viel direkter ausgedrückt. Ferner ermöglicht die Besprechung der Zeichnungen häufig einen intensiveren verbalen Austausch mit dem Kind.

Kind-Interview zur Erfassung von Krankheitskonzept und Körperverständnis

Das Kind-Interview soll Punkt für Punkt erläutert werden:

1. *Vorstellungsanlass:* Häufig haben die Kinder keinerlei Vorstellungen, warum sie in die Praxis oder Klinik kommen, da dieses auf Wunsch der Eltern erfolgt. Andererseits kann es auch dem Wunsch des Kindes entsprechen, Hilfe zu erhalten, um die Symptomatik zu verändern.
2. *Krankheitskonzept des Kindes:* Die meisten Kinder haben nicht die Vorstellung, dass es sich beim Einnässen um eine Krankheit handelt und können dies auch ausdrücken.
3. *Körperverständnis und Körperfunktion:* Dem Kind wird ein Bild von einem Jungen oder einem Mädchen gereicht. Es wird registriert, ob das Kind spontan das Geschlechtsteil benennt und welche Begriffe es dafür verwendet.

4. *Herkunft des Urins:* Hierbei geht es um die kindliche Vorstellung der Körperorgane und Funktionen. Dies ist vor allem bei tagsüber einnässenden Kindern wichtig, da die kindlichen Vorstellungen von den realen anatomischen Gegebenheiten erheblich divergieren können. Die Kenntnis der kindlichen Vorstellungen der körperlichen Vorgänge ist entscheidend zur Planung der psychoedukativen und therapeutischen Maßnahmen. Dabei wird das Kind aufgefordert, in die Zeichnung einzuzeichnen, wie der Urin entsteht. Wie schon erwähnt, ist die häufigste kindliche Vorstellung die eines „Schlauches", d.h. sie meinen, dass die Flüssigkeit vom Mund direkt zum Genital transportiert wird. Nur ein Teil der Kinder hat überhaupt eine Vorstellung von der Blase oder von anderen Organen.
5. *Wahrnehmung des Harndranges:* Diese Frage ist für Kinder, die tagsüber einnässen, besonders wichtig, da viele Kinder den Harndrang überhaupt nicht bewusst wahrnehmen. Die Sensibilisierung der Wahrnehmung ist bei der Behandlung der idiopathischen Dranginkontinenz entscheidend.
6. *Wahrnehmung des Einnässens:* Hierbei werden die Kinder gebeten, jeweils zwei Bilder zu zeichnen. In dem ersten Bild sollen sie zeichnen, wie sie sich nach einer trockenen, auf der zweiten, wie sie sich nach einer nassen Nacht fühlen.

   Tagsüber einnässende Kinder werden gebeten zu zeichnen, wie sie sich fühlen, wenn sie beim Spielen eingenässt haben bzw. nicht eingenässt haben. Es bietet sich an, anschließend mit dem Kind über das Bild und seine Gefühle zu sprechen. Das Bild kann später beurteilt werden bezüglich Mimik, Gestik und allgemeiner Atmosphäre hinsichtlich der drei Qualitäten: fröhlich, indifferent, traurig.
7. *Nachteile des Einnässens:* Hierbei werden Kinder offen gefragt, was sie schlecht daran finden, einzunässen. In eigenen Untersuchungen gaben 70 % der Kinder an, dass das Einnässen für sie von Nachteil sei.
8. *Vorteile des Einnässens:* Nur eine Minderzahl der Kinder, nämlich ca. 5 %, gaben an, dass das Einnässen für sie überhaupt irgendeinen Vorteil habe. In den wenigen Fällen war es ein angenehmes, warmes Gefühl und vermehrte Zuwendung der Eltern. Auch das Erfragen von möglichen Vorteilen ist wichtig, da die Therapiemotivation in diesen Fällen geringer sein wird.
9. *Reaktionen der Eltern und Geschwister:* Hierbei geht es darum, die kindliche Sicht der familiären Reaktionen zu erfahren, das heißt, ob die Familienangehörigen sich positiv unterstützend, negativ ablehnend oder neutral verhalten. Zum Teil kann die kindliche und mütterliche Sicht erheblich divergieren.

Reaktion und Umgang mit dem Einnässen durch die Familie

10. *Kenntnis des Einnässens:* Das Kind wird gefragt, wie viele weitere Menschen von dem Einnässproblem wissen, ob die Kenntnis nur auf die Familie beschränkt ist oder andere Personen einschließt. Bei

den nachts einnässenden Kindern ist es meistens nur die Familie, während bei tagsüber einnässenden Kindern auch Freunde und Klassenkameraden, zum Teil sogar die Lehrer davon wissen.

11. *Verrat:* Falls zum Beispiel Geschwister oder gute Freunde das Einnässen verpetzt haben, kann dies für das Kind einen erheblichen Vertrauensbruch und emotionale Verletzung bedeuten.
12. *Geheimhaltung:* Kinder werden gefragt, wer es nicht wissen darf. Hierbei wird deutlich, wie wichtig es für das Kind ist, die Problematik geheimzuhalten.
13. *Prävalenz des Einnässens:* Kinder werden gefragt, ob sie wissen, wie viele andere Kinder in ihrer Klasse auch einnässen. Die meisten Kinder stellen sich vor, dass nur sie alleine einnässen. Es kann eine große Erleichterung für sie bedeuten, wenn sie erfahren, wie viele andere Kinder das gleiche Problem haben. Man kann einem 7-jährigen Kind zum Beispiel erklären, dass bei einer Häufigkeit von 10 % in einer Klasse von 30 Kindern zumindest zwei andere nachts einnässen, aber nicht darüber sprechen.

Kindliche Vorstellungen und Erklärungsversuche

14. *Erklärungsversuche des Kindes:* Das Kind wird gefragt, ob es eine Erklärung hat, warum es einnässt. Dabei macht es einen großen Unterschied, ob das Kind das Einnässen als eine körperliche Funktion (zum Beispiel zu tiefer Schlaf) ansieht oder als eine Folge des eigenen Verhaltens (weil ich faul bin, frech bin usw.).
15. *Kindliche Vorstellung der elterlichen Erklärungsversuche:* Das Kind wird gefragt, was seine Eltern dazu meinen. Dies ist insbesondere wichtig, weil elterliche „intolerante" Attributionen davon ausgehen, dass das Kind willkürlich einnässt. Solche Konstellationen wurden von Butler (1994) als „parental intolerance" bezeichnet und sind häufig mit Interaktionsproblemen assoziiert.
16. *Bisherige Behandlungsversuche:* Das Kind wird nach den bisherigen Maßnahmen gefragt sowie nach seiner Einschätzung dieser Schritte.

Hilfreiche Materialien

Zur Exploration des Kindes kann das semi-strukturierte Kind-Interview (M04, S. 118) verwendet werden.

Die kindliche Sicht des Einnässens kann ergänzt werden durch Fragebogen, die von Butler entwickelt wurden und ebenfalls in Kapitel 4 (M09 bis M11, S. 137 bis 139) sowie in Kapitel 2.1.3 (Leitlinie 3) dargestellt werden.

2.1.3 Fragebogen und Protokolle

L3 Leitlinie 3: Miktionsprotokolle und Fragebogen[1]

Fragebogen sind wiederum eine zeitökonomische Form, Informationen zu gewinnen. Auch stellen sie eine wichtige Ergänzung zur Anamnese dar, da Aspekte, die in der Exploration vielleicht zu kurz gekommen sind, deutlich werden, wenn sie in einem Fragebogen gezielt abgefragt werden. Auch gibt es manchmal Diskrepanzen zwischen Fragebogen und direkter Exploration, denen dann nachgegangen werden kann. Im Prinzip kann man Eltern- und Kinderfragebogen unterscheiden sowie Fragebogen speziell zur Einnässproblematik und allgemeinen, auf das Verhalten bezogene Fragebogen.

Sektion 1: Miktionsprotokoll

Das 24-Stunden-Protokoll dient als direktes Beobachtungsinstrument des kindlichen Verhaltens.

Sektion 2: Elternfragebogen

- Spezielle Elternfragebogen zum Einnässen
- Elternfragebogen zum allgemeinen Verhalten des Kindes

Sektion 3: Kinderfragebogen

- Spezielle Kinderfragebogen zum Einnässen
- Allgemeine Kinderfragebogen zum Verhalten

Sektion 4: Lehrerfragebogen

- Lehrerfragebogen nur einsetzen, wenn Eltern und Kind zustimmen.

1) In Anlehnung an Leitlinien von Fachgesellschaften und speziellen Arbeitsgruppen in Europa und in Deutschland (Deutsche Gesellschaft für Kinder- und Jugendpsychiatrie und Psychotherapie et al., 2000)

Sektion 1: Miktionsprotokoll

Miktionsprotokoll als direktes Beoachtungsinstrument unerlässlich

Wie im Materialienteil abgebildet, handelt es sich bei dem Miktionsprotokoll (24-Stundenprotokoll, M05, S. 121) um ein direktes Beobachtungsinstrument des kindlichen Verhaltens. Eltern werden gebeten, an einem Wochenende, an dem sie keine weiteren Verpflichtungen haben und weder sie noch das Kind „gestresst" sind, das Protokoll auszufüllen. Zwei Tage sind notwendig, da manche Kinder aufgrund des Neuigkeitseffektes am ersten Tag entweder häufiger oder seltener auf die Toilette gehen. Dabei ist es wichtig, dass das Kind nicht in seinem Miktionsverhalten beeinflusst wird, sondern dass es sich um eine möglichst naturalistische Beobachtungssituation handelt.

Benötigt werden neben dem Protokoll und einer Uhr ein Messbecher. Zur Not tut es auch ein Joghurtbecher, auf dem man in 50 ml-Schritten das Volumen markiert. Jedes Wasserlassen soll gemessen werden und die Trinkmengen sollen gemessen oder geschätzt werden.

Miktionsprotokoll hilft bei der Differenzierung zwischen monosymptomatischer und nicht-monosymptomatischer Form

Auf dem Bogen sind verschiedene Spalten gekennzeichnet. In der ersten Spalte soll die Uhrzeit sowohl der Miktion, als auch andere beobachtete Ereignisse notiert werden. In der zweiten Spalte wird die Urinmenge markiert. Falls Drangsymptome auftreten, wird dies in die dritte Spalte eingetragen. Probleme beim Wasserlassen, wie Stottern und Pressen werden in der vierten Spalte notiert. Falls das Kind einnässt, sollte die ungefähre Einnässmenge, ob feucht oder nass, mit der Uhrzeit vermerkt werden. Die sechste Spalte ist wichtig, da hier die Trinkmenge vermerkt wird. Die siebte Spalte kann für zusätzliche Beobachtungen verwendet werden, zum Beispiel für den Einsatz von Haltemanövern. Wenn das Miktionsprotokoll komplett ausgefüllt wird, werden Phänomene deutlich, die der bisherigen Beobachtung der Eltern und des Kindes entgangen sind. Bei der Enuresis nocturna kann mit dem Miktionsprotokoll oft unterschieden werden, ob es sich um eine monosymptomatische oder eine nicht-monosymptomatische Form handelt.

Bei der monosymptomatischen Form ist die Miktionshäufigkeit normal (ca. 5–7x am Tag) und die Abstände über den Tag gleichmäßig verteilt. Auch die Urinmengen sind altersentsprechend. Als grober Hinweis für die Blasenkapazität kann die Formel gelten: Alter x 30ml + 30ml, das heißt zum Beispiel bei einem 5-jährigen Kind: 180 ml, bei einem 11-jährigen Kind: 360 ml.

Bei einer nicht-monosymptomatischen Enuresis nocturna finden sich Zeichen, die auch bei einer Dranginkontinenz, einer Harninkontinenz bei Miktionsaufschub oder einer Detrusor-Sphinkter-Dyskoordination typisch sind.

diagnostische Zuordnung zum Einnässtyp bei tagsüber einnässenden Kindern

Bei tagsüber einnässenden Kindern ermöglicht das Protokoll oft eine entscheidende diagnostische Zuordnung zum Einnässtyp. Dies ist wichtig, da zum Beispiel Haltemanöver sowohl bei der Dranginkontinenz als auch bei der Harninkontinenz bei Miktionsaufschub vorkommen können. Nur mit dem Protokoll kann man entscheiden, ob die Haltemanöver bei einer instabilen Blase als „Notmaßnahme“ eingesetzt werden oder als ein Hilfsmittel, um die Miktion möglichst lange hinauszuschieben.

Bei einer Dranginkontinenz wird man demnach häufige Miktionen, zum Teil bis zu 20 Mal am Tag mit kleinen Urinmengen von 20 bis 60 ml, zumindest aber mit Urinmengen weit unter der Altersnorm, finden. Ferner können Drangsymptome beobachtet werden.

Bei der Harninkontinenz bei Miktionsaufschub findet man hingegen seltene Miktionen mit großen Volumina, in Extremfällen nur 2 bis 3 Mal am Tag mit langen Intervallen dazwischen. Beobachtet wird häufig der Einsatz von Haltemanövern in bestimmten Situationen.

Bei der Detrusor-Sphinkter-Dyskoordination wird ein Pressen zu Beginn der Miktion und ein unterbrochener Harnfluss (Stottern) beobachtet.

Registrierung der Trinkmenge

Die Registrierung der Trinkmenge ist so wichtig, da viele Kinder viel zu wenig trinken. In extremen Fällen sind dies nur 400 bis 800 ml am Tag, während ein Kind gut 1 ½ bis 2 Liter am Tag trinken sollte. Auch versuchen manche Kinder „unbewusst" zum Beispiel bei einer Dranginkontinenz das Einnässen zu vermeiden, indem sie weniger trinken. Dies ist weder sinnvoll, noch für den Körper gesund, so dass häufig aufgrund des Protokolls mit den Eltern geklärt werden kann, dass sie die Kinder noch mehr zum Trinken anhalten sollten.

Wegen der Wichtigkeit des Miktionsprotokolles sollte es in keinem Fall ausgelassen werden!

Hilfreiche Materialien

Zur direkten Beobachtung des kindlichen Verhaltens kann das 24-Stunden-Protokoll (M05, S. 121) genutzt werden.

Sektion 2: Elternfragebogen

Elternfragebogen sind hilfreich, um bestimmte Merkmale des Einnässens zu erfassen sowie die Reaktion und den Umgang der Eltern auf das Symptom. Sie stellen somit eine wichtige Ergänzung zur Exploration und Anamnese dar. Gerade bei schwierigen Differentialdiagnosen können sie entscheidende Informationen liefern. Um weitere psychische Auffälligkeiten zu erfassen, die neben dem Einnässen vorhanden sein können, werden entsprechende Screening-Fragebogen angewandt.

Spezielle Elternfragebogen zum Einnässen

Elternfragebogen zur Anamnese zeitsparend und zur systematischen Information

Anamnesefragebogen Einnässen/Harninkontinenz (Beetz, von Gontard und Lettgen): Dieser Fragebogen ist der kürzeste und stellt deshalb auch die minimalsten zeitlichen Anforderungen an Eltern und Therapeuten. Er wurde aufgrund der Erfahrungen zusammengestellt, die an den Universitätskinderkliniken Essen und Mainz sowie der Universitätsklinik für Kinder- und Jugendpsychiatrie Köln gewonnen wurden. Zu den Themen Einnässen am Tag, Einnässen in der Nacht, Toilettengang, Verhalten beim Harndrang, Besonderheiten, Harnwegsinfektionen, Schulverhalten und allgemeines Verhalten, kreuzen die Eltern entweder „Ja", „Nein" oder „fraglich" an. Häufigkeitsangaben werden mit Zahlen benannt. Dieser Fragebogen hat sich in der Praxis über viele Jahre bewährt (vgl. M06, S. 123).

Elternfragebogen für Kinder mit Einnässen, rezidivierenden Harnwegsinfektionen und Blasenfunktionsstörungen (B. Benden, A. von Gontard, M. Sonnenschein): Dieser Fragebogen wurde an der Kölner Klinik entwickelt und beruht einerseits auf dem oben genannten Anamnesefragebogen, andererseits auf Anregungen von R. Butler (1987, 1994) und auch von Grosse (1986). Der Fragebogen ist sehr viel ausführlicher und ermöglicht nicht nur eine differenzierte Einschätzung der Einnässproblematik, sondern auch der elterlichen Erklärungsversuche, Reaktionen und Interaktionsproblemen in der Familie. Dieser Fragebogen hat sich nicht nur in Studien, sondern auch über viele Jahre in der Klinik als Standardfragebogen bewährt (vgl. M07, S. 126).

Erfassung elterlicher Reaktionen und Haltungen für Therapieplanung bedeutsam

Elternfragebogen: Gefühle über das Einnässen (Butler, 1994): In diesem Fragebogen geht es ausschließlich um die elterlichen Reaktionen, insbesondere um die Einschätzung der elterlichen Toleranz bzw. Intoleranz. Dieses Phänomen wurde von Butler mehrfach beschrieben. Nach eigenen Erfahrungen sowie auch Untersuchungen scheint das Problem der elterlichen Intoleranz in Großbritannien ausgeprägter zu sein als in Deutschland. Während englische Eltern häufiger ärgerlich, zum Teil aggressiv reagieren, scheinen Eltern in Deutschland eher mit Schuldgefühlen und Selbstzweifeln zu reagieren. Dennoch sollte nicht unterschätzt werden, dass in eigenen Untersuchungen ca. 15 % aller Eltern angegeben haben, ihr Kind bestraft zu haben, in England sind es sogar bis zu 30 %. Fehlende elterliche Toleranz und Verständnis werden ein bestrafendes, zum Teil misshandelndes Verhalten begünstigen. Dieses zu erkennen, versucht der Fragebogen. Aussagen werden mit „Ja“ oder „Nein“ beantwortet, wobei von Frage 1 bis 16 das Spektrum einer toleranten bis intoleranten Haltung befragt wird. Die Fragen beruhen auf direkten Aussagen und Beobachtungen von englischen Eltern. Eine deutschsprachige Fassung lag bislang nicht vor und findet sich in den Materialien (vgl. M08, S. 136).

Dieser Fragebogen kann bei entsprechender Konstellation wichtige weitere diagnostische Hinweise ergeben, die für das therapeutische Vorgehen entscheidend sein können. So kann zum Beispiel eine apparative Verhaltenstherapie bei einer angespannten familiären Situation als Strafe eingesetzt werden und wird mit hoher Wahrscheinlichkeit scheitern.

Hilfreiche Materialien

Zur Differenzialdiagnose liefern folgende Elternfragebogen wichtige Informationen:

- *Anamnesefragebogen: Einnässen/Harninkontinenz* (M06, S. 123)
- *Elternfragebogen für Kinder mit Einnässen, rezidivierenden Harnwegsinfekten, Blasenfunktionsstörungen* (M07, S. 126)
- *Elternfragebogen: Gefühle über das Einnässen* (M08, S. 136)

Elternfragebogen zum allgemeinen Verhalten des Kindes

Routinemäßig sollten Eltern gebeten werden, einen allgemeinen Fragebogen zum Verhalten des Kindes, wie zum Beispiel den Elternfragebogen über das Verhalten von Kindern und Jugendlichen (CBCL) von Achenbach (1991a) auszufüllen. Wichtige Hinweise zu Stärken, wie auch Problembereichen des Kindes können so gewonnen werden. Neben einem klinischen Hinweis auf mögliche Verhaltensbereiche können acht spezielle Syndromskalen und drei übergeordnete Skalen (internalisierendes, externalisierendes und Gesamtverhalten) berechnet werden. Eine deutsche Fassung liegt von der Arbeitsgruppe Deutsche Child Behavior Checklist vor (1993a, b; 1998; 2000a, b). Die Fragebogen erfassen Verhaltensauffälligkeiten und Verhaltenskompetenzen von Kindern und Jugendlichen ab dem Alter von 1 ½ bis über 18 Jahren im Urteil von Eltern, aber auch von Lehrern und Erziehern (Döpfner et al. 2000a).

allgemeine Fragebogen erleichtern das Screening für das Vorliegen weiterer Symptome

Bei speziellen Problembereichen können Eltern natürlich auch gebeten werden, weitere Fragebogen und Beobachtungsskalen, zum Beispiel zu depressiven Symptomen und hyperaktivem Verhalten und Konzentrationsstörungen auszufüllen. Auch diesbezüglich darf auf die entsprechende Fachliteratur verwiesen werden (vgl. Leitfaden Diagnostik psychischer Störungen im Kindes- und Jugendalter, Döpfner et al. 2000a).

Sektion 3: Kinderfragebogen

Kinderfragebogen können ab dem Alter von acht Jahren eingesetzt werden und geben Informationen über Vorstellungen, Auswirkungen und familiäre Reaktionen aus Sicht des Kindes. Bei jüngeren Kindern empfiehlt es sich dagegen dringend, ein Interview durchzuführen, wie oben schon ausführlich erwähnt. Auch können die Fragebogen bei jüngeren Kindern als Explorationshilfe angewandt werden, d.h. sie werden dem Kind vorgelesen und mit ihm zusammen ausgefüllt.

Spezielle Kinderfragebogen zum Einnässen

Von dem klinischen Kinderpsychologen Butler wurden mehrere Fragebogen für Kinder entwickelt, die auf seinen persönlichen Erfahrungen mit Kindern beruhen, d.h. es sind Aussagen, die von Kindern in ähnlicher Form geäußert wurden. Diese Fragebogen wurden an unserer Klinik im Rahmen von Forschungsprojekten eingesetzt, haben sich auch bei speziellen Indikationen von der Praxis her bewährt.

Kinderfragebogen ergeben einen Einblick in Krankheitsvorstellungen und -verarbeitung

Kinderfragebogen: Vorstellungen über das Einnässen (Butler, 1994). Bei diesem Fragebogen geht es um die kindliche Vorstellung, warum es zum

Einnässen kommt. Es werden 16 Items angeboten, die auf einer 7-stufigen Skala von 0 bis 6 angekreuzt werden sollen. Fragen 1 bis 8 betreffen körperliche Erklärungsmuster, Fragen 9 bis 16 psychische Zuschreibungen. Gerade die Letzteren sind mit erhöhtem Leidensdruck, Selbstzweifeln und Vorwürfen sowie mit familiären Interaktionsproblemen verbunden (vgl. M09, S. 137).

familiärer Umgang mit dem Einnässen aus Sicht des Kindes

Kinderfragebogen: Einstellung der Familie (Butler, 1994). In diesem Fragebogen werden 10 Fragen, die von einer unterstützenden, toleranten bis zu einer bestrafenden Haltung gestaffelt sind, gestellt. Das Kind soll ankreuzen, wer diese Reaktionen in der Familie zeigt: Mama, Papa oder andere Familienangehörige. Mit einem Blick kann man so von Frage 1 bis 10 die Verteilung von unterstützenden bzw. ablehnenden Haltungen innerhalb der Familie erkennen (vgl. M10, S. 138).

Kinderfragebogen: Auswirkungen des Bettnässens (Butler, 1994). In diesem Fragebogen kann man die Konsequenzen des Einnässens aus der Sicht des Kindes ablesen. 17 Items zu möglichen negativen Konsequenzen, die wiederum von Kindern geäußert wurden, werden mit „Nein", „manchmal" oder „Ja" beantwortet (vgl. M11, S. 139).

Hilfreiche Materialien

Zur Differenzialdiagnose liefern folgende Kinderfragebogen wichtige Informationen:
- *Kinderfragebogen: Vorstellung über das Einnässen* (M09, S. 137),
- *Kinderfragebogen: Einstellung der Familie* (M10, S. 138),
- *Kinderfragebogen: Auswirkungen des Bettnässens* (M11, S. 139).

Allgemeine Kinderfragebogen zum Verhalten

Standardisierte Kinderfragebogen. Für Forschungszwecke, wie auch in der Klinik, kann es hilfreich sein, standardisierte Fragebogen zum Selbstwertgefühl zu verwenden, wie zum Beispiel von Piers-Harris (Piers, 1984). Bei Kindern über einem Alter von 11 Jahren kann routinemäßig der YSR (Youth-Self-Report) von Achenbach (1991b) eingesetzt werden. Wiederum können wichtige Informationen zu Stärken, wie auch Problembereichen aus kindlicher Sicht gewonnen werden.

Sektion 4: Lehrerfragebogen

Im Gegensatz zu Eltern- und Kinderfragebogen sollten Lehrerfragebogen nur eingesetzt werden, wenn die gewonnenen Informationen für die weitere Therapieplanung wirklich notwendig sind. Aufgrund der Schamgefühle und dem Wunsch nach Verheimlichung sollte man auf die Diskretionswünsche der Kinder eingehen. Außerdem ist bei der hohen Erfolgsrate der Behandlung der Enuresis nocturna davon auszugehen, dass die meisten Kinder rasch trocken werden.

Auch wurde leider mehrfach erfahren, dass der Informationsstand mancher Lehrer nicht sehr aktuell ist, so dass Kinder statt einer Entlastung mit weiteren Vorurteilen bezüglich ihres Einnässens konfrontiert wurden.

Lehrerfragebogen werden deshalb nur eingesetzt, wenn Eltern und Kind zustimmen, zum Beispiel bei einer hyperkinetischen Störung, bei dem es entscheidend ist, Informationen über das Verhalten des Kindes in der Klasse zu gewinnen (siehe auch Leitfaden 1: Döpfner et al., 2000b). Der bevorzugte Lehrerfragebogen hierbei ist der TRF (Teacher-Report-Form) von Achenbach (1991b, s. deutsche Fassung der Arbeitsgruppe Deutsche Child Behavior Checklist, 1993a).

Lehrerfragebogen zur Erfassung der Begleitsymptomatik hilfreich

2.1.4 Testpsychologische Untersuchung

Eine testpsychologische Untersuchung ist bei den meisten Kindern, die einnässen, nicht notwendig und sollte nur erfolgen, falls eine besondere Indikation vorliegt. Obwohl Einnässen bei Kindern mit Intelligenzminderung erhöht ist, gibt es im allgemeinen Normbereich der Intelligenz keinen Zusammenhang mit Häufigkeit und Form des Einnässens. Allerdings kommt Einnässen bei Kindern mit Intelligenzminderung gehäuft vor, so dass bei entsprechenden Hinweisen eine Abklärung der kognitiven Leistungsfähigkeit notwendig ist.

testpsychologische Untersuchung nur bei besonderer Indikation

Bei spezieller Indikation können folgende Untersuchungen angezeigt sein:

L4 Leitlinie 4: Testpsychologische Untersuchung[1]

Allgemeine Intelligenztests

Orientierende, eindimensionale Intelligenztests, wie die CPM, SPM-Raven oder die CFT-1, CFT-20-Tests sowie mehrdimensionale Intelligenztests, wie der K-ABC und der HAWIK-III, können indiziert sein, wenn eine Lernbehinderung oder eine allgemeine Intelligenzminderung vermutet wird. Die mehrdimensionalen Intelligenztests ermöglichen ferner Hinweise auf das Vorliegen von Teilleistungsschwächen.

Spezielle Tests für Teilleistungsschwächen

Die häufigste Indikation ist ein Rechtschreibtest zum Ausschluss einer Legasthenie. Die klinische Erfahrung zeigt, dass es bei Kindern mit einer Legasthenie vermehrt zu einer sekundären Enuresis nocturna aufgrund der zunehmenden schulischen Belastungen kommen kann.

Projektive Tests

Bei Hinweisen auf intrafamiliäre Spannungen und Konflikte können projektive Tests hypothesengenerierend eingesetzt werden. In einem mehrjährigen Forschungsprojekt wurde bei jedem Kind u.a. ein Familie-in-Tieren-Test (Brem-Graeser, 1986) und ein Family-Relations-Test (Anthony & Bene, 1957) durchgeführt. Diese Verfahren stellten eine wichtige Explorationshilfe dar und erbrachten ergänzende Informationen für Beratung wie auch weiterführende Therapiemaßnahmen. Wegen des Zeitaufwandes und den unzureichenden Gütekriterien dieser qualitativen Methoden werden sie in der Praxis nicht routinemäßig, sondern nur nach spezieller Indikation durchgeführt.

1) In Anlehnung an Leitlinien von Fachgesellschaften und speziellen Arbeitsgruppen in Europa und in Deutschland (Deutsche Gesellschaft für Kinder- und Jugendpsychiatrie und Psychotherapie et al., 2000)

2.1.5 Körperliche Untersuchung

initiale körperliche und neurologische Untersuchung notwendig

Wie schon mehrfach erwähnt, ist es unbedingt notwendig, dass jedes Kind mit einer Einnässproblematik zumindest einmal kinderärztlich untersucht wird. Dies gilt insbesondere für Kinder, die tagsüber einnässen. Bei ihnen können medizinische Probleme auch während der Therapie neu oder wiederholt auftreten, so dass Nachuntersuchungen oder sogar Mitbehandlungen kinderärztlicherseits notwendig werden. Grob kann zwischen allgemeinpädiatrischer Untersuchung und neurologischer Untersuchung unterschieden werden.

L5 Leitlinie 5: Körperliche und neurologische Untersuchung[1]

Allgemeinpädiatrische Untersuchung

Die Durchführung sollte dem untersuchenden Arzt überlassen werden. Im Allgemeinen gilt, dass alle Organsysteme kurz durchuntersucht werden. Dies ist auch wichtig, wenn in Zukunft eine medikamentöse Behandlung geplant ist, um nicht vorbestehende Risiken bezüglich einer Pharmakotherapie zu übersehen.

Insbesondere sollte in jedem Fall der Bauch abgetastet (Hinweise auf Skybala oder Kotballen) sowie das Genital (Hinweise auf Fehlbildungen sowie Entzündungen), die Analregion (ebenfalls Fehlbildungen und Entzündungen), der Rückenbereich (Hinweise auf Verschlussstörungen der Wirbelkörper, wie Spina bifida occulta), der Gesäßbereich und die unteren Extremitäten (Asymmetrien: mögliche Hinweise auf Innervationsstörungen, wie bei dem Tethered-Chord-Syndrom) untersucht werden.

Neurologische Untersuchung

Hierbei können Reflex- und Sensibilitätsdifferenzen im Bereich der unteren Extremitäten einen Hinweis auf mögliche neurogene Blasenfunktionsstörungen ergeben. Ansonsten ermöglicht eine komplette neurologische Untersuchung einschließlich der weichen neurologischen Zeichen (so genannte „soft signs"), wie Bewegungsablauf, Koordination, Gleichgewicht usw. einen Hinweis auf feinneurologische, zentrale Koordinationsstörungen. Aus

Untersuchungen weiß man, dass bei ca. einem Drittel der einnässenden Kinder Teilleistungsschwächen im motorischen Bereich vorliegen, die u.U. durch Psychomotorik und Ergotherapie positiv beeinflusst werden können.

1) In Anlehnung an Leitlinien von Fachgesellschaften und speziellen Arbeitsgruppen in Europa und in Deutschland (Deutsche Gesellschaft für Kinder- und Jugendpsychiatrie und Psychotherapie et al., 2000)

2.1.6 Spezielle Diagnostik

L6 **Leitlinie 6: Spezielle Diagnostik[1]**

- Eine *Ultraschall-Untersuchung* ist notwendig, um Fehlbildungen und Veränderungen im Bereich der Nieren und ableitenden Harnwege zu erkennen. Ebenso lassen sich Blasenwandverdickungen und das Vorliegen einer Resturinmenge feststellen.
- *Urinuntersuchungen* ergeben Hinweise auf Harnwegsinfektionen.
- Durch die *Uroflowmetrie* ergeben sich Hinweise auf den Ablauf der Blasenentleerung.

1) In Anlehnung an Leitlinien von Fachgesellschaften und speziellen Arbeitsgruppen in Europa und in Deutschland (Deutsche Gesellschaft für Kinder- und Jugendpsychiatrie und Psychotherapie et al., 2000)

Ultraschall: In jedem Fall sollte eine Ultraschalluntersuchung des Abdomens, der Nieren sowie der Blase durchgeführt werden. Diese harmlose, nicht invasive, nicht schmerzhafte Diagnostik kann Fehlbildungen und Veränderungen im Bereich der Nieren und ableitenden Harnwege weitgehend ausschließen.

Ultraschalluntersuchung zur Bestimmung der Blasenwanddicke und der Resturinbestimmung

Zwei Bestimmungen sind in diesem Zusammenhang besonders wichtig: Die Bestimmung der Blasenwanddicke und die Resturinbestimmung. Die Blasenwand sollte bei gefüllter Blase nicht mehr als 2,5 mm messen. Eine Blasenwandverdickung kann einerseits für eine abgelaufene Blasenentzündung, wie auch für einen unphysiologischen Einsatz der Blasenmuskulatur bei Blasenfunktionsstörungen sprechen. Häufig sind diese Hypertrophien der Blase reversibel. Eine Ultraschallkontrolle nach Miktion ermöglicht den Nachweis von Resturin. Eine Menge über 5 ml sollte kontrolliert werden. Bei manchen Kindern mit Blasenfunktionsstörungen finden sich enorme Resturinmengen bis zu 200 ml.

Ferner kann im Ultraschall hinter der Blase bei einer Enkopresis mit Obstipation ein erweitertes Rektum nachgewiesen werden, das von hinten gegen die Blase drückt und die Funktion der Blase beeinträchtigen kann.

psychoedukativer Einsatz

Darüber hinaus kann die Ultraschalluntersuchung auch therapeutisch eingesetzt werden. Psychoedukativ kann den Kindern sehr anschaulich die Form, Lage von Blase und Nieren gezeigt und erklärt werden. Zur Verlaufskontrolle, zum Beispiel einer Enkopresis, kann man mit Einsatz von abführenden Maßnahmen schrittweise die Rückbildung der Darmdurchmesser nachweisen. Auch die Rückbildung der Blasenwanddicke kann mit dem Ultraschall nachgewiesen werden. Ferner kann eine Reduktion des Resturins trainiert werden. Viele Kinder nehmen überhaupt nicht wahr, dass sie einen Resturin in der Blase haben. Wenn ihnen dies optisch gezeigt wird, können sie die entspannte Entleerung der Blase mit Rückbildung des Resturins trainieren. Aus allen diesen Gründen sollte nicht auf eine Ultraschalluntersuchung verzichtet werden.

Urinscreening zum Hinweis auf Harnwegsinfektion

Urinuntersuchungen: Obwohl das Auftreten von Harnwegsinfekten bei einer Enuresis nocturna, vor allem bei Jungen, sehr selten ist, sollte zumindest einmal ein Urinscreening mit einem Teststreifen durchgeführt werden. Diese Untersuchung ist so wenig aufwendig, da sie lediglich erfordert, dass ein Teststreifen in Urin getaucht wird und nach einer festgelegten Zeit abgelesen wird. Dieses einfache Screeningverfahren kann zumindest Hinweise liefern, ob weitergehende Urinuntersuchungen notwendig sind. Falls keine klinischen Zeichen einer Harnwegsinfektion vorliegen und die Teststreifen unauffällig sind, sind weitere Maßnahmen mit Sicherheit nicht notwendig.

Spezielle Urinuntersuchungen: Bei dem geringsten Verdacht auf eine Harnwegsinfektion, vor allem bei tagsüber einnässenden Kindern, müssen weitere Untersuchungen veranlasst werden. Es handelt sich um eine Sedimentuntersuchung, bei der Zellen wie auch Kristalle, Bakterien und andere feste Körper im Urin mikroskopisch untersucht werden. Ferner eine mikrobiologische Untersuchung, bei der mittels im Mittelstrahl gewonnener Urin auf das Vorliegen von Bakterien sowie deren Resistenzen gegenüber Antibiotika untersucht wird. Eine antibiotische Behandlung sollte erst begonnen werden, nachdem Urin für eine bakteriologische Untersuchung gewonnen wurde. Wiederholte Urinuntersuchungen können bei rezidivierenden Harnwegsinfekten notwendig sein.

Alle weiteren Untersuchungen sind routinemäßig nicht unbedingt notwendig, obwohl sie wichtige Informationen liefern können. Ein besonders hilfreiches Instrument ist die Uroflowmetrie mit Beckenboden-EMG.

Uroflowmetrie liefert Hinweis auf die Entleerungsfunktion der Blase

Uroflowmetrie: Das Uroflowmetriegerät besteht aus einem Toilettenstuhl mit einem Auffangtrichter. In diesem Trichter ist eine rotierende Scheibe eingebaut. Trifft der Harnstrahl auf diese Scheibe, so wird sie abgebremst. Die Abbremsung durch den Harnstrahl wird graphisch als Uroflowkurve und numerisch mit entsprechenden Maßen registriert und wiedergegeben. Das einfache Uroflow ermöglicht deshalb einen Hinweis auf die Entleerungsfunktion der Blase.

In Kombination mit einem Beckenboden-EMG (Elektromyogramm: Messung der Muskelaktivität) ermöglicht die Uroflowmetrie ferner Hinweise auf die Koordination zwischen Blasenhohlmuskel und Blasenschließmuskel. Für das EMG werden zwei Oberflächenelektroden im Gesäßbereich festgeklebt, sowie eine zur Erdung notwendige dritte Elektrode auf das Bein des Kindes. Graphisch kann die Anspannung des Beckenbodens, die direkt mit der Kontraktion des Schließmuskels der Blase korreliert, dargestellt werden. Auch kann das EMG akustisch als Geräusch amplifiziert werden. Die Uroflowmetrie mit Beckenboden-EMG ermöglicht somit eine differenzierte Diagnose beteiligter Organe während der Entleerungsphase. Sie ist absolut obligat bei dem Verdacht auf eine Detrusor-Sphinkter-Dyskoordination. Wenn dieser Verdacht besteht, müssen diese Kinder entweder an spezielle Zentren oder an Kinderurologen überwiesen werden, die in der Praxis diese Untersuchung durchführen können.

Uroflowmetrie mit Beckenboden EMG gibt Hinweise auf die Koordination zwischen Blasenhohlmuskel und Blasenschließmuskel

Röntgenologische Diagnostik: Röntgenaufnahmen sind routinemäßig bei der Enuresis, wie auch der funktionellen Harninkontinenz nicht indiziert. Falls der Verdacht auf einen vesikoureteralen Reflux oder auf eine Harnröhrenverengung besteht, ist ein Röntgen-MCU (Miktonscystourogramm) unbedingt notwendig. Dabei wird die Blase über einen Katheter mit einem Kontrastmittel gefüllt und die Entleerung der Blase mit möglichem Reflux zur Niere dokumentiert. In diesen Fällen ist eine Röntgenuntersuchung unerlässlich, da ein Reflux leichteren Grades im Ultraschall nicht dargestellt werden kann. Auch können mit dem MCU Verengungen der Harnröhre nachgewiesen werden.

Miktionscystourogramm bei Verdacht auf vesikoureteralen Reflux indiziert

Andere spezielle Diagnostik: Weitergehende Diagnostik sollte den wenigen Fällen vorbehalten sein, in denen dies unbedingt indiziert ist. So können szintigraphische (d.h. nuklearmedizinische) Untersuchungen notwendig sein, wenn der Verdacht auf eine Funktionsstörung der Niere, zum Beispiel aufgrund von Narben, besteht.

weitergehende urodynamische Untersuchungen nur nach strenger Indikation

Weitergehende urodynamische Untersuchungen mit Druckmessungen innerhalb der Blase können notwendig sein, wenn der Verdacht auf Störungen während der Füllungsphase besteht und die diagnostischen Informationen nicht ausreichen. Diese Untersuchungen sollten nur bei speziell geschulten Kinderurologen durchgeführt werden.

Auch weitergehende urologische Untersuchungen können wichtig und notwendig sein, zum Beispiel eine Blasenspiegelung mit endoskopischer Diagnostik. Auch hier gilt der Grundsatz, dass sie nur bei spezieller Indikation erfolgen sollten. Falls sie jedoch notwendig sind, sollten sie nicht hinausgezögert werden.

Blutuntersuchungen sowohl des Blutbildes, wie auch der Elektrolyte und anderer laborchemischer Parameter sind zwar routinemäßig nicht notwendig, aber bei spezieller Diagnostik indiziert (z.B. bei der Pharmakotherapie mit trizyklischen Antidepressiva).

Weitere Untersuchungen, wie ein EKG (Herzströme) oder ein EEG (Gehirnströme) sind eigentlich nur bei einer Pharmakotherapie zum Ausschluss von Nebenwirkungen im Bereich der Herz-, wie auch Hirnfunktion indiziert.

2.1.7 Verlaufskontrolle

L7 Leitlinie 7: Verlaufskontrolle[1]

Der Verlauf der Behandlung sollte immer in speziellen Kalendern und Beobachtungsbogen dokumentiert werden. Dies ist aus verschiedenen Gründen notwendig: Sie steigert die Motivation und die Selbstbeobachtung; nur durch eine genaue Dokumentation kann ein partieller Therapieerfolg nachvollzogen, sowie Probleme in der Behandlung erkannt werden. Zuletzt sind Dokumentation und Beobachtung an sich therapeutisch, wie zumindest bei der Enuresis nocturna eindeutig nachgewiesen wurde. So werden 15 bis 20 % aller Kinder allein durch die Führung eines so genannten Sonne-Wolken-Kalenders während einer Baseline trocken.

Auch die Pharmakotherapie erfordert eine genaue Dokumentation, um die Wirksamkeit und mögliche Nebenwirkungen zu erfassen.

1) In Anlehnung an Leitlinien von Fachgesellschaften und speziellen Arbeitsgruppen in Europa und in Deutschland (Deutsche Gesellschaft für Kinder- und Jugendpsychiatrie und Psychotherapie et al., 2000)

Um die ausreichende Effektivität der begonnenen therapeutischen Maßnahmen zu überprüfen, ist eine regelmäßige Verlaufskontrolle notwendig. Hierbei ist auch zu überprüfen, ob die diagnostische Zuordnung weiterhin zutrifft und ob nicht ergänzende diagnostische Maßnahmen durchgeführt werden müssen. Hierbei ist auch zu prüfen, ob komorbide Auffälligkeiten hinzugekommen sind, die für das therapeutische Vorgehen Relevanz besitzen.

Hilfreiche Materialien

Verschiedene Kalender und Dokumentationsbogen werden in Kapitel 3.6 beschrieben und sind in Kapitel 4 wiedergegeben und können zum eigenen Gebrauch verwandt bzw. variiert werden.

Die Materialien zur Verlaufskontrolle umfassen die Materialien M12 bis M20 (S. 140 bis 156).

Diese Materialien haben sich in der praktischen Anwendung und Verlaufskontrolle bei Kindern mit Einnässproblemen in unserer Spezialambulanz bewährt und wurden dort entwickelt.

2.2 Leitlinien zur Behandlungsindikation

Die Einteilung nach Tageszeit des Einnässens – nachts oder tagsüber – und nach der Dauer der symptomfreien Intervalle – primär oder sekundär – erweist sich für die Behandlungsindikation als unzureichend und muss weiter differenziert werden. Inzwischen werden verschiedene Syndrome des Einnässens mit typischer klinischer Symptomatik definiert. Insbesondere die Gruppe des Einnässens tagsüber ist ausgesprochen heterogen und bedarf einer detaillierten diagnostischen Abklärung mit einem sich anschließenden entsprechenden therapeutischen Vorgehen.

heterogene Einnässformen verlangen detaillierte diagnostische Abklärung und entsprechendes therapeutisches Vorgehen

Tabelle 7 gibt eine Übersicht zu den Leitlinien für die Indikation einzelner Behandlungskomponenten.

Tabelle 7: Unterteilung der Leitlinien zur Behandlungsindikation

L 8	Indikation für eine apparative Verhaltenstherapie bei Enuresis nocturna
L 9	Indikation für eine Kombinationsbehandlung Belohnungsansätze, Arousal-Training, Dry-Bed-Training bei Enuresis nocturna
L10	Indikation für Biofeedback-Techniken
L11	Indikation für eine Pharmakotherapie
L12	Indikation für eine multimodale Therapie
L13	Indikation für eine teilstationäre oder stationäre Therapie
L14	Entbehrliche Therapiemaßnahmen

Die Leitlinien wurden hinsichtlich ihrer Bedeutung für den klinischen Alltag hierarchisch geordnet. In Abhängigkeit vom Schweregrad, akuten Belastungen, Alter und Verlauf der Symptomatik bekommen einzelne Komponenten des Behandlungsvorgehens eine besondere Bedeutung.

Bei der Auswahl des Interventions-Settings ist zu beachten, dass in den allermeisten Fällen eine Enuresis oder eine funktionelle Harninkontinenz ambulant behandelt werden kann. Stationäre oder teilstationäre Therapien kommen nur in Frage bei Therapieresistenz gegenüber bisherigen Methoden: bei schwerer psychischer Begleitsymptomatik und bei aufwändigen Methoden wie Biofeedback, wenn eine höhere und kontinuierliche Trainingsfrequenz erforderlich ist.

2.2.1 Apparative Verhaltenstherapie (AVT)

L8 **Leitlinie 8:**
Indikation für eine apparative Verhaltenstherapie bei Enuresis nocturna[1]

- Die apparative Verhaltenstherapie (AVT) ist unbestritten das Mittel der ersten Wahl bei der Behandlung der Enuresis nocturna. Die auf dem Markt vorhandenen verschiedenen Geräte sind gleich effektiv und es ist mit den Eltern sowie den Kindern zu besprechen, ob sie ein tragbares Gerät bzw. ein Bettgerät bevorzugen.
- Eltern und Kinder sollten darüber informiert werden, dass das Gerät in der Nacht eingesetzt werden muss und die Therapie ausreichend lang durchzuführen ist. Vollständiges Erwachen ist notwendig.
- Eine Kombination mit dem Arousal-Training sowie Belohnungsansätzen kann den Effekt verstärken (s. Leitlinie L 9).

1) In Anlehnung an Leitlinien von Fachgesellschaften und speziellen Arbeitsgruppen in Europa und in Deutschland (Deutsche Gesellschaft für Kinder- und Jugendpsychiatrie und Psychotherapie et al., 2000)

apparative Verhaltenstherapie effektivste Behandlungsform

Da es sich bei der apparativen Verhaltenstherapie um die effektivste Behandlungsform für die Enuresis nocturna handelt, ist es entscheidend, die psychischen Faktoren, die den Erfolg beeinflussen, zu identifizieren und in die Therapie mit einzubeziehen. Die genaue Wirkungsweise der AVT ist nach wie vor nicht eindeutig geklärt. Über aversive und motivationale Elemente schlafen manche Kinder trocken durch, während andere durch den Füllungsdruck der Blase aufwachen und es zur nächtlichen Miktion kommt (Nykturie). Tragbare Geräte, so genannte Klingelhosen, und Bettgeräte, so genannte Klingelmatten, sind etwa gleich effektiv. In Absprache mit den Kindern und ihren Eltern sollte die von ihnen am besten akzeptierte Form ausgewählt werden.

Klingelhosen und Klingelmatten gleich erfolgreich

Bewährt hat sich die direkte Demonstration der Geräte. Eltern und Kinder sollten in einer für sie verständlichen Form informiert werden. Besonders sollte die Notwendigkeit betont werden, das Gerät regelmässig jede Nacht über einen Zeitraum von maximal 16 Wochen einzusetzen. Nach klinischer Erfahrung muss mit einer Dauer von 6 bis 10 Wochen gerechnet werden. Auch sollten Eltern instruiert werden, den Verlauf der AVT in speziellen Protokollen zu dokumentieren.

Als lerntheoretisches Erklärungsmodell kommen überwiegend Prozesse des operanten Konditionierens in Frage.

Der Therapieerfolg wird nicht durch die Intelligenz des Kindes beeinflusst, wohl aber durch eine Reihe von Faktoren, die Butler (1994) wie folgt zusammenfasst:
- Länge der Fahrtwege zur Klinik,
- Wartezeit für Termine,
- ungünstige Wohnverhältnisse,
- familiäre Stressoren,

- Kooperation der Eltern,
- mütterliche Intoleranz und Ärger,
- negatives Selbstwertgefühl und komorbide Verhaltensauffälligkeiten beim Kind

Compliance und Motivation verstärken

Entsprechend diesen vielfältigen Einflussfaktoren kommt einer vertrauenswürdigen Therapeut-Patienten-Beziehung eine große Bedeutung zu, um Compliance und Motivation der gesamten Familie zu erreichen. Nachkontrollen und regelmäßige Kontakte sind notwendig, um langfristige Erfolge zu erzielen.

vorgegebene Erfolgskriterien beachten

Entsprechend definiert Butler (1991) die Erfolgskriterien für die apparative Verhaltenstherapie der Enuresis nocturna:
- initialer Erfolg: mindestens 14 konsekutive trockene Nächte nach maximal 16 Wochen,
- Rückfall: zwei nasse Nächte pro Woche,
- fortgesetzter Erfolg: kein Rückfall in sechs Monaten und
- kompletter Erfolg: kein Rückfall in zwei Jahren.

Ziel muss das komplette Sistieren der Symptomatik sein und nicht eine Reduktion der Einnässfrequenz.

regelmäßige Kontakte notwendig

Regelmäßige Termine und Kontakte sollten mit den Eltern und den Kindern vereinbart werden, zunächst wöchentlich, später mindestens alle zwei bis drei Wochen bis zum initialen Erfolg, wobei auch telefonische Rückmeldungen ausreichend sind. Bei Rückfällen sollte ein erneuter Behandlungsansatz mit einer apparativen Verhaltenstherapie begonnen werden, der auch zu einem hohen Prozentsatz erfolgreich ist.

In den meisten Fällen reicht diese einfache Form der apparativen Verhaltenstherapie aus. Nur falls sich der gewünschte Erfolg so nicht erreichen lässt, ist eine Verstärkung der AVT notwendig.

2.2.2 Kombinationsbehandlungen

L9 **Leitlinie 9:**
Indikation für eine Kombinationsbehandlung.
Belohnungsansätze, Arousal-Training, Overlearning, Dry-Bed-Training bei Enuresis nocturna[1]

Eine Verstärkung der AVT durch ergänzende verhaltenstherapeutische Interventionen ist oft indiziert, um die Wirkung der AVT zu verstärken. Hierzu gehören folgende Vorgehensweisen:
- Arousal-Training, bei dem die Kinder gewisse Funktionen im Rahmen der AVT übernehmen und dafür verstärkt werden. Dies ist die bevorzugte Form der Verstärkung, da sie einfach durchzuführen und effektiv ist.

- Belohnungsansätze mit entsprechenden individuellen Handlungsverstärkern. Intermittierende Verstärkerpläne werden eingesetzt, um durch nicht kontinuierliche Verstärkung den Behandlungserfolg zu stabilisieren und das verstärkte Verhalten löschungsresistenter werden zu lassen.
- Overlearning, um eine größere Stabilität des Therapieeffektes zu erreichen
- Dry-Bed-Training. Hier werden AVT und verschiedene weitere verhaltenstherapeutische Maßnahmen miteinander kombiniert.

1) In Anlehnung an Leitlinien von Fachgesellschaften und speziellen Arbeitsgruppen in Europa und in Deutschland (Deutsche Gesellschaft für Kinder- und Jugendpsychiatrie und Psychotherapie et al., 2000)

Belohnungsansätze als individuelle Verstärker

Belohnungsansätze sollen beim Kind die Erfahrung verstärken, dass eine trockene Nacht zu positiven Rückmeldungen von Seiten der Eltern führt. Die beiden am häufigsten verwendeten Belohnungsansätze sind das Führen eines Kalenders sowie spezifische Belohnungsprogramme.

Das Eintragen in einen speziellen Kalender, der trockene und nasse Nächte mit verschiedenen Symbolen, z.B. lachenden oder weinenden Gesichtern kennzeichnet, regt Eltern und Kinder dazu an, positives Verhalten und die erreichten Erfolge vermehrt zu beachten.

Beim Einsatz von Belohnungsprogrammen geht es nach Grosse (1986) darum, dass das Kind bei Erreichen bestimmter Ziele eine materielle Belohnung oder einen individuellen Handlungsverstärker erhält. Hierbei sollte die Kooperation und Mitarbeit des Kindes und nicht der Erfolg verstärkt werden, d.h., die Bereitschaft des Kindes, sich an dem Programm aktiv zu beteiligen.

Verstärkung von Motivation und Eigenbeteiligung für initialen Erfolg bedeutsam

Bei dem *Arousal-Training* (van Londen et al., 1993; 1995) werden die Kinder aufgefordert, nach dem Einnässen das Gerät innerhalb von drei Minuten abzustellen, selbstständig zur Toilette zu gehen und das Gerät wieder neu anzulegen. Dieses Ziel wird positiv mit zwei Token verstärkt. Wenn das Kind den Handlungsablauf nicht selbstständig durchführt, werden ihm bereits erhaltene Token wieder entzogen. Durch ein solches Vorgehen werden Motivation und Eigenbeteiligung deutlich verstärkt und hierdurch sowohl der initiale Erfolg als auch die Trockenheitsrate nach 2 ½ Jahren gegenüber der alleinigen apparativen Verhaltenstherapie erhöht.

Nach eigenen Erfahrungen ist das Arousal-Training gut durchführbar und sehr effektiv. Bei jüngeren Kindern sollte das Verstärkerprogramm abgewandelt werden. Das erwünschte Verhalten wird mit nur einem Token positiv verstärkt – dafür wird auf die Zurückgabe eines Tokens verzichtet, da dies für jüngere Kinder demotivierend wirken kann.

Bei *intermittierenden Verstärkerplänen* wird nach Petermann und Petermann (2000) der Klingelapparat in Abhängigkeit von der Harnentleerungsmenge eingesetzt. Gerade eine intermittierende, also nicht-kontinuierliche Verstärkung besitzt einen stabilisierenden Effekt, da durch ein solches Vorgehen das verstärkte Verhalten löschungsresistenter wird. Wird eine ausreichende Menge Urin in die Toilette entleert, erfolgt das unangenehme Wecksignal nicht, so dass der unangenehme Reiz nicht erfolgt. Es handelt sich also um eine negative Verstärkung, da in Abhängigkeit von der Harnmenge der negative Reiz erfolgt oder nicht. Da einnässende Kinder eine unterschiedlich ausgeprägte nächtliche Urinproduktion aufweisen, ist dies Vorgehen für manche Kinder nicht geeignet. Auch liegen noch nicht genügend empirische Daten vor, um dieses Verfahren allgemein zu empfehlen.

Overlearning zur Stabilisierung des Behandlungserfolges

Overlearning. Beim so genannte „Überlernen" geht es ebenfalls darum, den Behandlungseffekt zu stabilisieren (Morgan, 1978). Zeigt der Behandlungsverlauf eine ausreichende Besserung, so kann nach dem Erreichen von 14 trockenen Nächten abends eine größere Flüssigkeitsmenge angeboten werden, um die Stabilität des Erfolgs zu festigen. Schläft das Kind unter der verschärften Bedingung trocken durch, so hat es nach Grosse (1986) eine ausreichend funktionsfähige Blasenkontrolle erworben und die Anpassungsfähigkeit der Blase an den jeweiligen Füllungsstand dürfte gesichert sein. Wird das Kind trotz der erhöhten Flüssigkeitsmenge nachts wach, so ist dies ein Beleg dafür, dass es die gefüllte Blase ausreichend gut wahrnimmt. Für Grosse (1986) ergibt sich vor allem dann die Indikation einer Flüssigkeitserhöhung, wenn nach der Therapie häufiger Rückfälle auftreten, für die keine plausiblen Ursachen erkennbar sind.

komplexes Trainingsprogramm bei unzureichendem Therapieerfolg

Bei dem *Dry-Bed-Training* (DBT nach Azrin et al. 1974) handelt es sich um ein komplexes Trainingsprogramm, das die apparative Verhaltenstherapie mit operanten Verfahren kombiniert. Azrin geht davon aus, dass die Enuresis ein Lernproblem darstellt, das verschiedene komplexe Aspekte umfasst wie Motivation, Grad der Kontrolle über die Blasenfunktion, elterliche Bemühung, Stärke der alternativen Verhaltensweisen sowie Leichtigkeit des Aufwachens in der Nacht.

Nach Grosse (1986) kombinieren die Autoren eine Vielzahl verhaltenstherapeutischer Einzeltechniken, die systematisch beim Vorliegen festgelegter Symptom- und Behandlungsbedingungen eingesetzt werden. Hierbei werden sowohl dosierte aversive Konsequenzen auf das Einnässen als auch positive Verstärkungen eingesetzt. Das Programm beginnt mit einer Intensivnacht und beinhaltet drei Phasen.

Verbesserung von Selbstkontrollmechanismen

Als Lernziele sind definiert, dass das Kind verschiedene Füllungszustände der Blase wahrnimmt und unterscheidet und außerdem durch Selbstkontrollmechanismen erlernt, das Einnässen zu verhindern. Einer schnelleren initialen Trockenheit und Effektivität und einer geringeren Rückfallquote steht ein hoher Aufwand bei der Durchführung gegenüber. Am effektivsten wird das Dry-Bed-Training, wenn es von den Eltern unter professioneller Supervision durchgeführt wird.

Azrin et al. (1974) gehen davon aus, dass das Dry-Bed-Training effektiver sei als die apparative Verhaltenstherapie allein. In einer neuen Metaanalyse unterschieden sich die beiden Methoden hinsichtlich ihrer Effektivität nicht wesentlich (Lister-Sharp et al., 1997). Nach v. Gontard (2001a) ist zu beachten, dass die entscheidenste Komponente beim Dry-Bed-Training nach wie vor das Klingelgerät darstellt. Ohne diese reduziert sich der Erfolg deutlich und ist vergleichbar dem der Kontrollgruppen. Aufgrund des aufwendigen Vorgehens sollte das Dry-Bed-Training erst nach einer erfolglosen apparativen Verhaltenstherapie eingesetzt werden. Eine weitere Indikation besteht bei therapieresistenten älteren Kindern und Jugendlichen mit Enuresis nocturna.

L10 Leitlinie 10: Indikation für Biofeedback-Techniken[1]

Biofeedback-Verfahren registrieren physiologische Aktivitäten, die mit der Blasenfunktion in Zusammenhang stehen und dem Patienten durch visuelle bzw. akustische Signale rückgekoppelt werden. Hierdurch werden Informationen über physiologische Prozesse wahrgenommen, die aktive Selbstkontrolle über die physiologische Aktivität ermöglichen. Im Sinne eines operanten Konditionierens wird zunächst eine Kontrolle während des Biofeedback-Trainings, anschließend in Alltagssituationen erlangt.

Die einzige Indikation für Biofeedback-Verfahren ist die Detrusor-Sphinkter-Dyskoordination.

1) In Anlehnung an Leitlinien von Fachgesellschaften und speziellen Arbeitsgruppen in Europa und in Deutschland (Deutsche Gesellschaft für Kinder- und Jugendpsychiatrie und Psychotherapie et al., 2000)

Biofeedback-Verfahren bei Detrusor-Sphinkter-Dyskoordination

Biofeedback-Verfahren sind das Mittel der ersten Wahl bei der Detrusor-Sphinkter-Dyskoordination. Die spezifische Biofeedback-Behandlung hat die Ziele, einen ununterbrochenen Harnfluss, einen entspannten Beckenboden und eine resturinfreie Blasenentleerung zu ermöglichen. Dies ist in kindgerechter Form möglich, wenn die Uroflow-Kurve durch optische und die Aktivitäten des Beckenbodens über akustische Symbole rückgemeldet wird, so dass diese zu jedem Zeitpunkt wahrgenommen und kontrolliert werden können.

Es besteht kein Zweifel an der Wirksamkeit des Biofeedback-Trainings, unabhängig von der Durchführungsart. Während manche Autoren ein rein visuelles Uroflow-Biofeedback durchführen, bevorzugen andere Autoren ein kombiniertes visuelles Uroflow- und akustisches EMG-Biofeedback. Bei der erstgenannten Technik werden auf einem Bildschirm optische Rückmeldungen über den Harnfluss angeboten, beim zweiten Vorgehen ertönt zusätzlich in Abhängigkeit vom Entspannungszustand ein unterschiedlich lautes Geräusch.

Beim Uroflow-Biofeedback handelt es sich um eine nicht invasive, effektive Behandlungsmaßnahme, die wegen der schweren medizinischen Folgesymptome bei jedem Kind mit einer Detrusor-Sphinkter-Dyskoordination durchgeführt werden muss (von Gontard, 2001a).

2.2.4 Medikamentöse Behandlungsansätze

L11 **Leitlinie 11: Indikation für eine Pharmakotherapie[1]**

Indikationen für eine Pharmakotherapie umfassen:
- Therapieresistenz gegenüber anderen Methoden
- Kombination mit nicht-pharmakologischen Interventionen
- Familiäre und sonstige Belastungen, die eine aufwendige Behandlung nicht erlauben
- Kurzfristiges Trockenwerden vor Schulausflügen, Ferienaufenthalten usw.

1) In Anlehnung an Leitlinien von Fachgesellschaften und speziellen Arbeitsgruppen in Europa und in Deutschland (Deutsche Gesellschaft für Kinder- und Jugendpsychiatrie und Psychotherapie et al., 2000)

Medikamente: Methode der zweiten Wahl

Bei allen Formen des Einnässens stehen effektive nicht-pharmakologische Behandlungsmethoden zur Verfügung, die als Methode der ersten Wahl anzusehen sind. Insbesondere die apparative Verhaltenstherapie mit oder ohne ergänzende verhaltenstherapeutische Maßnahmen hat sich als am effektivsten erwiesen. Auch bei der Dranginkontinenz stehen symptomorientierte kognitiv-behaviorale Therapien an erster Stelle. Andererseits gibt es eine klare Indikationsstellung für eine Pharmakotherapie der Enuresis. Voraussetzung für den gezielten Einsatz von Pharmaka sind genaue Diagnostik und Behandlungsstandards, insbesondere für die Kinder, die tagsüber einnässen.

nach Absetzen von Desmopressin hohe Rückfallwahrscheinlichkeit

Mit dem Desmopressin (Minirin®) ist es möglich, die Einnässhäufigkeit deutlich zu reduzieren. 70 % der Kinder werden trocken, jedoch kommt es meistens nach dem Absetzen zu einem Rückfall. Nur eine Minderheit bleibt auch langfristig frei vom Einnässen, wobei die Wahrscheinlichkeit, nach Desmopressin erneut einzunässen, 9-mal höher liegt als nach einer Behandlung mit der apparativen Verhaltenstherapie (Lister-Sharp et al., 1997). Aus diesen Gründen ist das Medikament Mittel der zweiten Wahl.

Indikation für Medikation bei
– sozialen Situationen z. B. Schulausflügen
– familiären Belastungen

Von Gontard (2001a) führt aus, dass Desmopressin in folgenden Situationen mit Erfolg eingesetzt werden kann:
- Vor Schulausflügen und ähnlichen Gelegenheiten: das Medikament sollte vorher ausgetestet werden, damit man weiß, ob es überhaupt wirkt und welche Dosierung erforderlich ist. Auch wenn nach dem Absetzen die Enuresis-Symptomatik wieder auftritt, hat das Kind die Erfahrung gemacht, dass es sich sozialen Situationen stellen kann, ohne sich schämen zu müssen.
- Ist es aufgrund massiver familiärer Belastungen nicht möglich, eine apparative Verhaltenstherapie bzw. andere verhaltenstherapeutische Interventionen zu beginnen, dann ermöglicht die Medikation zumindest eine zeitweise Entlastung. Andererseits sollte in solchen

Fällen besonders darauf geachtet werden, ob das Desmopressin verlässlich dosiert werden kann.

– unzureichender Motivation

– Bei ungenügender Motivation und der Meinung, dass eine psychologische Therapie ohnehin nicht helfen kann, stellt die Medikation einen ersten Behandlungsschritt dar.

– erfolglosen Therapieversuchen

– Ältere Kinder und Jugendliche, die bereits verschiedene Therapieversuche hinter sich haben und erleben mussten, dass auch die apparative Verhaltenstherapie sowie andere Methoden bei ihnen nicht erfolgreich waren, erhoffen sich durch einen medikamentösen Ansatz eine deutliche Entlastung ihrer Symptomatik. Bei Sistieren des Einnässens sollten regelmäßig alle drei Monate Absetzversuche durchgeführt werden, um zu sehen, ob das Medikament weiter erforderlich ist oder nicht.

Indikation für das Antidepressivum Imipramin sehr zurückhaltend stellen

Das früher am häufigsten eingesetzte Medikament bei Enuresis ist das Antidepressivum Imipramin (Tofranil®). Obwohl ein eindeutiger antidiuretischer Effekt nachgewiesen ist, ist der genaue Wirkungsmechanismus nicht gesichert. Nach Absetzen der Medikation kommt es ebenfalls zu einer hohen Rückfallquote, so dass auch aufgrund der beschriebenen kardialen Nebenwirkungen die Indikation sehr eingeschränkt gestellt werden sollte. Nur wenn alle anderen Methoden nicht erfolgreich angewandt wurden, ein hoher Leidensdruck besteht und eine Komorbidität mit anderen psychischen Störungen (z.B. hyperkinetischen Störungen oder depressiven Episoden) vorliegt, ist eine Imipramin-Gabe zu überlegen.

Bei der idiopathischen Dranginkontinenz kann es indiziert sein, die kognitiv-behavioralen Maßnahmen durch eine Pharmakotherapie mit Oxybutinin (Dridase®) zu unterstützen. Alternativ kann das Medikament Propiverdin (Mictonorm®, Mictonetten®) eingesetzt werden. Die Wirkung besteht in einer Zunahme der Blasenkapazität und Abnahme der Drangsymptomatik. Bei der reinen Enuresis nocturna ist Oxybutinin hingegen nicht effektiv.

Für andere Medikamente besteht keine medizinische Indikation.

2.2.5 Kombinierte Behandlungsansätze

L12	**Leitlinie 12: Indikation für eine kombinierte Behandlung[1]**

Grundlage der umfassenden Behandlung ist die Aufklärung und Beratung (Psychoedukation) der Eltern und des Kindes/Jugendlichen. Auf dieser Grundlage werden dann die Indikationen für die einzelnen Behandlungskomponenten eines kombinierten Vorgehens zusammengestellt.

- Die Notwendigkeit einer primären Pharmakotherapie ergibt sich nur in seltenen Ausnahmefällen, und zwar nur dann, wenn verhaltenstherapeutische Interventionen nicht umzusetzen sind.
- Eine apparative Verhaltenstherapie sollte bei der Enuresis nocturna im Zentrum der Interventionen stehen. Sie kann ergänzt werden durch die Kombination mit einer ergänzenden Pharmakotherapie.
- Liegen weitere komorbide Störungen (wie z.B. Enkopresis, aggressiv-dissoziale Störungen oder emotionale Auffälligkeiten) vor, so sind diese durch ergänzende Interventionen zu behandeln.

1) In Anlehnung an Leitlinien von Fachgesellschaften und speziellen Arbeitsgruppen in Europa und in Deutschland (Deutsche Gesellschaft für Kinder- und Jugendpsychiatrie und Psychotherapie et al., 2000)

Die Wirksamkeit der apparativen Verhaltenstherapie bei der Enuresis nocturna ist von allen Interventionen empirisch am besten belegt. Sollte es nicht möglich sein, für diese Maßnahmen eine ausreichende Kooperationsbereitschaft bei Eltern und Kind zu erreichen, sollte versucht werden, psychoedukative Maßnahmen mit der Pharmakotherapie zu kombinieren. Darüber hinaus ist Pharmakotherapie immer dann eine notwendige Ergänzung, wenn Erfolge sehr schnell erzielt werden sollen und wenn der bisherige Therapieverlauf mit alleiniger Verhaltenstherapie nicht erfolgreich gewesen ist.

ambulantes symptom-orientiertes Vorgehen: Methode der ersten Wahl

Ambulante symptomorientierte Einzelmethoden stellen bei der Enuresis nocturna Mittel der ersten Wahl dar und können durch eine Verringerung des Symptoms alleine das Selbstwertgefühl steigern und Verhaltenssymptome des Kindes bessern. Sind jedoch weitere komorbide Störungen wie eine Enkopresis, aggressiv-dissoziale Störungen, eine hyperkinetische Störung oder emotionale Störungen vorhanden, dann sollten diese durch ergänzende Interventionen behandelt werden. Hierzu gehören z.B.:

- soziales Kompetenztraining bei geringen sozialen Fertigkeiten und aggressivem Verhalten
- Einzel- und/oder Gruppenpsychotherapien auf tiefenpsychologischer, nondirektiver oder verhaltenstherapeutischer Basis zur Verminderung von geringem Selbstwertgefühl und/oder Problemen mit Gleichaltrigen (s. Döpfner et al., 2000a und b).

Behandlung komorbider Störungen kann parallel erfolgen

Die Behandlung der komorbiden Störungen kann parallel erfolgen, wenn die Symptomatik im Vordergrund steht und nicht von der Enuresis dominiert wird. Emotionale Auffälligkeiten, Selbstunsicherheit und Kontaktprobleme treten jedoch auch häufig als Folge der Enuresis auf, so dass nach deren Behandlung sich die komorbiden Störungen häufig vermindern.

Da insbesondere die sekundäre Enuresis nocturna mit einer höheren Rate von psychischen Auffälligkeiten assoziiert ist, ist hier auf bereits zuvor bestehende psychische Auffälligkeiten besonders zu achten. Belastende

Hierarchie der therapeutischen Maßnahmen beachten: von symptomorientierten Einzelverfahren zu komplexen Programmen

Lebensereignisse können dabei Auslöser für eine sekundäre Enuresis sein und die Symptomatik verstärken. Die Hierarchie der therapeutischen Maßnahmen lässt sich für die Enuresis nocturna wie folgt zusammenfassen:

- Ein Teil der Kinder spricht schon auf nicht-spezifische Interventionen wie Beratung (Aufklärung, Entlastung und emotionale Annahme) an. Ein weiterer Teil wird mit einfachen Maßnahmen wie Kalenderführung, in dem die trockenen Nächte markiert werden, trocken.
- Spezifische Belohnungsprogramme, insbesondere wenn sie die emotionale Beziehung zum Kind stärken, haben einen weiteren positiven Effekt.
- Als effektivste Maßnahme ist die apparative Verhaltenstherapie anzusehen, die mit Belohnungsansätzen kombiniert werden kann, z.B. bei dem effektiven Arousal-Training.
- Im Dry-Bed-Training von Azrin werden Weckapparat und operante Therapieverfahren miteinander kombiniert und in einem Intensivprogramm umgesetzt. Aufgrund des hohen Aufwandes kann eine solche Intervention nicht von allen Eltern umgesetzt werden und sollte evtl. im Rahmen einer stationären Behandlung erfolgen.
- Die apparative Verhaltenstherapie lässt sich mit einer Pharmakotherapie kombinieren. Hierbei ist das Desmopressin Mittel der ersten Wahl, und vor allem bei Patienten mit hoher Einnässfrequenz und begleitenden Verhaltenssymptomen konnten die Therapieeffekte unter dieser Kombinationsbehandlung verbessert werden.
- Je nach Ausprägung und Spektrum komorbider Verhaltensauffälligkeiten sollten diese parallel oder anschließend behandelt werden. Insbesondere bei Störungen, die bereits vor dem Auftreten einer sekundären Enuresis bestanden haben, ist nicht davon auszugehen, dass allein die Enuresis-Behandlung die Gesamtproblematik ausreichend bessern kann.
- Bei Kindern, die tagsüber einnässen oder tagsüber Blasenfunktionsstörungen aufweisen (nicht-monosymptomatische Enuresis nocturna) sollte die Problematik tagsüber immer vor der AVT behandelt werden.

2.2.6 Teilstationäre oder stationäre Therapie

L13	**Leitlinie 13: Indikation für eine teilstationäre oder stationäre Therapie**[1]

Die Behandlung der Enuresis wird primär im familiären Umfeld durchgeführt. Eine teilstationäre Behandlung ist nur in folgenden Situationen notwendig:

- wenn die entsprechenden Therapieschritte im sozialen Umfeld nicht umgesetzt werden können,

– wenn ein intensives, stringentes Training erforderlich ist,
– bei hohem Leidensdruck und deutlicher psychischer Komorbidität.

Eine stationäre Behandlung ist allein aufgrund einer Enuresis nicht indiziert. Sie kann unter folgenden Bedingungen in Erwägung gezogen werden:

– Bei mangelnder Unterstützung durch das soziale Umfeld und ausgeprägter Komorbidität (z. B. mit Enkopresis und sozialen bzw. emotionalen Verhaltensauffälligkeiten) kann eine stationäre Behandlung notwendig sein.
– Intensive verhaltenstherapeutische Programme wie das Dry-Bed-Training sind unter Umständen im stationären Setting günstiger durchzuführen, insbesondere dann, wenn hiermit die Eltern überfordert sind.

1) In Anlehnung an Leitlinien von Fachgesellschaften und speziellen Arbeitsgruppen in Europa und in Deutschland (Deutsche Gesellschaft für Kinder- und Jugendpsychiatrie und Psychotherapie et al., 2000)

Sind ambulante Behandlungsversuche gescheitert und ist der Leidensdruck der Familie und des Kindes sehr groß, kann eine teilstationäre oder stationäre Behandlung indiziert sein. Ein weiteres Ziel der teilstationären bzw. stationären Behandlung besteht darin, die Eltern mit dem Problem besser vertraut zu machen, so dass spätere ambulante Maßnahmen besser umzusetzen sind.

klinisches Setting nach gescheiterten ambulanten Therapieversuchen indiziert

Da meistens ambulante Behandlungsansätze zuvor gescheitert sind, sollte im Rahmen des klinischen Settings ein multimodaler Behandlungsansatz durchgeführt werden, der die größte Wahrscheinlichkeit besitzt, erfolgreich zu sein. Bei Therapieresistenz können häufig weitere Blasenfunktionsstörungen vorliegen, die eine spezielle Behandlung erfordern. Auch dies kann unter stationären Bedingungen stringenter beaufsichtigt werden.

stationäres Vorgehen sollte multimodal sein

Das Therapiekonzept bei einer stationären Therapie der Enuresis nocturna sollte folgende Interventionen umfassen:

– Apparative Verhaltenstherapie mit Belohnungsansätzen,
– Arousal-Training und
– Dry-Bed-Training.

Falls mit diesen Maßnahmen keine Veränderung erreicht werden sollte, ist auch eine pharmakologische Behandlung mit Desmopressin zu überlegen, um die Titrierung zu kontrollieren und die Indikation für eine längerfristige Pharmakotherapie zu stellen.

L14 Leitlinie 14: Entbehrliche Therapiemaßnahmen[1]

In der Praxis werden häufig Maßnahmen durchgeführt, die sich als ineffektiv erwiesen haben. Hierzu gehören:

– Ineffektive Hausmittel und Medikamente
– Flüssigkeitsrestriktion

- nächtliches Wecken und „Abhalten" ohne Klingelgerät
- Bestrafung
- Blasentraining
- allgemeine Psychotherapien, d.h. unspezifischen Psychotherapien

1) In Anlehnung an Leitlinien von Fachgesellschaften und speziellen Arbeitsgruppen in Europa und in Deutschland (Deutsche Gesellschaft für Kinder- und Jugendpsychiatrie und Psychotherapie et al., 2000)

Aufklärung der Eltern über effektive und nicht hilfreiche Methoden

Da viele Eltern bei der Enuresis „Hausmittel" anwenden bzw. Methoden, von deren Effektivität sie überzeugt sind, ohne dass dies empirisch belegt werden konnte, sollten sie überzeugt werden, alle bisherigen Therapieversuche zu unterlassen. Auch auf die mangelnde Effizienz von Außenseitermethoden sollten Eltern hingewiesen werden. Hierzu gehören spezielle Salben, Johanniskrautöl, homöopathische Mittel sowie Teemischungen. Außer dem Desmopressin, Antidepressiva und Oxybutinin sind keine weiteren pharmakologischen Ansätze sinnvoll und sollten nicht durchgeführt werden.

Flüssigkeitszufuhr sollte nicht eingeschränkt werden

Für eine Verminderung der Flüssigkeitszufuhr gibt es keine Gründe. Flüssigkeitsrestriktion belastet vielmehr die Kinder und zeigt keinen Effekt auf das nächtliche Einnässen. Dies liegt daran, dass die Polyurie bei nächtlichen Einnässern nicht durch die erhöhten Flüssigkeitsmengen, sondern durch endogene Variationen des antidiuretischen Hormons bedingt sind. Darüber hinaus ist das Einnässen nicht durch größere Urinmengen, sondern durch die erschwerte Erweckbarkeit bedingt. Dennoch gaben in einer eigenen Studie über die Hälfte der Eltern an, dass sie das abendliche Trinken ihrer Kinder eingeschränkt hatten (von Gontard, 1995). Allerdings sollten die Kinder aber auch nicht abends unmäßig große Mengen, vor allem koffeinhaltiger Getränke zu sich nehmen.

unsystematisches nächtliches Wecken hat keinen Effekt

Nächtliches Wecken ist nach Überzeugung der Eltern ebenfalls ein wichtiges Hilfsmittel, um eine Symptomveränderung zu erreichen. Dies wurde von fast 70 % der von uns untersuchten Eltern praktiziert, z.T. über einen längeren Zeitraum. In empirischen Studien konnte gezeigt werden, dass dadurch zwar die Einnässhäufigkeit reduziert werden kann, d.h. die jeweilige Nacht, in der geweckt wurde, blieb trocken, aber es konnte keine bleibende Trockenheit erreicht werden. Weckpläne, so Grosse (1986), dürften aus der naiven Überlegung entstanden sein, dass sich das Bettnässen beseitigen lässt, wenn man dafür sorgt, dass die Blase über Nacht in ihrer Aufnahmekapazität nicht überfordert wird. Unsystematisch eingesetztes Wecken, das nicht in ein komplexes Behandlungsprogramm integriert ist, hat jedoch keine Wirkung.

Ebenso wenig erfolgreich ist das nächtliche Tragen des Kindes zur Toilette ohne Wecken, was ebenfalls nicht zu einer langfristigen Besserung der Symptomatik führt.

Das Blasentraining ist als Interventionsmethode nicht mehr indiziert, vor allem nicht bei der Enuresis nocturna. Wird bei dieser Form des

Einnässens ein „unphysiologisches“ Training durchgeführt, z. B. ein vermehrter Einsatz der Beckenbodenmuskulatur, dann besteht sogar die Gefahr, dass eine Dyskoordination antrainiert wird. Alle Trainingsformen, selbst für tagseinnässende Kinder, betonen die Wahrnehmung des Harndranges und eine möglichst entspanntes Wasserlassen. Während Relaxationsmethoden somit ihren Stellenwert haben, sollten alle Retentionsübungen mit Anspannen des Beckenbodens unterlassen werden.

Blasentraining sollte nicht durchgeführt werden

Allgemeine tiefenpsychologische oder nicht-direktive Psychotherapien sind bei einer reinen Einnässproblematik nicht indiziert und wenig wirksam, haben aber ihren Platz in einem multimodalen Behandlungsschema, wenn entsprechende psychische Komorbidität und eine Indikation für diese Behandlungsansätze vorliegt. Sofern die Enuresis das Zielsymptom darstellt, sollte immer ein spezifisch symptomorientiertes Vorgehen gewählt werden.

2.3 Leitlinien zur Therapie

Tabelle 8 gibt eine Übersicht über die Leitlinien zur Therapie von Kindern und Jugendlichen mit Enuresis.

Tabelle 8: Übersicht für die Leitlinien zur Therapie

L15	Beratung der Eltern, Motivationsphase, Baseline-Erhebung
L16	Operante verhaltenstherapeutische Ansätze (Belohnung, Verstärkung, aversive Techniken, Weckpläne)
L17	Apparative Verhaltenstherapie
L18	Kombinationsbehandlung: Arousal-Training, Dry-Bed-Training
L19	Blasentraining und Biofeedback-Verfahren
L20	Medikamentöse Behandlungsansätze
L21	Therapie bei den verschiedenen Unterformen der Enuresis

2.3.1 Beratung der Eltern und des Kindes/des Jugendlichen (Psychoedukation)

Die Empfehlungen zur Aufklärung und Beratung (Psychoedukation) der Eltern und des Kindes/Jugendlichen sind in der Leitlinie 15 zusammengefasst. Information und Beratung der Eltern stellen die Basis für alle nachfolgenden Interventionen dar und verlangen entsprechende Sorgfalt. Die Aufklärung und Beratung des Kindes ist von besonderer Bedeutung, weil hierdurch Motivation und Mitarbeit gestärkt werden.

Psychoedukation hat besondere Bedeutung für Motivation und Compliance

L15 Leitlinie 15: Beratung der Eltern und des Kindes/des Jugendlichen (Psychoedukation)[1]

Die Aufklärung und Beratung der Eltern wird immer durchgeführt. Die Aufklärung und Beratung des Kindes sollte ebenfalls in angemessener Form durchgeführt werden.

Aufklärung und Beratung der Eltern. Diese umfasst

- Information über den normalen Ablauf der Sauberkeitsentwicklung, über mögliche ätiologische Faktoren der jeweils speziellen Form des Einnässens und die Behandlungsmöglichkeiten
- Beratung hinsichtlich unterstützender Maßnahmen durch die Eltern
- Beschreibung der einzelnen Therapieschritte
- Genaues Erklären der einzelnen Methoden hinsichtlich ihrer Effektivität und Durchführung
- Hinweise auf nicht wirkungsvolle Maßnahmen
- Information über die notwendigen diagnostischen Schritte

Aufklärung und Beratung des Kindes. Diese wird entsprechend dem Entwicklungsstand des Kindes/Jugendlichen durchgeführt und umfasst

- Information hinsichtlich der Symptomatik und deren möglichen Ursachen
- Information über die verschiedenen Untersuchungs- und Behandlungsschritte
- Verstärkung der Motivation, Entlastung des Kindes, Verringerung von Schuldgefühlen

1) In Anlehnung an Leitlinien von Fachgesellschaften und speziellen Arbeitsgruppen in Europa und in Deutschland (Deutsche Gesellschaft für Kinder- und Jugendpsychiatrie und Psychotherapie et al., 2000)

Hilfreiche Materialien

Eltern sollten Informationen hinsichtlich der Symptomatik, der vermuteten Ätiologie und der Behandlungsmöglichkeiten erhalten (vgl. M01, S. 108 und M02, S. 110). Darüber hinaus ist es wichtig, die Störungskonzepte der Bezugspersonen kennenzulernen und das Ausmaß der Beunruhigung durch das Einnässen. Einstellungen und Erziehungsmaßnahmen, um das Verhalten zu ändern, sollten ebenfalls thematisiert werden.

Auch anhand der im Materialienteil aufgeführten Elternfragebogen lassen sich wichtige Hinweise auf Themen gewinnen, die für die Beratung und Anleitung der Eltern von Bedeutung sein können (M06, S. 123; M07, S. 126 und M08, S. 136).

Hinweis, dass Enuresis eine komplexe, genetisch determinierte Reifungsstörung des ZNS ist

Bei der Klärung der Ursachen der Symptomatik sollte herausgearbeitet werden, dass es sich bei der Enuresis nocturna um ein häufiges Phänomen handelt, unter dem noch gut 10 % der 7-Jährigen leiden und bei Jugendlichen noch in 1 bis 2 % vorhanden ist. Es sollte, nachdem die entsprechenden somatischen Untersuchungen durchgeführt wurden, klargestellt werden, dass es sich nicht um eine Störung der Blase handelt, sondern um eine komplexe, genetisch determinierte Reifungsstörung des Zentralnervensystems. Es ist für Eltern meistens entlastend zu hören, dass das nächtliche Einnässen nicht durch psychische Faktoren verursacht wird, sondern, dass biologische Ursachen im Vordergrund stehen. Andererseits sollte auch darauf hingewiesen werden, dass psychosoziale Faktoren den Verlauf beeinflussen und einen Rückfall begünstigen. Ist das Einnässen im Rahmen einer komplexen komorbiden Symptomatik nur ein Teil des Vorstellungsanlasses, dann sollte herausgearbeitet werden, welche symptomorientierten Schritte notwendig sind und wie ein umfassender Behandlungsplan aussehen sollte.

Verlauf und Rückfall werden durch psychische Faktoren begünstigt

Ganz besonders wichtig ist die Psychoedukation bei Kindern, die tagsüber einnässen. Da fast immer eine Störung der Blasenfunktion vorliegt, ist es wichtig, Grundlagen zur Anatomie und Physiologie der Blase zu vermitteln. Dies kann bei Eltern und Kindern nicht vorausgesetzt werden. Erst das Verständnis der pathophysiologischen Veränderungen der „normalen" Funktion der Blase wird die Voraussetzung für eine erfolgreiche Therapie bieten.

Informationen über die Dauer der Behandlung und ihren möglichen Erfolg sollten sich anschließen, vor allem, weil viele Betroffene die Erfahrung gemacht haben, dass Therapieansätze bislang keine Veränderung brachten. Die Vereinbarung von regelmäßigen Beratungsgesprächen erhöht Motivation und Bereitschaft, die besprochenen Therapieschritte umzusetzen. Grosse (1986) empfiehlt ein „funktional orientiertes Vorgehen", bei dem der Therapeut die Auswahl der Methode unter Berücksichtigung der symptomatischen und psychosozialen Ausgangsbedingungen sowie der Entwicklung der Symptomatik im Zuge der bereits ergriffenen Maßnahmen vornimmt. Die klinische Erfahrung hat gezeigt, dass ein solcher Ablauf vor allem dann erfolgversprechend ist, wenn die Eltern möglichst frühzeitig informiert worden sind, welche Behandlungsbausteine aufeinanderfolgen, wenn mit den ersten Ansätzen die Symptomatik nicht verändert werden kann.

Vereinbarung von regelmäßigen Beratungsgesprächen

Hilfreiche Materialien

Zur Information der Eltern hinsichtlich der Symptomatik, ätiologischer Faktoren sowie des Verlaufes und der Behandlungsmöglichkeiten können folgende Materialien eingesetzt werden:

- Der Ratgeber Einnässen. Informationen für Betroffene, Eltern, Lehrer und Erzieher (von Gontard & Lehmkuhl, 2003) informiert in kompakter Weise zum Störungsbild, zu Ursachen, zum Verlauf und zu Behandlungsmöglichkeiten.
- Umfassendere Informationen enthält das Selbsthilfebuch für Eltern „Bettnässen – Verstehen und Behandeln" (von Gontard, 2001b), das über Ursachen und Behandlungsmöglichkeiten des Einnässens informiert und Falldarstellungen sowie Materialien enthält.

2.3.2 Operante verhaltenstherapeutische Ansätze

Nachdem die notwendige psychologische und organische Diagnostik durchgeführt wurde und die Eltern über mögliche Ursachen und Be-

Beginn mit einer vierwöchigen „Baseline“

handlungsansätze ausreichend informiert wurden, sollte dem Beginn einer spezifischen Therapie immer eine vierwöchige „Baseline“ mit Beratung, positiver Verstärkung, Beruhigung, Motivationsaufbau, Entlastung durch Kalenderführung vorgeschaltet werden. Auf alle bisher durchgeführten nicht effektiven Maßnahmen wie Flüssigkeitsrestriktion, Wecken, Strafen oder auch Medikamente ist zu verzichten. Windeln und Einlagen sind wegzulassen und ein Protokoll zum nächtlichen Einnässen anzulegen. Ein ausführliches Protokoll sollte folgende Daten enthalten (Grosse, 1986):

- Den Zeitpunkt des Zubettgehens, wobei zuvor die Blase noch einmal entleert werden sollte.
- Die Eltern sollten vor dem eigenen Schlafengehen noch einmal kontrollieren, ob das Kind bereits zu diesem Zeitpunkt eingenässt hat.
- Sucht das Kind nachts spontan die Toilette auf, wird dies ebenfalls notiert.
- Kontrolle nach dem Aufwachen, ob das Kind in der Nacht eingenässt hat.

Anlegen eines Tagesprotokolls

In einem Tagesprotokoll sollte darüber hinaus festgehalten werden, welche positiven oder negativen Erlebnisse am vorangegangenen Tag aufgetreten waren und ob diese subjektiv als belastend empfunden wurden.

Obwohl dieses ausführliche Protokoll wünschenswert wäre, reichen die einfachen „Sonne-Wolken-Kalender“, in denen nur die trockenen und die nassen Nächte vermerkt werden, bei den meisten Kindern aus.

Bei hoher Einnässfrequenz ohne jede Änderung sollte die Dauer von vier Wochen abgekürzt werden, um das Kind nicht zu demotivieren und mit den effektiven Behandlungsansätzen nicht zu lange zu warten.

Bei den tagsüber einnässenden Kindern ist in Analogie ein Plan zum Einnässen tagsüber anzulegen. Dabei kann entweder wie beim nächtlichen Einnässen nur vermerkt werden, ob ein Kind einnässt oder nicht; oder es wird zusätzlich die Miktionshäufigkeit vermerkt.

L16 Leitlinie 16: Operante verhaltenstherapeutische Ansätze (Belohnung, Verstärkung, aversive Techniken, Weckpläne)[1]

- Voraussetzung für die Durchführung der verhaltenstherapeutischen Intervention in der Familie ist die Kooperationsbereitschaft der Hauptbezugspersonen sowie deren genaue Kenntnisse über das Vorgehen und die einzelnen Behandlungsschritte.
- Der Einsatz von Kalendern und positiver Verstärkung ist dann hilfreich, wenn sie in einem kontingenten Verhältnis mit dem Erfolg des Nichteinnässens stehen.
- Der isolierte Einsatz eines Kalenders reicht bei ca. 15-20 % der Kinder als entlastende und motivierende Maßnahme aus.

- Mit Eltern und Kind ist zu besprechen, wie die Kalenderführung zu gestalten ist und wie ein Belohnungsprogramm aussehen kann, z.B. in der unmittelbaren Verstärkung nach einer trockenen Nacht.
- Zielverhalten und Belohnungsplan müssen aufeinander bezogen und erreichbar sein.
- Bestrafungen in Form von Schimpfen, Demütigung sowie Restriktionen sind zu vermeiden, da sie die Motivation verringern.
- Gemeinsam mit Eltern und Kind wird der Wochenplan durchgesprochen und überlegt, ob äußere belastende Ereignisse eine Rolle gespielt haben oder nicht. Bei Misserfolgen sollte nicht zulange gewartet, sondern mit der apparativen Verhaltenstherapie begonnen werden.
- Bei tagsüber einnässende Kinder sind spezielle Pläne notwendig. Nach eigener Erfahrung ist es nicht sinnvoll, die Zielvariable „Trockenheit" zu verstärken, sondern ausschließlich die Kooperation der Kinder, z.B., das Sichhalten an entsprechende Schickpläne.

1) In Anlehnung an Leitlinien von Fachgesellschaften und speziellen Arbeitsgruppen in Europa und in Deutschland (Deutsche Gesellschaft für Kinder- und Jugendpsychiatrie und Psychotherapie et al., 2000)

in Abhängigkeit von Motivation Planung der Behandlungsschritte

In der Baseline sowie bei dem primären Einsatz von Verstärkerplänen lässt sich abschätzen, wie motiviert und kooperativ Eltern und Kind/Jugendlicher sind. Aufgrund dieser Informationen sind dann bei nicht Ausreichen dieser Maßnahmen die nächsten Schritte abzuwägen. Wenn bereits bei diesen relativ überschaubaren Methoden die familiären Ressourcen überfordert sind, muss bei der Enuresis nocturna die apparative Verhaltenstherapie gründlich vorbereitet und mit genauer Anleitung erfolgen.

2.3.3 Apparative Verhaltenstherapie (AVT)

Information über Durchführung und Prinzip der AVT

Die Durchführung der apparativen Verhaltenstherapie verlangt eine gründliche Information der Eltern und des Kindes/Jugendlichen. Auf dem Markt sind zwei Formen von Klingelgeräten und es sollte mit den Betroffenen gemeinsam überlegt werden, welches sie bevorzugen. Bei der so genannten „Klingelmatte" befindet sich ein Feuchtigkeitssensor unter dem Bettlaken, während Klingel mit Batterie neben dem Bett stehen. Bei der so genannten „Klingelhose" befindet sich der Sensor vor dem Genitalbereich und eine kleine Klingel meist in Ohrnähe.

L17 **Leitlinie 17: Apparative Verhaltenstherapie[1]**

- Das Gerät sollte nicht nur verschrieben, sondern den Kindern auch vorgeführt und in seiner Wirkungsweise adäquat erklärt werden.
- Es ist besonders auf Ängste der Kinder einzugehen und auf negative Erwartungen, die mit dem Gerät verbunden sind.
- Eltern und Kinder müssen instruiert werden, dass das Gerät jede Nacht einzusetzen ist, dass das Kind komplett wach werden muss und dass die Therapie lange genug fortzusetzen ist (14 Tage hintereinander trocken, maximal 16 Wochen).

- Die Behandlung kann ab dem Alter von 5 Jahren durchgeführt werden, bei geistig behinderten Kindern wird ein Entwicklungsalter von 6 bis 7 Jahren empfohlen.
- Regelmäßige Gespräche über die Durchführung und den Therapieerfolg sind notwendig und sollten von Beginn an vereinbart werden.
- Im Mittelpunkt der Gespräche sollte stehen, wie die konkrete Umsetzung der apparativen Verhaltenstherapie im familiären Rahmen möglich ist, z. B. Störung von Geschwistern durch das nächtliche Wecken usw.

1) In Anlehnung an Leitlinien von Fachgesellschaften und speziellen Arbeitsgruppen in Europa und in Deutschland (Deutsche Gesellschaft für Kinder- und Jugendpsychiatrie und Psychotherapie et al., 2000)

Die Phasen einer erfolgreichen apparativen Therapie lassen sich mit Grosse (1986) wie folgt kennzeichnen:

- Das Kind wird zunächst nicht zuverlässig und rasch auf das Signal hin wach. Es werden noch große Mengen eingenässt.
- Das Aufwachen gelingt zunehmend besser, der Resturin in der Blase vermehrt sich und es wird nicht mehr alles eingenässt.
- Das Kind/der Jugendliche wacht bereits auf, wenn nur wenige Tropfen Urin ausgetreten sind.
- Bei starkem Harndrang erfolgt das Aufwachen bereits vor dem Einnässen.

Ziel ist es nicht nur, dass das Kind nachts die körpereigenen Signale ausreichend früh wahrnimmt, sondern dass es ihm aufgrund einer verbesserten Blasenfunktion gelingt, nachts trocken durchzuschlafen. Dabei ist festzuhalten, dass der Therapieerfolg bei einem Drittel der Kinder durch nächtliches Aufwachen und Toilettengang erreicht wird (Nykturie), während zwei Drittel mit voller Blase durchschlafen.

Symptomverschiebung empirisch nicht bestätigt

Die Kritik, dass es aufgrund der apparativen Verhaltenstherapie zu einer Symptomverschiebung kommt, hat sich in vielen empirischen Untersuchungen nicht bestätigt.

Bei einem nicht erfolgreichen Einsatz der apparativen Verhaltenstherapie sind folgende Faktoren mit den Eltern zu besprechen:

Fragen an die Eltern bei mangelndem Erfolg der AVT

- Erfolgt die Durchführung des Ablaufs regelrecht?
- Wird das Behandlungsgerät richtig gehandhabt?
- Wird das Behandlungsgerät regelmäßig und konsequent eingesetzt?
- Wird der Einsatz des Gerätes von den Eltern oder vom Kind abgelehnt?
- Verhindern äußere Faktoren wie Ablehnung des Kindes durch die Eltern oder ausgeprägte familiäre Belastungen den Erfolg?
- Liegt möglicherweise eine Blasenfunktionsstörung (wie eine Drangsymptomatik) vor, die die Durchführung der AVT behindert und separat behandelt werden muss?

Hilfreiche Materialien

Ein entsprechender Protokollbogen, der Einnässdaten festhält und Auskunft gibt, ob das Kind vom Signal wach geworden ist, sollte immer therapiebegleitend von den Eltern ausgefüllt werden (vgl. M16, S. 15)

Beim Besprechen des häuslichen Ablaufes und Vorgehens mit der apparativen Verhaltenstherapie sind nach Grosse (1986) folgende Punkte zu beachten:

Ablauf und Vorgehen bei der AVT

- Es muss festgelegt werden, wer von den Eltern nachts aufsteht, wenn das Kind einnässt und dass das Signal im Elternschlafzimmer gehört werden kann. Entsprechend ist es wichtig, die räumlichen Wohnverhältnisse zu klären, auch das Schlafen möglicher Geschwisterkinder.
- Das Gerät ist so am Bett zu installieren, dass das Kind das Gerät nachts nicht unbeabsichtigt oder im Halbschlaf ausschalten kann.
- Die Eltern sollten instruiert werden, was nachts zu tun ist, wenn das Signal ertönt.
- Wird das Kind vom Signal nicht wach, muss es von den Eltern geweckt und aufgefordert werden, das Gerät auszuschalten. Anschließend soll es auf die Toilette gehen und den vorhandenen Restharn entleeren.
- Anschließend soll es sich einen neuen Nachtanzug anziehen.
- Das nasse Bettzeug wird ausgetauscht, die Matte oder Feuchtigkeitsfühler trocken gerieben und dem Kind wird geholfen, das Gerät wieder funktionsfähig zu machen.
- Sauberes Bettzeug sollte jederzeit griffbereit sein, um nachts keine unnötigen Verzögerungen auftreten zu lassen.

2.3.4 Kombinationsbehandlungen

L18 **Leitlinie 18: Kombinationsbehandlung: Arousal-Training, Overlearning, Dry-Bed-Training[1]**

- *Arousal-Training:* Mit dem Kind und den Eltern wird besprochen, wie die Resultate mit der apparativen Verhaltenstherapie verbessert werden können. Hierzu wird das Kind aufgefordert, nach dem Einnässen das Gerät innerhalb von drei Minuten abzustellen. Es soll dann zur Toilette gehen und das Gerät neu anlegen.
- Wenn dieser Ablauf dem Kind gelingt, wird es mit einem Token-System verstärkt. Ziel ist, Motivation und Selbstkontrolle zu erhöhen (van Londen et al., 1993, 1995).
- Beim *Overlearning* wird dem Kind in der letzten Stunde vor dem Einschlafen eine zunehmend höhere Flüssigkeitsmenge angeboten.

  Die Menge ist über einen Zeitraum von ca. zwei Wochen auf insgesamt einen guten halben Liter zu steigern. Nimmt das Einnässen hierunter zu, so stellt es eine Möglichkeit dar, hierdurch die Lernvorgänge mit der apparativen Verhaltenstherapie zu intensivieren.

Dieses Vorgehen sollte erst dann beendet werden, wenn das Kind unter den verschärften Bedingungen mindestens 14 Tage trocken geblieben ist.

– Das *Dry-Bed-Training (DBT)* ist ein intensiver Therapieansatz, der apparative Verhaltenstherapie mit Hemmungstraining, positiver Verstärkung, schnellem Aufwachtraining, zunehmender Flüssigkeitseinnahme, zunehmender Motivation und Selbstkorrektur der Zwischenfälle und Reinigungsübungen kombiniert.

Nur wenn sich die apparative Standardtherapie als nicht besonders erfolgreich erwiesen hat, ist an die Methode des Dry-Bed-Trainings (Azrin et al., 1974) zu denken.

Soll ein Dry-Bed-Training durchgeführt werden, so ist dies mit den Eltern zuvor ausführlich zu besprechen und dabei abzuklären, ob eine solche intensive Intervention im häuslichen Rahmen überhaupt möglich ist.

Sollte dies nicht der Fall sein, so stellt das Dry-Bed-Training die Indikation für eine stationäre Behandlung dar, da es nicht allen Eltern und Kindern gelingt, dieses komplizierte und mühselige Verfahren zu Hause konsequent durchzuhalten.

1) In Anlehnung an Leitlinien von Fachgesellschaften und speziellen Arbeitsgruppen in Europa und in Deutschland (Deutsche Gesellschaft für Kinder- und Jugendpsychiatrie und Psychotherapie et al., 2000)

Teilkomponenten komplexer Behandlungsprogramme

Das Arousal-Training ist die zur Zeit bevorzugte Form der Verstärkung. der AVT. Neben den aufwändigen Methoden des Overlearning und des Dry-Bed-Training (DBT) wurde von Houts et al. (1986) ein *„Full Spectrum Home Training"* vorgeschlagen. Dieses versucht, ebenfalls verschiedene erfolgreiche Teilkomponenten zu einem intensiven Behandlungsprogramm zu integrieren. Hierzu gehören: Blasentraining (Retention-Control-Training), Sauberkeitstraining und Overlearning. Auch bei dieser Kombination besitzt die apparative Verhaltenstherapie den größten Effekt. Da sie zudem nicht viel effektiver ist als die AVT und das Blasentraining als obsolet gilt, kann das „Full Spectrum Home Training" nicht empfohlen werden.

Diese ergänzenden verhaltenstherapeutischen Techniken versuchen, dem Kind durch positive Verstärkungen ergänzend zur apparativen Verhaltenstherapie das Trockenwerden zu erleichtern. Hierbei ist wichtig, dass Belohnungen nicht nur für das Zielkriterium trockenes Bett am Morgen vergeben, sondern auch kleine Zwischenschritte entsprechend verstärkt werden. Das Ziel dieser Zwischenschritte soll so aufgebaut werden, dass das Kind zunehmend weniger Blasenentleerungen nachts aufweist und die Einnässmenge abnimmt (Grosse 1986). Die Zwischenschritte sind dabei so zu definieren, dass sie vom Kind in absehbarer Zeit vollzogen werden können und es damit positive Lernerfahrungen machen kann.

Das intensive Training nach Azrin und Mitarbeiter wird von ihnen wie folgt beschrieben, wobei darauf zu achten ist, dass die Motivation und Kooperationsbereitschaft auf Seiten des Kindes nicht nachlässt.

Die verschiedenen Therapiebausteine umschließen:

– Toilettentraining
– Sauberkeitstraining

- erhöhte Flüssigkeitszufuhr
- systematisches Wecken des Kindes in der Intensivnacht
- Abstellen des Klingelalarms
- systematisches Wecken
- systematische Verstärkungen

Hilfreiche Materialien

Im M19 DBT – Dry-Bed-Training (S. 154) wird die Durchführung des komplexen Programms wiedergegeben, wie sie Azrin und Mitarbeiter (1974) empfehlen.

2.3.5 Biofeedback-Verfahren

L19 **Leitlinie 19: Biofeedback-Verfahren**[1]

- Biofeedback-Verfahren registrieren die physiologische Aktivität des Beckenbodens und damit des Blasenschließmuskels und melden sie über visuelle und akustische Signale dem Kind zurück. Durch vermehrte Wahrnehmung wird somit im Sinne eines operanten Konditionierens die Kontrolle über die Muskulatur des unteren Harntraktes möglich.
- Autogenes Training und Entspannungsübungen können ebenfalls dazu beitragen, die Anspannung des Beckenbodens zu verringern.
- Blasentrainingsprogramme, die eine Retention des Urins trainieren, sind obsolet, da sie sogar eine Dyskoordination verstärken können.

1) In Anlehnung an Leitlinien von Fachgesellschaften und speziellen Arbeitsgruppen in Europa und in Deutschland (Deutsche Gesellschaft für Kinder- und Jugendpsychiatrie und Psychotherapie et al. 2000)

Bei den Biofeedback-Verfahren müssen Eltern und Kind über die anatomischen und physiologischen Zusammenhänge zunächst ausführlich informiert und die guten Erfolgschancen vermittelt werden (von Gontard, 2001a). Mögliche Schamgefühle und Ängste sollten angesprochen und abgebaut werden. Die Durchführung der Biofeedback-Verfahren erfolgt im Rahmen der Behandlung beim Therapeuten. Die Kinder sollten entspannt auf dem Toilettensitz Platz nehmen, die Füße auf dem Boden abgestützt. Alles was zur Entspannung beiträgt, wie Musik hören oder lesen, kann während der Behandlung den Kindern angeboten werden. Die Durchführung des Biofeedback-Verfahrens erfolgt in mehreren Sitzungen von jeweils zwei bis drei Stunden.

Die Kinder müssen zuvor möglichst viel trinken und nicht auf die Toilette gehen. Selbstklebende Elektroden für eine elektromyographische Ableitung werden im Stehen perianal beidseits fixiert. Anschließend nehmen die Kinder auf dem Uroflow-Gerät Platz und werden aufgefordert, sich während der Miktion zu entspannen und ohne Pressen folgende Ziele zu erreichen:

- eine glockenförmige Uroflow-Kurve,
- einen entspannten Beckenboden im EMG und
- eine resturinfreie Blasenentleerung im Ultraschall.

optische bzw. akustische Rückmeldung der Entspannung

Während der Miktion wird ihnen die Uroflow-Kurve auf dem Bildschirm in kindgerechter Form gezeigt. So läuft z.B. ein „Männchen"- oder ein „Ball"-Symbol bei der Uroflow-Kurve mit und kann optisch verfolgt werden. Gleichzeitig wird über ein akustisches Signal der Grad der Entspannung bzw. Anspannung zurückgemeldet, so dass die Aktivitäten des Beckenbodens zu jedem Zeitpunkt wahrgenommen und kontrolliert werden können. Anschließend wird eine Sonographie mit Resturinbestimmung durchgeführt, wobei die Kinder zuvor nach ihrer Einschätzung zum Füllungszustand der Blase gefragt werden. Sonographiebild und Uroflow-Kurve werden dem Kind gezeigt und miteinander verglichen, so dass der Ablauf einer entspannten Miktion verdeutlicht und verstärkt werden kann.

Dies geschieht mit einem speziellen Trainingsheft, in das Ultraschall- und Uroflowbilder eingeklebt und mit einem Token-System verstärkt werden. Jedes einzelne Ziel wird für sich verstärkt, so dass das Kind Teilziele in Schritten erreichen kann. Teilziele stellen eine glockenförmige Uroflow-Kurve, ein entspanntes EMG und eine geringe Resturinmenge dar. Das Biofeedback-Training wird möglichst häufig nacheinander durchgeführt und die Kinder werden aufgefordert, zwischendurch ausreichend zu trinken.

Ein ambulantes EMG-Biofeedback kann auch im häuslichen Rahmen durchgeführt werden. Dazu sind genaue Instruktionen von Eltern und Kind notwendig, sowie enge Kontrolltermine, da es sonst zu Interaktionsstörungen im familiären Rahmen kommen kann. Da das ambulante Biofeedback nur die Beckenbodenrelaxation trainiert, sind Uroflowkontrollen weiterhin in der Klinik notwendig.

2.3.6 Medikamentöse Behandlungsansätze

L20 **Leitlinie 20: Medikamentöse Behandlungsansätze**[1]

Unabhängig von der gewählten pharmakologischen Substanz sollten folgende Aspekte beachtet und mit den Eltern besprochen werden:

- Die Pharmakotherapie der Enuresis stellt die Methode der zweiten Wahl dar.
- Eltern, die auf eine medikamentöse Behandlung drängen, sollten über die nicht-pharmakologischen Methoden ausreichend informiert und darauf hingewiesen werden, dass zunächst andere Interventionen versucht werden müssten.

- Aufklärung der Eltern und des Kindes: die Eltern und auch das Kind/der Jugendliche sind in altersangemessener Form über Nutzen und Risiken der Durchführung der medikamentösen Therapie zu informieren. Die Information sollte folgende Aspekte beinhalten: Erwartete Veränderungen der Symptomatik, Aspekte der Durchführung, insbesondere Titration und Dauer, die Rückfallquote nach Absetzen der medikamentösen Therapie und mögliche Nebenwirkungen.

L20a Behandlung mit Desmopressin (Minirin®)

- Es ist sowohl eine intranasale als auch eine perorale Anwendung möglich
- Die intranasale Gabe erfolgt als Spray. Es muss darauf geachtet werden, dass Desmopressin kühl gelagert wird. Bei verlegter Nasenatmung ist die vorherige Gabe von Nasentropfen zu empfehlen.
- Die Standarddosierung beträgt abends vor dem Schlafengehen 20 µg (entspricht = 0,2 ml Lösung), die in zwei Hüben des Dosiersprays enthalten sind.
- Bei mangelndem Erfolg ist eine individuelle Titrierung unbedingt erforderlich, die folgendem Schema folgen sollte:

  1. und 2. Woche 20 µg (insgesamt 2 Hübe) abends vor dem Schlafengehen.

  Falls kein Erfolg, in der 3. Woche 30 µg (insgesamt 3 Hübe) abends vor dem Schlafengehen.

  Falls kein Erfolg, in der 4. Woche 40 µg (insgesamt 4 Hübe) abends vor dem Schlafengehen.

  Falls nach vier Wochen kein Erfolg, Absetzen des Medikamentes.

  Falls das Kind trocken geworden ist, wird die Dosierung auf der niedrigsten Menge insgesamt acht Wochen fortgeführt.

  Nur in außergewöhnlichen Situationen ist eine längerfristige mehrmonatige Behandlung zu befürworten.

  Sollten statt Nasenspray Tabletten verwendet werden, so ist mit einer Dosierung von 200 mg (0,2 mg = 1 Tablette) abends für 2 Wochen zu beginnen und bei nicht ausreichendem Effekt auf 400 mg (0,4 mg = 2 Tabletten) abends zu steigern. Höhere Dosen haben keinen signifikant besseren Effekt gebracht.
- Eltern müssen über Nebenwirkungen aufgeklärt werden.

In einer Übersicht kommen Hjälmas und Bengtson (1993) zu dem Ergebnis, dass Desmopressin ausgesprochen gut und sicher verträglich ist und über einen breiten Sicherheitsbereich verfügt. Die seltenen Nebenwirkungen umfassen Reizung der Nasenschleimhaut, Kopfschmerzen, Bauchschmerzen, Atemnot, Appetitstörungen, Sehstörungen, Geschmacksveränderungen, niedriger Blutdruck.

Als wichtigste, seltene unerwünschte Wirkung traten in über 20 dokumentierten Fällen Hyponatriämie und Wasserintoxikationen auf. In vielen Fällen spielte eine exzessive Flüssigkeitszufuhr eine wichtige Rolle. Mehrere Kinder nahmen eine höhere Dosis, um sicherzugehen, dass sie trocken blieben. Eine solche Fehlanwendung sollte den Eltern und Kindern/Jugendlichen beschrieben und die Nebenwirkungen ausdrücklich dargestellt werden. Todesfälle traten nicht auf. Da immer wieder einzelne Fälle von Hyponatriämie und cerebralen Anfällen berichtet werden, sollten diese ernsten, aber seltenen Nebenwirkungen immer mitberücksichtigt und Eltern dringlich aufgeklärt werden.

Es wird deshalb empfohlen, nach der Desmopressin-Einnahme vor dem Schlafengehen nicht mehr zu trinken.

L20b Behandlung mit trizyklischen Antidepressiva

- Imipramin (Tofranil®) gehört zu den bewährten Standardpräparaten in der Kinder- und Jugendpsychiatrie, das u.a. bei depressiven Störungen, Angststörungen und bei hyperkinetischen Störungen eingesetzt wird.
- Aufgrund der kardialen Nebenwirkungen wurde die Indikation wegen der Intoxikationsgefahr und der hohen Rückfallquote in den letzten Jahren zurückhaltender gestellt. Manche Autoren halten die Behandlung mit trizyklischen Antidepressiva bei primärer isolierter Enuresis nocturna für obsolet (Olbing et al., 1993).
- Der anti-enuretische Effekt tritt beim Imipramin bereits bei niedrigen Dosen ein, d.h., ab 1 mg/kg Körpergewicht im Vergleich zu den üblichen 3 mg/kg bei der Depressionsbehandlung. Der Wirkungseintritt ist im Durchschnitt nach fünf Tagen vorhanden.
- Vor Behandlungsbeginn ist eine genaue Familienanamnese und körperliche Untersuchung hinsichtlich kardialer Erkrankungen zu erheben.
- EKG-Ableitungen vor, während der Aufsättigungsphase und während des Steady-States mit einer Dauer von mindestens zwei Minuten sind notwendig.
- Keine Verschreibung sollte von trizyklischen Antidepressiva bei verlängerter korrigierter QTc-Zeit erfolgen.
- Es ist mit einer niedrigen Dosierung von 10 bis 25 mg (abends in einer Dosis) entsprechend maximal 1 mg/kg /Körpergewicht zu beginnen.
- Falls erforderlich, sollte alle vier bis fünf Tage eine Erhöhung um 20 bis 30 % bis zum Steady-State von maximal 3 mg/kg erfolgen. Bei diesen hohen Dosierungen ist eine Verteilung in 3 Dosen über den Tag notwendig. Unter keinen Umständen sollte wegen der Nebenwirkungen die Gesamtmenge in einer Abenddosis verabreicht werden.
- Wenn eine kurzfristige pharmakologische Behandlung gewählt wird, ist Desmopressin bezüglich Sicherheit und besserer Kurzzeiteffekte vorzuziehen.

Bei der Anwendung von Imipramin (Tofranil®) ist zu beachten, dass es nach dem Absetzen des Medikamentes häufig zu einem Rückfall in die Symptomatik kommt. Aufgrund der kardiologischen Nebenwirkungen sollte der Einsatz von Imipramin kritisch abgewogen werden.

Die Indikation für Imipramin sollte u.E. auf folgende Gruppen eingeschränkt werden: Bei Resistenz gegenüber anderen Methoden und bei einer Komorbidität von Enuresis nocturna und anderen psychischen Störungen, vor allem depressiven und hyperkinetischen Störungen. Hierbei sollten die diagnostischen Schritte und die daraus ableitenden Interventionen aus den Leitlinien zur Diagnostik und Therapie von psychischen Störungen im Säuglings-, Kindes- und Jugendalter (Deutsche Gesellschaft für Kinder- und Jugendpsychiatrie und Psychotherapie et al. 2000) berücksichtigt werden.

L20c Behandlung mit Oxybutinin

Oxybutinin (Dridase®) verfügt über eine spasmolytische, anticholinerge sowie lokal analgetische Wirkung. Von der Inkontinenz und den Enuresis-Formen besteht als einzige Indikation die diagnostisch gesicherte idiopathische Dranginkontinenz.

- Eine Behandlung mit Oxybutinin sollte nach einer Basistherapie mit kognitiv verhaltenstherapeutischen Elementen, Blasentraining und antibiotischer Behandlung, falls ein Harnwegsinfekt vorliegt, erfolgen.

- Das Dosierungsschema für Kinder unter acht Jahren beginnt mit einer morgendlichen Gabe von einer ¼ Tablette (1,25 mg). Im Alter über acht Jahren wird morgens eine halbe Tablette (2,5 mg) gegeben. Die Steigerung erfolgt langsam um jeweils ¼ oder eine halbe Tablette alle 2 bis 3 Tage.
- Eine mittlere Dosierung beträgt 0,3 mg/kg KG/Tag (maximal 15mg/Tag).
- Eine hohe Dosierung beträgt 0,6 mg/kg KG/Tag (maximal 15mg/Tag).
- Bei reinem Einnässen tagsüber soll die Medikation morgens und mittags gegeben werden, wenn nächtliches Einnässen hinzukommt, sind drei Dosen morgens, mittags und abends über den Tag zu verteilen.
- Die Behandlungsdauer beträgt mindestens acht Wochen, kann aber bei guter Verträglichkeit auch über Monate fortgesetzt werden. Es sollte dann langsam wieder abgesetzt werden.
- Bei der idiopathischen Dranginkontinenz bietet sich folgendes Therapieschema an: Mindestens vier Wochen verhaltenstherapeutisches Vorgehen. Falls darunter kein Erfolg auftritt, mindestens vier Wochen 0,3 mg/kg Oxybutinin (max. 15 mg) unter Fortsetzung der Verhaltenstherapie bei langsamem Einschleichen der Medikation auf zwei bis drei Dosen pro Tag. Bei ungenügender Wirkung Steigerung der Medikation auf maximal 0,6 mg/kg Oxybutinin (max. 15 mg).
- Eltern und Kinder/Jugendliche sind über folgende Nebenwirkungen aufzuklären: Im Vordergrund stehen Bauchschmerzen, Müdigkeit, Schwindelgefühl, Kopfschmerzen, Mundtrockenheit, Hitzegefühl, rote Hautflecken (Flush), sowie Herzrasen und Akkomodationsstörungen (Doppelbilder oder unscharfes Sehen). Diese Nebenwirkungen sind dosisabhängig und verschwinden meist, wenn man die Dosis leicht reduziert. Schwerwiegende Nebenwirkungen sind selten und bestehen aus Halluzinationen und Harnretention, die dann Anlass für das sofortige Absetzen der Medikation sein sollten.

1) In Anlehnung an Leitlinien von Fachgesellschaften und speziellen Arbeitsgruppen in Europa und in Deutschland (Deutsche Gesellschaft für Kinder- und Jugendpsychiatrie und Psychotherapie et al., 2000)

Hilfreiche Materialien

Zur Beobachtung des Verlaufs der Behandlung mit Desmopressin stehen die Kurz- und Langform des Beobachtungsbogens für Desmopressin-Therapie (vgl. M17 und M18, S. 152 und 153) zur Verfügung. Mit Hilfe dieser Dokumentation kann die niedrigste erforderliche Dosis austitriert werden. Die Kurzform ist z. B. vor Schulausflügen hilfreich, wenn in begrenzter Zeit die Wirksamkeit und Dosis festgestellt werden soll.

2.3.7 Therapie bei den verschiedenen Unterformen der Enuresis

L21 **Leitlinie 21: Therapie bei den verschiedenen Unterformen der Enuresis**

- Enuresis nocturna
- Funktionelle Harninkontinenz
- Idiopathische Dranginkontinenz
- Harninkontinenz bei Miktionsaufschub
- Detrusor-Sphinkter-Dyskoordination

Die nachfolgenden Entscheidungsbäume bilden das therapeutische Vorgehen bei den verschiedenen Unterformen der Enuresis ab. Hierbei soll durch die Synopsis die Bedeutung der dargestellten verhaltenstherapeutischen und pharmakologischen Behandlungsansätze für die Subgruppen der Enuresis übersichtlich zusammengestellt werden.

Entscheidungsräume für differenzielle Behandlungsansätze

In dem Maße, wie sich das Symptom Enuresis nach Ätiologie, Pathophysiologie und Verlauf in verschiedene Untergruppen aufteilen lässt, ergeben sich auch differenzielle Behandlungsansätze.

Die Rangfrage der jeweils zu wählenden Maßnahmen entspricht den Empfehlungen, die die Leitlinien zur Diagnostik und Therapie von psychischen Störungen im Säuglings-, Kindes- und Jugendalter geben (von Gontard & Lehmkuhl, 2000). Die jeweiligen Einzelmaßnahmen einschließlich der für die Diagnostik und Therapie benötigten Materialien wurden zuvor ausführlich dargestellt und sollen jetzt in ihrer Beziehung zu den einzelnen Subformen des Einnässens noch einmal systematisch zusammengefasst werden.

Enuresis nocturna

Die Therapie der Enuresis nocturna sollte nach dem Erheben einer Baseline zunächst mit der apparativen Verhaltenstherapie erfolgen. Ist dieses Vorgehen nicht ausreichend, bietet sich ein Arousal-Training an. Sollte auch dies noch nicht zu einem hinreichenden Sistieren der Symptomatik führen, sollte eine Pharmakotherapie mit Desmopressin überlegt werden und erst daran anschließend ein weiterer medikamentöser Ansatz mit Imipramin angeschlossen werden. Sollte trotz dieser aufeinanderfolgenden Behandlungsmaßnahmen keine Veränderung erreicht werden, ist an eine stationäre oder teilstationäre Therapie zu denken (s. Abb. 2).

Funktionelle Harninkontinenz

Vor allem die Gruppe des Einnässens tagsüber ist vollkommen heterogen und bedarf einer detaillierten differenzierten Beschreibung und Diagnose. Bei Kindern, die tagsüber einnässen, handelt es sich fast immer um eine funktionelle Harninkontinenz. Die drei häufigsten Formen wurden in diesem Leitfaden ausführlich besprochen. Das therapeutische Vorgehen soll jetzt abschließend zusammengefasst werden.

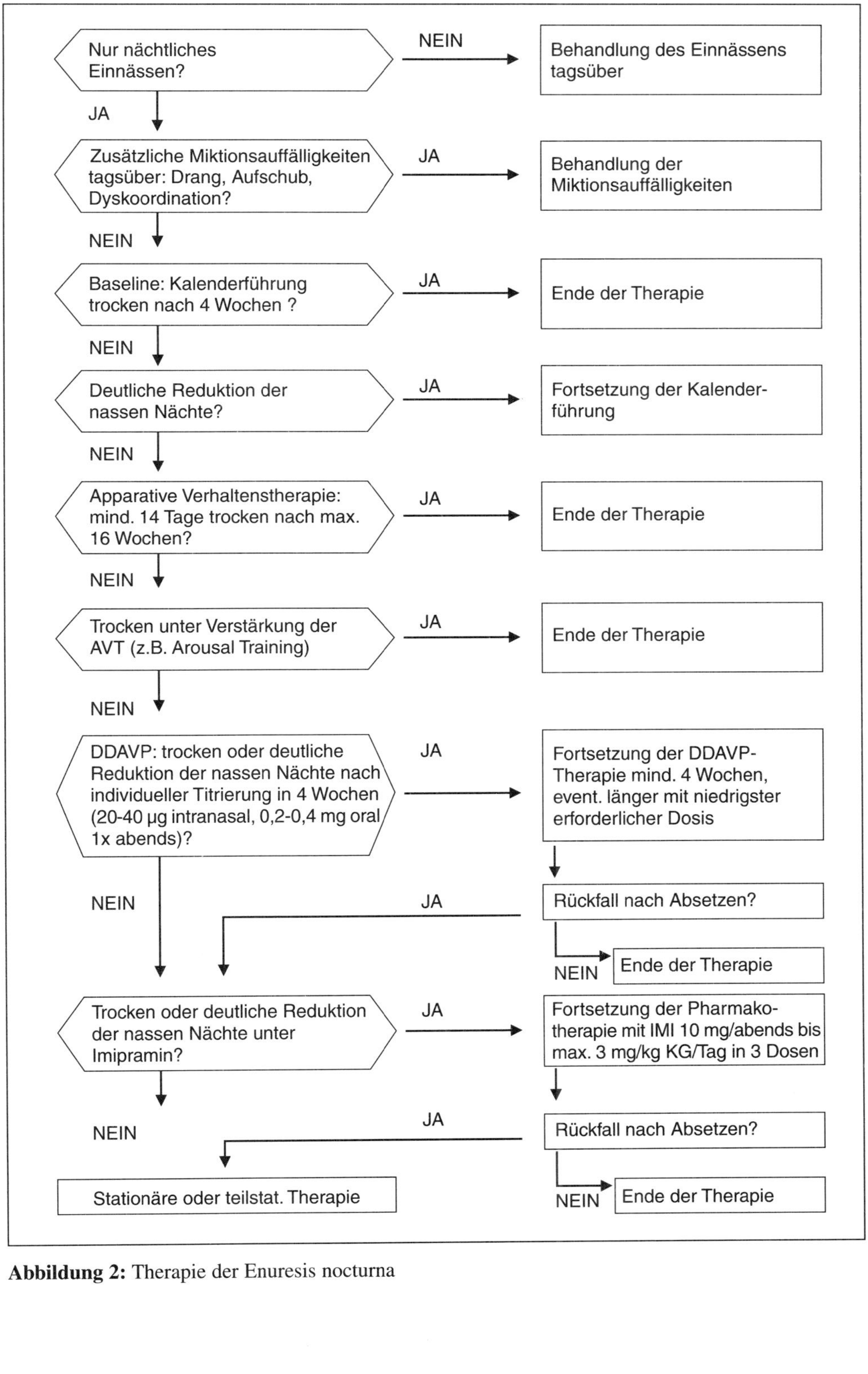

Abbildung 2: Therapie der Enuresis nocturna

Idiopathische Dranginkontinenz

Bei der idiopathischen Dranginkontinenz ist zunächst ein kognitiv-verhaltenstherapeutisches Vorgehen mit Wahrnehmung des Harndrangs, Relaxation ohne Haltemanöver und Toilettengang angezeigt. Operante Verfahren und Dokumentationspläne werden eingesetzt. Sollte dies nicht erfolgreich sein, ist eine kombinierte medikamentöse Therapie mit Oxybutinin anzuschließen (siehe Abb. 3).

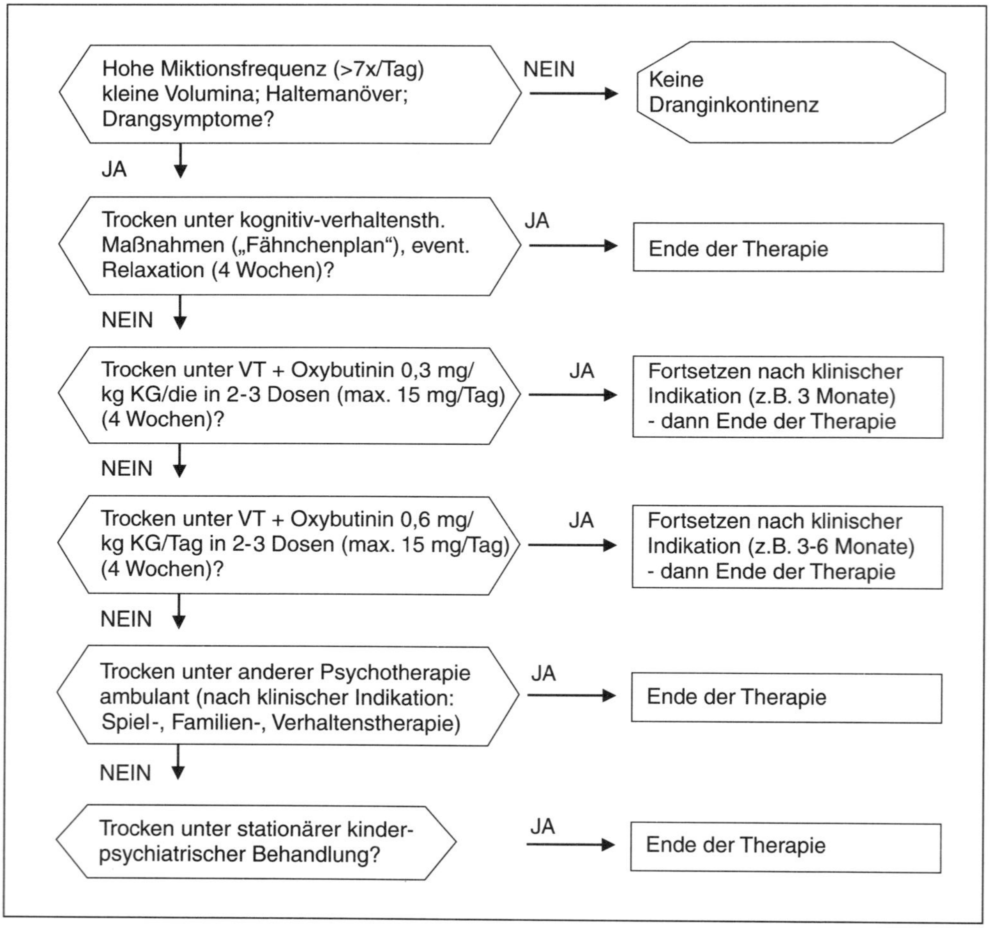

Abbildung 3: Therapie der idiopathischen Dranginkontinenz

Harninkontinenz bei Miktionsaufschub

Die Harninkontinenz bei Miktionsaufschub spricht am besten auf ein verhaltenstherapeutisches Vorgehen an mit regelmäßigen Schickzeiten. Das Hauptziel ist eine Erhöhung der Miktionsfrequenz, wobei eine komplette relaxierte Entleerung anzustreben ist. Sprechen die Kinder auch auf Belohnungssysteme nicht positiv an und bestehen darüber hinaus weitere psychische Auffälligkeiten, so ist die Indikation für umfassendere psychotherapeutische Interventionen zu stellen. Diese können in tiefenpsychologisch fundierter Psychotherapie, Familientherapie oder Verhaltenstherapie bestehen (s. Abb. 4).

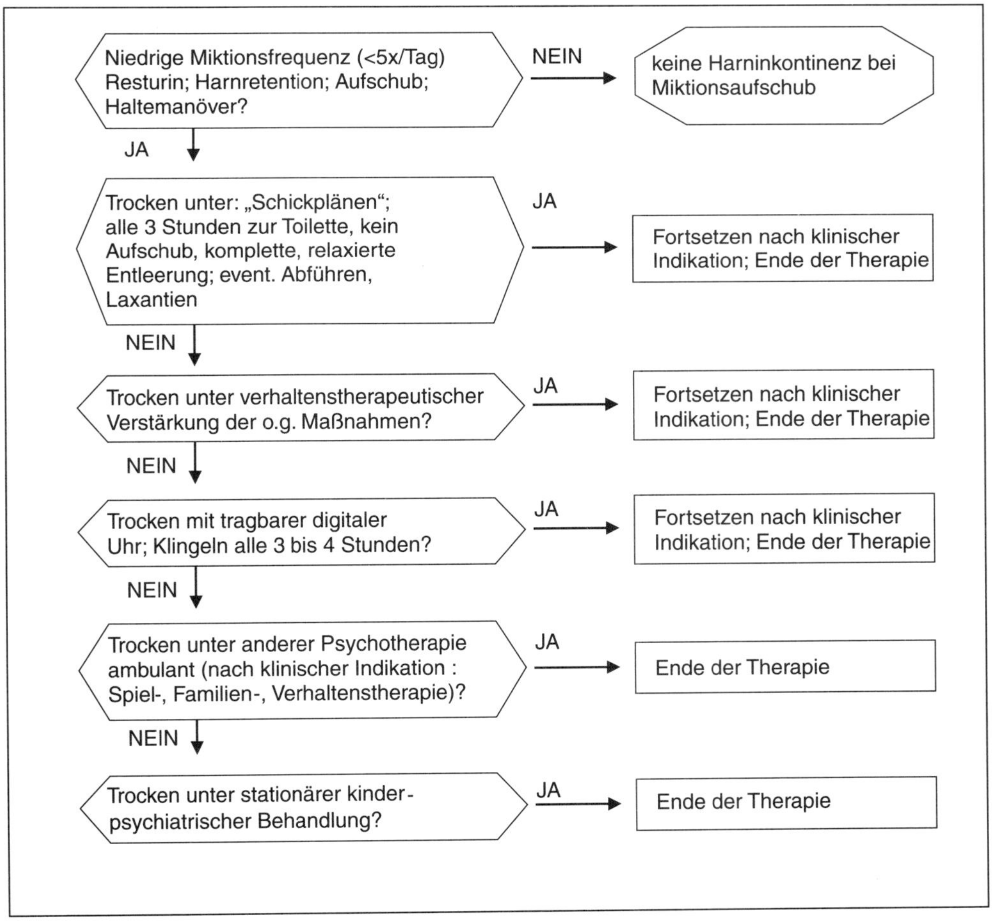

Abbildung 4: Therapie der Harninkontinenz bei Miktionsaufschub

Detrusor-Sphinkter-Dyskoordination

Die Detrusor-Sphinkter-Dyskoordination sollte primär mit ambulanten Biofeedback-Methoden sowie Entspannungsübungen behandelt werden. Gelingt hierunter keine entsprechende Besserung, so sollte dieses Verfahren im teilstationären oder stationären Rahmen durchgeführt werden und je nach Indikation durch weitere psychotherapeutische Maßnahmen flankiert werden, wenn noch andere Verhaltensauffälligkeiten hinzukommen (s. Abb. 5).

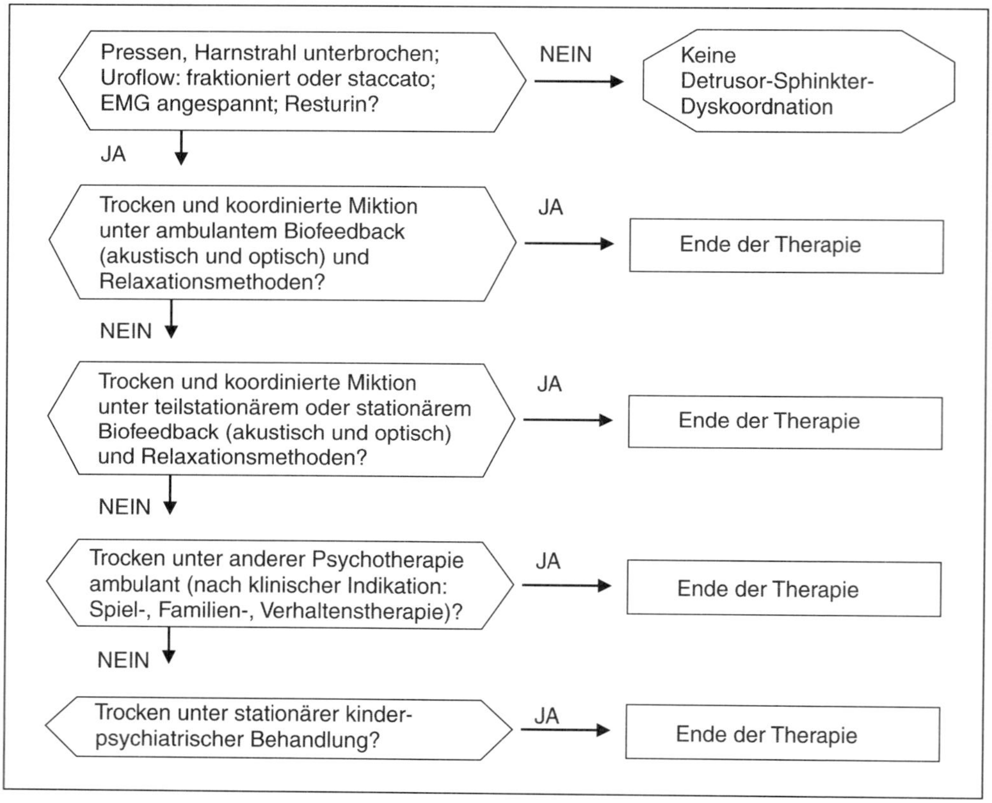

Abbildung 5: Therapie der Detrusor-Sphinkter-Dyskoordination

3 Verfahren zur Diagnostik und Therapie

In diesem Kapitel soll nicht auf allgemeine Verfahren zur Diagnostik und Therapie von psychischen Störungen eingegangen werden. Diese wurden ausführlich in dem zweiten Band der Leitfaden-Reihe dargestellt und haben auch bei Kindern mit Enuresis oder einer funktionellen Harninkontinenz ihre Gültigkeit (Döpfner et al., 2000a).

Die meisten Verfahren zur Diagnostik und Therapie der Enuresis und funktionellen Harninkontinenz wurden in Kapitel 2 ausführlich beschrieben und sind in Kapitel 4 (Materialien) abgebildet. Darüber hinaus liegen nur wenige weitere publizierte Verfahren zur Diagnostik und Therapie vor, auf die im Folgenden kurz eingegangen wird.

3.1 Elterninformationen

- *DBT – Dry-Bed-Training nach Azrin*

In dieser Anleitung wird das Vorgehen beim Dry-Bed-Training, einer aufwändigen verhaltenstherapeutischen Behandlung in Kombination mit dem Klingelgerät nach den Originalaufzeichnungen von Azrin et al. (1974) beschrieben (vgl. M19, S. 154).

- *DBT–Programm*

In den von Grosse herausgegebenen Materialien für die psychosoziale Praxis „Bettnässen – Diagnostik und Therapie“ (1986) ist der schematische Ablauf in Form einer Elternanweisung dargestellt, wobei die einzelnen Schritte genau aufgeführt und dokumentiert sind.

3.2 Anamnesebogen

- *Anamnesefragebogen: Einnässen/Harninkontinenz (von Beetz, von Gontard und Lettgen)*

Dieser Fragebogen beruht auf Erfahrungen der Universitätskinderkliniken in Essen und Mainz sowie der Universitätsklinik für Kinderpsychiatrie Köln. Er ist kurz, übersichtlich und stellt ein Minimum an Aufwand bei einem Maximum an Informationen dar (vgl. M06, S. 123).

3.3 Elternfragebogen

- *Elternfragebogen: Gefühle über das Einnässen (von Butler, 1994; übersetzt von von Gontard)**

In diesem Fragebogen (vgl. M08, S. 136) werden elterliche Reaktionen und Gefühle auf das kindliche Einnässen abgefragt. Aus den Antworten ergibt sich eine Einschätzung der elterlichen Einstellung (eher tolerant bzw. intolerant) gegenüber dem kindlichen Einnässen.

- *Fragebogen zum Einnässen (Grosse, 1986)*

In diesem Fragebogen finden sich genaue Angaben zum Einnässen über Häufigkeit, Auftreten, Sauberkeitsentwicklung und Vorbehandlungen des Einnässens.

- *Enuresis-Fragebogen für die Eltern (Stegat, 1973)*

Der Fragebogen enthält Angaben zur Familienanamnese, zum familiären Vorkommen der Enuresis, anamnestische Angaben zur Symptomatik und Sauberkeitserziehung.

- *Fragebogen zur Einstellung zum Einnässen (Grosse, 1986)*

Ausgehend von einem Fragenkatalog von Morgan und Jong (1975) entwickelte Grosse (1980) einen 44 Items umfassenden Fragebogen, der folgende sieben Kategorien erfasst:

- Prestigeverlust der Eltern durch die Enuresis
- Problembewusstsein der Eltern
- Negative Konsequenzen für die Umwelt aus der Enuresis
- Erkennen versus Ignorieren von Leidensdruck beim Kind
- Erziehungskonsequenzen
- Bereitschaft zur Mitarbeit und Kooperation seitens der Eltern
- Anwendung „populärer" Hilfsmittel zur Beseitigung des Bettnässens

3.4 Kind-Interview

Die Erfassung der kindlichen Sicht des Einnässens, der Körpervorstellungen und des Leidensdrucks ist durch ein semi-strukturiertes Interview für Kinder, das Butler (1987) entwickelt hat, möglich (deutsche Bearbeitung Sonnenschein und Benden, vgl. M04, S. 118).

---

* Falls diese Fragebogen zu Forschungszwecken eingesetzt werden sollten, ist vorher die Erlaubnis von Dr. Richard Butler einzuholen (Adresse: Department of Clinical Psychology, High Royds Hospital, Menston, Ilkley, West Yorkshire, LS29 6AQ, England).

3.5 Kinderfragebogen

- *Kinderfragebogen (Butler, 1994; übersetzt von von Gontard)**

Die Kinderfragebogen von Butler können ab einem Alter von 8 Jahren von Kindern ausgefüllt werden. Bei jüngeren Kindern können sie auch im Rahmen eines Interviews eingesetzt werden. Sie geben sehr gut die kindliche subjektive Sicht der Problematik wieder, die von den elterlichen Auffassungen durchaus divergieren kann. Im Abschnitt 2.1.3 finden sich ausführliche Informationen zum Einsatz der Fragebogen (vgl. M09 bis M11, S. 137 bis 139).

3.6 Beobachtungsbogen und -protokolle sowie Verlaufsbogen

- *Kontrollfragebogen (Stegat, 1973)*

In diesem kurzen Fragebogen werden Verlauf und Entwicklung der Enuresis nach einem standardisierten Verfahren abgefragt. Sie können als Katamnesebogen eingesetzt werden.

- *24-Stunden-Protokoll*

Dieses Protokoll ist zur diagnostischen Einschätzung der Einnässproblematik unerlässlich und beruht auf jahrelangen Vorerfahrungen in der Universitätskinderklinik Essen, wo es ursprünglich von Olbing (1993) entwickelt wurde. Es handelt sich um ein sehr bewährtes, klassisches Instrument, das in keinem Fall fehlen darf. Eine ausführliche Darstellung zur Verwendung des 24-Stunden-Protokolls findet sich im Abschnitt 2.1.3 (vgl. auch M05, S. 121).

- *Protokollbogen für die Erhebung des Einnässverhaltens (Grosse, 1986)*

In diesem Schema werden Datum, Zeitpunkt des Zubettgehens, erfolgte Kontrollen, Ausmaß des Einnässens, Morgenkontrolle übersichtlich erfasst.

- *Protokollbogen für die apparative Behandlung (Grosse, 1986)*

In diesem einfachen Bogen wird Datum, Zubettgehzeit, Einnässzeiten, Aufstehen des Kindes und Toilettengänge sowie Tageserlebnisse übersichtlich festgehalten.

- *Beobachtungsbogen zum apparativen Konditionieren (Butler, 1987)*

Bei der Durchführung einer apparativen Verhaltenstherapie ist es unerlässlich, den Therapieverlauf und -erfolg zu dokumentieren. Besonders bewährt hat sich dabei der Beobachtungsbogen, der von Butler (1987) entwickelt wurde, da wichtige Informationen auch zu Teilerfolgen abzulesen sind. In der ersten Spalte wird das Datum notiert, in den zwei nächsten Spalten, wenn das Kind trocken geblieben ist. Dabei ist besonders von Interesse, ob es möglicherweise selbst aufgewacht und zur Toilette

---

* Falls diese Fragebogen zu Forschungszwecken eingesetzt werden sollten, ist vorher die Erlaubnis von Dr. Richard Butler einzuholen (Adresse: Department of Clinical Psychology, High Royds Hospital, Menston, Ilkley, West Yorkshire, LS29 6AQ, England).

gegangen ist (so genannte Nykturie). In den Spalten 4 bis 9 wird die Einnässepisode mit Klingeln dokumentiert. Zunächst der Zeitpunkt des Klingelns. In Spalte 5 und 6, ob das Kind von selber wach geworden ist oder nicht. In Spalte 7 eine ungefähre Einschätzung der Einnässmenge und in Spalten 8 und 9, ob das Kind anschließend Wasser auf der Toilette lassen konnte. Als Zwischenerfolge auf dem Weg zur Trockenheit können folgende Faktoren gewertet werden: Wenn das Kind zunehmend selber aufwacht, die Einnässmenge geringer wird und dafür das Kind auf der Toilette Wasserlassen kann.

Meistens genügt es, während der apparativen Verhaltenstherapie nur diesen Beobachtungsbogen auszufüllen. Wenn ein Kind gerne selber noch einen Sonne- und Wolkenkalender ausfüllen möchte, kann es dies natürlich gerne tun (vgl. M16, S. 151).

4 Materialien

Übersicht	
M01	Elterninformationen über Einnässprobleme nachts
M02	Elterninformationen über Einnässprobleme tagsüber
M03	Anamnesebogen zum Einnässen
M04	Kind-Interview und Körperschema
M05	24-Stunden-Protokoll
M06	Anamnesefragebogen: Einnässen/Harninkontinenz
M07	Elternfragebogen für Kinder mit Einnässen, rezidivierenden Harnwegsinfekten, Blasenfunktionsstörungen
M08	Elternfragebogen: Gefühle über das Einnässen
M09	Kinderfragebogen: Vorstellung über das Einnässen
M10	Kinderfragebogen: Einstellung der Familie
M11	Kinderfragebogen: Auswirkungen des Bettnässens
M12	Sonne- und Wolkenkalender
M13	Fähnchenpläne
M14	Wochenpläne
M15	Elternprotokoll zur Dokumentation der Enuresis nocturna
M16	Beobachtungsbogen zur apparativen Konditionierung
M17	Beobachtungsbogen für Desmopressin-Therapie (lang)
M18	Beobachtungsbogen für Desmopressin-Therapie (kurz)
M19	Anweisung: Dry-Bed-Training (DBT)
M20	Enuresis/Enkopresis-Protokoll

M01 Elterninformationen über Einnässprobleme nachts*
von D. Röhling und A. von Gontard

Was ist eigentlich „nächtliches Einnässen"?

Wenn ein Kind im Alter von über 5 Jahren immer noch im Schlaf ins Bett macht, spricht man von nächtlichem Einnässen oder **Enuresis nocturna**. War das Kind noch nie über einen längeren Zeitraum trocken, spricht man von **primärer Enuresis nocturna**. War das Kind schon einmal länger als ein halbes Jahr trocken, spricht man von **sekundärer Enuresis nocturna**. Bei den betroffenen Kindern fällt häufig eine sehr schwere Erweckbarkeit, sowie eine große Einnässmenge auf. Selbst in einem nassen, kalten Bett werden sie meist nicht wach.

Wie häufig ist nächtliches Einnässen?

Dieses Problem ist gar nicht so selten, wie Sie vielleicht denken. Nach neueren Untersuchungen nässen, je nach Definition, ca. 10 % der 7-jährigen und ca. 4,5 % der 10-jährigen Kinder nachts ein. Bei den Jugendlichen sind es nur noch 1 bis 2 %.

Gibt es Ursachen für das nächtliche Einnässen?

Es gibt viele mögliche Ursachen, die zu nächtlichem Einnässen führen können. Die weit verbreitete Auffassung, dass nächtliches Einnässen auf jeden Fall psychische Ursachen habe („Weinen der Seele"), konnte in verschiedenen wissenschaftlichen Studien so nicht bestätigt werden. Psychische Faktoren können bei einzelnen Formen des Einässens mitbeteiligt sein, wie z.B. als Auslöser beim Rückfall. Auch leiden sehr viele Kinder unter dem Einnässen und können als Folge Verhaltensprobleme zeigen.

Es gibt drei Faktoren, die immer wieder auffallen:

1. In vielen Familien ist ein weiteres Familienmitglied betroffen, was auf eine vererbbare Ursache hinweist.
2. Eine große nächtliche Urinmenge, die offensichtlich das Fassungsvermögen der Blase übersteigt.
3. Mangelnde Wahrnehmung des Füllungszustandes der Blase während des Schlafes, verbunden mit erschwerter Erweckbarkeit.

Sehr selten kann das nächtliche Einnässen auch körperliche Ursachen haben, zum Beispiel häufige Harnwegsinfektionen, Nervenstörungen, Störungen der Blasenmuskelfunktion, angeborene Fehlbildungen des Harntraktes oder Stoffwechselstörungen. Körperliche Ursachen sind relativ selten und fallen meist durch Beschwerden in anderen Bereichen auf.

Muss man das nächtliche Einnässen behandeln?

Diese Frage lässt sich nur für den Einzelfall und nach genauer Diagnostik beantworten. Jede körperliche Ursache muss erkannt und natürlich entsprechend behandelt werden. Hat man körperliche Ursachen ausgeschlossen, müssen die Belastung für Familie und Patienten, der Leidensdruck und die damit verbundene Gefahr der seelischen Beeinträchtigung abgewogen werden. Wichtig für eine Entscheidung zur Behandlung sind auch das Alter des Kindes und die Bereitschaft des Kindes und der Familie, aktiv an der Therapie teilzunehmen.

Was gibt es für Behandlungsmöglichkeiten?

1. Kalenderführung und positive Verstärkung:

Das Kind soll für 4 Wochen einen Kalender über nasse und trockene Nächte, zum Beispiel mit den Symbolen Sonne und Wolken, führen. Durch Lob für trockene Nächte soll das Kind Selbstvertrauen gewinnen und motiviert werden.

2. Klingelhose oder Klingelmatte (Alarmtherapie):

Mit der Alarmtherapie soll das Kind lernen, trocken zu werden, entweder indem es ohne einzunässen durchschläft oder indem es aufwacht, wenn die Blase voll ist. Bei dieser Behandlung verursacht ein Gerät (in Verbindung mit einer Matte oder einem Feuchtigkeitsfühler) einen lauten Ton, wenn die ersten Urintropfen abgegeben werden. Das Ziel dieses Tones ist, dass das Kind so schnell wie möglich wach wird, um auf die Toilette zu gehen. Wacht das Kind nicht selbst auf, benötigt es die Hilfe eines Familienmitgliedes, um so schnell wie möglich geweckt zu werden. Es ist entscheidend, dass das Kind vollkommen wach wird und die Abläufe (Wachwerden, Toilettengang, Wechsel der Bettwäsche) bewusst wahrnimmt. Wichtig bei dieser Behandlung ist die regelmäßige Durchführung (jede Nacht) über einige Wochen. 70 % der Kinder werden trocken, die meisten benötigen 8 bis 10 Wochen. Wenn kein Erfolg eintritt, kann man das Programm nach Rücksprache verändern und nach 16 Wochen absetzen.

3. Medikamentöse Therapie: Minirin®

Dieses Arzneimittel soll bewirken, dass nachts, durch eine geringere Urinproduktion, die Blase nicht überfüllt wird und es so nicht zum Einnässen kommt. Die Wirkung tritt sehr schnell ein, deshalb wird Minirin® abends kurz vor dem Schlafengehen eingenommen. Es kann als Tablette oder Nasenspray eingenommen werden, wobei das Nasenspray wirksamer ist. Die wichtigsten Nebenwirkungen umfassen (selten) leichte Kopf- und Bauchschmerzen. Da es in extrem seltenen Fällen zu einer Überwässerung (mit Bewusstlosigkeit) kommen kann, ist es wichtig, dass das Kind nach Einnahme von Minirin® nicht mehr viel trinkt und natürlich vorher nicht ungewöhnlich große Flüssigkeitsmengen getrunken hat. Die genaue Dosierung wird über 4 Wochen ermittelt. Die Dosierung beträgt insgesamt 2 bis maximal 4 Hübe. Falls kein Erfolg eintritt, sollte die Medikation nach 4 Wochen beendet werden. Die Behandlungsdauer sollte 1 bis 3 Monate betragen, danach sollte ein Auslassversuch erfolgen. Fast 70 % der Kinder werden trocken oder nässen seltener ein, die meisten erleiden aber einen Rückfall nach dem Absetzen.

In seltenen Fällen kann man auch andere Medikamente (Antidepressiva) und ausführliche Trainingsprogramme (Arousal Training oder Dry-Bed-Training) einsetzen.

Wie lange dauert es, bis das Kind trocken ist?

Diese Frage lässt sich leider nicht genau beantworten. Jedes Kind und jeder Verlauf ist verschieden. Einige Kinder werden schon nach Kalenderführung trocken, andere brauchen ein Klingelgerät über einige Wochen bis Monate, um den Lernerfolg zu haben. Wichtig bei allen Maßnahmen ist die konsequente Durchführung! Der Einsatz lohnt sich!

Falls Sie mehr Informationen wünschen, finden Sie diese im Ratgeber Einnässen (von Gontard & Lehmkuhl, 2003).

M02 Elterninformationen über Einnässprobleme tagsüber*
von D. Röhling und A. von Gontard

Was heißt eigentlich „tagsüber Einnässen"?

Wenn Kinder ab einem Alter von 5 Jahren regelmäßig bzw. mehrmals im Monat tagsüber die Hose nass haben, spricht man von Einnässen tagsüber bzw. Harninkontinenz. Für Kinder kann das Einnässen, besonders im Schulalter, zu einem Problem werden, wenn es Freunden oder Klassenkameraden auffällt. Deswegen versuchen die Kinder häufig, dieses Problem geheimzuhalten, was aber nicht immer möglich ist.

Wie häufig ist das Einnässen tagsüber?

Dieses Problem ist häufiger, als Sie vielleicht denken. Nach neueren Untersuchungen nässen, je nach Definition, ca. 2 bis 3 % der Jungen und ca. 3 bis 4 % der Mädchen im Alter von 7 Jahren tagsüber ein. Bis zum Jugendalter sind es weniger als 1 %.

Gibt es Ursachen für das Einnässen tagsüber?

Es gibt verschiedene Ursachen, die zum Einnässen tagsüber führen können. So können zum Beispiel Harnwegsinfektionen das Einnässen begünstigen, andererseits kommt es beim Einnässen häufiger zu Harnwegsinfektionen durch die nasse Unterwäsche. Psychische Faktoren können bei einzelnen Formen des Einnässens mitbeteiligt sein, wie z.B. beim Rückfall, ohne die Ursache zu sein. Auch leiden sehr viele Kinder unter dem Einnässen und können als Folge Verhaltensprobleme zeigen. Selten kann das Einnässen tagsüber auch körperliche Ursachen haben, zum Beispiel Nervenstörungen, Störungen der Blasenmuskelfunktion, angeborene Fehlbildungen des Harntraktes oder Stoffwechselstörungen. Deshalb ist eine genaue Untersuchung zum Ausschluss dieser seltenen Ursachen notwendig.

Was gibt es für Formen des Einnässens und wie werden sie behandelt?

1. Idiopathische Dranginkontinenz

Was versteht man darunter?

Die Kinder leiden unter einem überstarken Harndrang bei geringer Füllmenge der Blase, das heißt, die Kinder müssen sehr häufig, z.B. alle 15 Minuten, auf die Toilette. Dabei kann es zum ungewollten Einnässen, besonders am Nachmittag kommen. Dies ist die häufigste Form des Einnässens tagsüber, wobei Mädchen häufiger betroffen sind. Es kann zu Haltemanövern kommen, wie zum Beispiel Aneinanderpressen der Oberschenkel, Hüpfen von einem Bein auf das andere, Hockstellung, Fersensitz. Dabei wirken die Kinder oft abwesend durch die Konzentration auf den Drang.

Was gibt es für Behandlungsmöglichkeiten?

1. Zuerst ist es wichtig, dass die Kinder auf die Haltemanöver verzichten und bei Harndrang direkt auf die Toilette gehen.
2. Das Kind soll einen so genannten „Fähnchenplan" führen, in dem eine „nasse Hose" mit einer Wolke und ein „trockener Toilettengang" mit einem „Fähnchen" eingetragen werden. Es können natürlich auch andere Symbole verwendet werden. Oft reicht ein solcher Plan aus. Wenn nicht, kann er auch positiv verstärkt werden, das heißt für eine bestimmte Anzahl von „Fähnchen" werden kleine Belohnungen ausgemacht, die das Kind dann erhält, wenn es bei den Plänen gut mitmacht. Mit diesen

Maßnahmen werden einige Kindern schon trocken, wobei zunächst die nassen Phasen seltener werden und erst später die Häufigkeit der Toilettengänge nachlässt.

3. Medikamentöse Therapie: Oxybutinin (Dridase®)

   Dieses Arzneimittel soll bewirken, dass die Blase mehr Urin aufnehmen kann und die Drangsymptomatik abnimmt. Die Wirkung tritt schnell ein und hält ca. 2,5 Stunden an. Deshalb wird das Arzneimittel 2 bis 3mal am Tag eingenommen. Die wichtigsten Nebenwirkungen sind Mundtrockenheit, Übelkeit, Kopfschmerzen, Schwindelgefühl, Müdigkeit, fleckige Hautrötung, Erhöhung des Pulsschlages, Sehunschärfe. Die genaue Dosierung wird über 4 Wochen ermittelt. Die Behandlungsdauer sollte 2 bis 6 Monate betragen, danach sollte ein Auslassversuch erfolgen.

2. Harninkontinenz bei Miktionsaufschub

Was versteht man darunter?

Die Kinder nässen tagsüber besonders dann ein, wenn sie in bestimmten Situationen nicht auf die Toilette gehen wollen, z.B. beim Spielen, Fernsehen, Schule. Der Toilettengang wird lange hinausgezögert und dies kann zu einer Angewohnheit werden. Die Kinder gehen am Tag meistens sehr selten auf die Toilette, weniger als 5mal am Tag. Auch hierbei setzen sie Haltemanöver ein, wie sie oben beschrieben wurden, nämlich wenn die Blase übervoll ist.

Was gibt es für Behandlungsmöglichkeiten?

Das wichtigste Behandlungsziel ist, die Kinder wieder daran zu gewöhnen, häufiger am Tag auf die Toilette zu gehen. Sie können dies lernen, indem sie in einen Kalender eintragen, wann sie auf die Toilette gegangen sind. Das Ziel ist es, dass regelmäßig 6 bis 7mal am Tag auf die Toilette gegangen wird und die Abstände dabei nicht mehr als 3 Stunden betragen. Wenn solche einfachen Pläne nicht ausreichen, müssen die Kinder zu festen Zeiten von ihren Eltern auf die Toilette geschickt und das ebenfalls in einem Kalender eingetragen werden (sog. „Schickpläne" mit regelmäßigen Schickzeiten). Um die Motivation des Kindes zu erhöhen, können positive Verstärker, das heißt kleine Belohnungen (z.B. Aufkleber, Karten, gemeinsame Spielzeiten usw.) verwendet werden. Dabei sollte aber nicht das „Trocken sein" belohnt werden, sondern die Mitarbeit des Kindes, häufiger auf die Toilette zu gehen. Manchmal können auch Digitaluhren mit einstellbaren Weckzeiten hilfreich sein, so dass das Kind nach 3 bis 4 Stunden an den Toilettengang erinnert wird.

3. Detrusor-Sphinkter-Dyskoordination

Was versteht man darunter?

Hierbei handelt es sich um eine seltene Form der Einnässproblematik. Die Kinder haben Probleme während des Wasserlassens, das heißt: zu Beginn müssen die Kinder wiederholt pressen, bis der Urin fließt, der Harnstrahl ist nicht gleichmäßig und zum Teil unterbrochen. Die Blase wird nicht vollständig geleert, so daß es zu Harnwegsinfektionen kommen kann. Der Blasendruck ist erhöht, wodurch es ohne Behandlung zu Schädigung der Nieren kommen kann.

Was gibt es für Behandlungsmöglichkeiten?

Die Methode der Wahl ist das „Biofeedbackverfahren". Dabei wird mit den Kindern ambulant ein Training über mehrere Stunden durchgeführt, bei dem die Kinder viel trinken und auf eine „Spezialtoilette" gehen. Vor und nach jedem Toilettengang wird die Blase durch eine Ultraschalluntersuchung kontrolliert und das Ergebnis mit dem Kind besprochen. Für den Toilettengang bekommen die Kinder 3 Klebeelektroden (ähnlich wie ein Pflaster) auf den Po geklebt. Wichtig ist, dass die Kinder lernen, beim Wasserlassen entspannt zu sein. Um das entspannte Wasserlassen zu lernen, wird das Biofeedbacktraining durchgeführt. Dabei hören die Kinder einen Piepton, sobald sie sich verkrampfen. Außerdem können sie auf einem Bildschirm die Stärke und Gleichmäßigkeit ihres Harnstrahls verfolgen, der mit Hilfe eines „Männchens“ oder „Balls“ dargestellt wird. In der Zeit zwischen den Toilettengängen können die Kinder spielen, lesen, malen oder Hausaufgaben machen. Meistens sind 2 bis 6 Termine notwendig, bis sich die Blasenentleerung normalisiert. Erst dann dürfen andere Behandlungen, z.B. für ein nächtliches Einnässen, durchgeführt werden.

Wie lange dauert es, bis das Kind trocken ist?

Diese Frage lässt sich leider nicht genau beantworten. Jedes Kind und jeder Verlauf sind verschieden. Alle oben beschriebenen Behandlungsmethoden sind erfolgreich und haben den meisten Kindern geholfen, trocken zu werden. Von daher lohnt sich der Einsatz!

Falls Sie mehr Informationen wünschen, finden Sie diese im Ratgeber Einnässen (von Gontard & Lehmkuhl, 2003).

M03 Anamnesebogen zum Einnässen

bearbeitet von S. Seifen und D. Röhling

Name:

Geburtsdatum:

Straße:

Wohnort:

Telefon:

Einweisender Arzt:

Vorstellungsanlass:

Tag:

Kind trocken? ja ☐ Seit wann?

nein ☐

Längste trockene Phase? Wann:

Wie lange:

Häufigkeit des Einnässens z. Zt. ________ Mal/Tag

________ Mal/Woche

Welche Menge? von außen sichtbar ☐

nur Unterhose nass ☐

In welchen Situationen ist Einnässen besonders häufig? Spielen ☐

Fernsehen ☐

Hausaufgaben ☐

Sonstiges: ____________________

Wie häufig tagsüber auf die Toilette:

Trinkmenge/Tag:

Muss das Kind zur Toilette geschickt werden? ja ☐ nein ☐

Auffälligkeiten beim Wasserlassen: Stottern ☐ nein ☐

Pressen ☐

Sonstige

Haltemanöver? ja ☐ nein ☐ welche? ____________________

Einkoten? ☐ wie häufig? ________ am Tag

________ pro Woche

seit wann? ____________________

Obstipation? ☐

regelmäßiger Stuhlgang? ☐

Harnwegsinfekte? Behandlungsepisoden:

Langzeitprophylaxe:

Voruntersuchungen?

Bereits stattgefundene Therapien:

Nacht:

Kind trocken? ja ☐ Seit wann?
nein ☐

Längste trockene Phase? wann:
wie lange:

Häufigkeit des Einnässens in einer Nacht: einmal ☐
Mindestens zweimal ☐

Jede Nacht in der Woche nass? ja ☐
nein ☐ wie oft: ____________ Nächte/Woche

Menge: Bett schwimmt ☐
nur eine feuchte Stelle im Laken ☐
Unterhose nass, Bett soweit trocken ☐
Unterschiedlich

Trägt Ihr Kind Windeln? ja ☐
nein ☐

Wird Kind im nassen Bett wach? ja ☐
nein ☐ wie schwer erweckbar: leicht ☐
schwer ☐
fast unmöglich ☐
richtig wach? ja ☐ nein ☐

Voruntersuchungen:

Vorbehandlungen: nein ☐
ja ☐ Weckversuche ☐
Flüssigkeitsrestriktion ☐
Kalenderführung ☐
AVT
Belohnung/Bestrafung ☐
Medikamente
sonstiges

Eigenanamnese			
Wievielte Schwangerschaft?			
Verlauf:	unauffällig ☐		
	auffällig ☐		
	Krankheiten		
	Alkohol/Drogenabusus		
	Medikamenteneinnahme		
	Vorzeitige Wehen		
Geburt:			
In welcher Schwangerschaftswoche?			
Spontan ☐	Vakuumextraktion ☐	Forceps ☐	Sectio ☐
Gewicht ______	**Länge** __________	**APGAR**	**Kopfumfang**
(gelbes Untersuchungsheft)			
Neugeborenenperiode:			
Auffälligkeiten:	Gelbsucht ☐	Phototherapie ☐	Zeitraum ☐
	Anpassungsstörungen ☐		
	Verlegung in andere Klinik ☐		
	Frühchen ☐	Atmungsprobleme ☐	Beatmung ☐
	Wärmebettchen ☐	Sepsis ☐	Sonstiges __________
Säuglingsperiode:			
Gestillt:	nein ☐		
	ja ☐	wie lange? ____________________	
Beschreibung des Kindes als Säuling:		Schreikind	
		ruhiges Kind	
		sonstiges	
Kleinkindperiode:			
Freies Laufen:			
Sprachentwicklung (Zweiwortsätze):			
Kindergarten	nein ☐		
	ja ☐ Zeitraum		
	Trennungsproblematik		
	Auffälligkeiten in Gruppe		
	Nachmittagsbetreuung durch		
Einschulung:			
wann geplant			
seit wann			
Welche Schule			
Lieblingsfächer Schule			
Nachmittagsbetreuung durch			
Hobbies			
Vereine?			

Psychische Auffälligkeiten	nein ☐ ja ☐ Welcher Art seit wann Äußerung wie mit welcher Intensität	
Kinderkrankheiten **Sonstige Krankheiten**		
Impfungen	vollständig ☐ nicht vollständig ☐	
Allergien		
Bisher durchgeführte Leistungsdiagnostik		
Familienanamnese		
	Mutter:	**Vater:**
Geburtsdatum		
Schulabschluss		
Ausbildung		
Ausgeübter Beruf – Vollzeit – Teilzeit		
Erkrankungen, Psychische Erkrankungen (Depression, Psychose, Suchterkrankungen)		
sonstige Erkrankungen		

Erkrankungen in der Familie der Mutter:

Vater der Mutter

Mutter der Mutter

Geschwister

Enuresisanamnese: (Stammbaum)	Kindsmutter Mutter der Mutter Vater der Mutter Schwestern Brüder Andere

Erkrankungen in der Familie des Vaters:

Vater des Vaters

Mutter des Vaters

Geschwister

Enuresisanamnese: (Stammbaum)

Kindsvater
Mutter des Vaters
Vater des Vaters
Schwestern
Brüder
Andere

Bei getrennt lebenden Paaren:

Wann Trennung:

Wann Scheidung:

Seit wann lebt Vater/Mutter nicht mehr in der Familie:

Besteht noch Kontakt zu Vater/Mutter und Geschwistern:

	1. Geschwister:	**2. Geschwister:**	**3. Geschwister:**
Alter:			
Schule:			
Krankheit:			
Enuresis:			

M04 Kind-Interview
nach R. Butler (1987) (bearbeitet von M. Sonnenschein und B. Benden)

Weshalb bist Du hier?

(Was wünschst Du Dir, was hier mit Dir passieren soll?)

Was meinst Du, was mit Dir los ist, fühlst Du Dich krank?

Fragen zum Körperverständnis/zur Körperfunktion

(Wir reden jetzt die ganze Zeit über Dich, hast Du mal Lust, ein Bild von Dir zu malen?)

Körperschema vorgeben:

Das ist ein Mädchen/Junge: Woran erkennt man, dass das ein Mädchen/Junge ist?

(Benennen die Kinder auch das Geschlechtsteil? Welche Worte gebrauchen die Kinder für das Geschlechtsteil?)

Wo kommt der Urin/Pipi her? Wie entsteht er? Mal es in die Zeichnung!

(Hat das Kind eine Vorstellung von der Blase?)

Fragen zum Toilettengang

Wie merkst Du, dass Du mal musst?

- ich merke es nicht
- es kribbelt im Bauch
- ich kann nicht mehr laufen
- ich denke nur noch dran
- ich habe Schmerzen
- Sonstiges ____________________

Fragen zum Einnässen

Beim Einnässen nachts: Zeichne 2 Bilder, wie das ist, wenn Du aufwachst und eingenässt hast/nicht eingenässt hast!

Beim Einnässen tags: Zeichne 2 Bilder, wie das ist, wenn Du beim Spielen eingenässt hast/nicht eingenässt hast!

Beschreibe sie!

(Malt das Kind sich alleine? Bezieht es andere mit ein? Welche Gefühle werden dargestellt: Freude/Traurigkeit/Ärger?

Was findest Du schlecht daran, einzunässen?

(Frage nach Schulausflügen, Übernachtungen, Bestrafungen, Windeln, Duschen usw.)

Was findest Du gut daran, einzunässen?

- es ist warm
- brauche nicht aufzustehen
- kann zu Hause bleiben
- Mutter kümmert sich mehr um mich
- es betritt niemand das Zimmer, weil es stinkt
- habe mein eigenes Bett/Zimmer
- kann meine Mutter ärgern

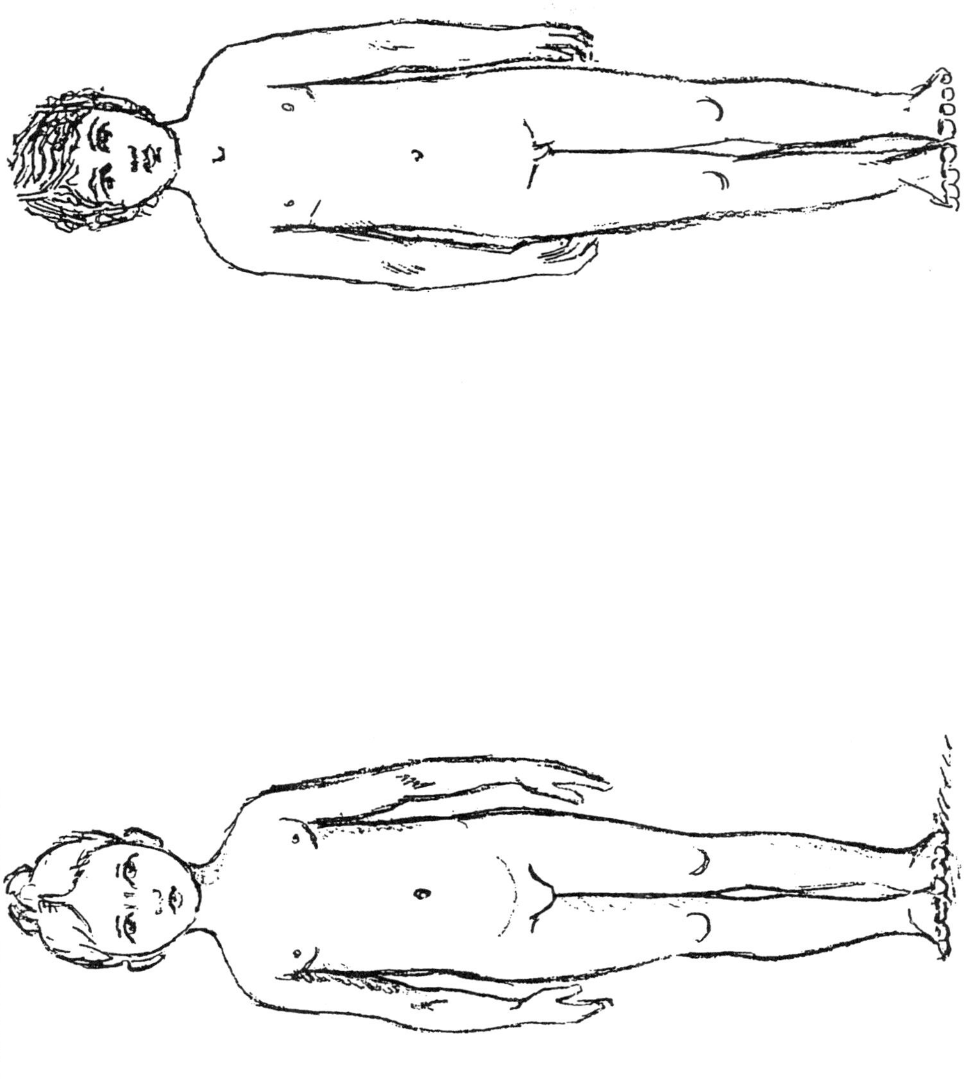

Was sagt Deine Mutter/Dein Vater/Deine Geschwister dazu?

Mutter unterstützend: – sagt, es macht ihr nichts aus
– sagt, andere tun es auch
– weist mich nicht zurecht
– wünscht sich, dass ich aufhöre

intolerant: – sagt, es sei Faulheit
– schimpft
– verlässt schnell das Zimmer

neutral:

Vater: unterstützend/intolerant/neutral

Geschwister: unterstützend/intolerant/neutral/gleiches Problem

Wer weiß, dass Du einnässt?
- Teile der Familie
- ganze Famlie
- Freunde: 1 - 2 - 3 - oder mehr

Hat es jemand verraten?
Wer darf es nicht wissen?
Weißt Du, wie viele aus Deiner Klasse das gleiche Problem haben?
Hast Du eine Erklärung, warum Du einnässt?
Was glaubt Deine Mutter, sei die Erklärung?
Was habt ihr schon versucht, damit Du trocken wirst?
- Trinkverhalten
- Toilettenverhalten
- Schlafverhalten
- Praktische Ideen
- Medizin

M05 **24-Stunden-Protokoll**

Name: ____________________ Vorname: ____________________ Geb.-Datum: ________________

Protokoll-Datum: ____________________

Uhrzeit	Urinmenge	Drangsymptomatik	Stottern Pressen	Einnässen: feucht/nass	Trinkmenge	Bemerkung

24-Stunden-Protokoll über Toilettengang und Einnässen

Um Ihr Kind richtig betreuen zu können, sind wir auf Ihre Beobachtung angewiesen.

Bitte notieren Sie an einem Tag, an dem Ihr Kind nicht zur Schule oder in den Kindergarten geht, jedes Wasserlassen sowie jedes Einnässen. Dies sollte in dem Zeitraum vom ersten Wasserlassen morgens bis zum nächsten Tag, möglichst bis zum Abend festgehalten werden.

Bitte sprechen Sie am Tag vorher mit Ihrem Kind darüber. Es soll Ihnen jedesmal Bescheid sagen, wenn es zur Toilette gehen muss. Es sollte dann in ein Messgefäß oder in ein Töpfchen Wasserlassen. Sie brauchen den Urin nicht aufzubewahren.

In dieser Zeit sollte Ihr Kind nur nach Harndrang zur Toilette gehen, also nicht von Ihnen zum Toilettengang angehalten werden.

Notieren Sie dann bitte in dem umseitigen Protokollbogen Uhrzeit und Urinmenge. Wenn das Kind eingenässt hat, auch wenn die Hose nur feucht ist, kreuzen Sie dieses an.

Unter „Drangsymptomatik" machen Sie ein Kreuz, wenn das Kind bei plötzlichem Harndrang die Beine zusammenpresste, in die Hocke ging, zur Toilette rennen musste und/oder dabei vorzeitig Urin ließ.

Auffälligkeiten beim Wasserlassen kreuzen Sie bitte in der Spalte „Pressen/Stottern" an. Achten Sie darauf, wie stark und kontinuierlich der Harnstrahl ist.

Die Urin- und Trinkmenge messen Sie bitte mit dem Messbecher ab.

Wenn möglich, füllen Sie bitte an zwei folgenden Tagen jeweils ein Protokoll aus (also insgesamt 48-Stunden) da diese noch zuverlässiger und genauer ist.

VIELEN DANK!

M06 Anamnesefragebogen: Einnässen/Harninkontinenz

von R. Beetz, A. von Gontard und B. Lettgen

Name: ______________________ Vorname: ______________________

Alter: ______________________ Datum: ______________________

		Ja	Nein	?
Einnässen am Tag:		☐	☐	☐
War Ihr Kind tagsüber schon trocken?		☐	☐	☐
Wenn ja, wie lange und	______________________			
in welchem Alter	______________________			
Wird die Wäsche	feucht?	☐	☐	☐
	nass?	☐	☐	☐
Nässt es überwiegend	nachmittags?	☐	☐	☐
	verteilt über den Tag?	☐	☐	☐
	abwechselnd feucht und nass?	☐	☐	☐
An wievielen Tagen in der Woche nässt Ihr Kind ein? ____________				
Wie oft am Tag nässt Ihr Kind ein? ____________				
Einnässen in der Nacht:		☐	☐	☐
War Ihr Kind nachts schon mal trocken?		☐	☐	☐
Wenn ja, wie lange und	______________________			
in welchem Alter	______________________			
Ist das Bettzeug	triefend nass?	☐	☐	☐
	feucht?	☐	☐	☐
	abwechselnd feucht und nass?	☐	☐	☐
Wird Ihr Kind nachts durch Harndrang wach?		☐	☐	☐
Wird Ihr Kind im nassen Bett wach?		☐	☐	☐
Ist Ihr Kind auffällig schwer erweckbar?		☐	☐	☐
Nässte jemand aus der Verwandtschaft lange ein?		☐	☐	☐
Wenn ja, wer? ______________________				
In wie vielen Nächten pro Woche nässt Ihr Kind ein ? ____________				
Toilettengang				
Wie oft geht Ihr Kind spontan pro Tag zum Wasserlassen? ____________				
Wenn Sie Ihr Kind längere Zeit bei sich haben (Reisen, Einkaufen usw.), nach wieviel Stunden muss es Wasserlassen? ____________				
Müssen Sie Ihr Kind häufiger zum Wasserlassen auffordern?		☐	☐	☐
Muss Ihr Kind während des Wasserlassens anhaltend pressen?		☐	☐	☐
Erfolgt das Wasserlassen mit Unterbrechungen?		☐	☐	☐
Ist der Harnstrahl kräftig?		☐	☐	☐
Haben Sie den Eindruck, dass sich Ihr Kind genügend Zeit zum Wasserlassen nimmt?		☐	☐	☐

	Ja	Nein	?
Verhalten bei Harndrang			
Hat Ihr Kind urplötzlichen, überstarken Harndrang?	☐	☐	☐
Muss bei Harndrang sofort die Toilette aufgesucht werden, weil das Kind sonst einnässt?	☐	☐	☐
Benutzt Ihr Kind Haltemanöver, um den Drang zurückzuhalten, z. B. Herumhampeln, Beine zusammenpressen, Fersensitz?	☐	☐	☐
Schiebt Ihr Kind das Wasserlassen möglichst lange auf und hat dann überstarken Harndrang?	☐	☐	☐
Wenn ja, in welchen Situationen? ____________________			
Besonderheiten			
Besteht ständiges Harnträufeln?	☐	☐	☐
Kommt es nach dem Gang auf die Toilette zum Harnverlust?	☐	☐	☐
Nimmt das Kind das Einnässen wahr?	☐	☐	☐
Harnwegsinfektionen			
Hatte Ihr Kind schon einmal eine Harnwegsinfektion (Blasen-, Nierenbeckenentzündung)?	☐	☐	☐
Wenn ja wie viele? ____________________			
mit Fieber?	☐	☐	☐
Stuhlverhalten			
Neigt Ihr Kind zu Verstopfung?	☐	☐	☐
Kommt es bei Ihrem Kind zu unkontrolliertem Stuhlgang?	☐	☐	☐
Stuhlschmieren	☐	☐	☐
Einkoten	☐	☐	☐
Wenn ja, war Ihr Kind schon sauber?	☐	☐	☐
wie lange? ____________________			
in welchem Alter? ____________________			
An wievielen Tagen pro Woche kotet Ihr Kind ein? ____________________			
In welchen Situationen? ____________________			
Verhalten			
Falls Ihr Kind schon einmal trocken war, sehen Sie einen Zusammenhang mit einem bestimmten Auslöser für das erneute Einnässen?	☐	☐	☐
Welche(n)? ____________________			
Tritt das Einnässen mit Stress und Belastungssituationen häufiger auf?	☐	☐	☐
Welche? ____________________			
Ist Ihr Kind leicht ablenkbar?	☐	☐	☐
zappelig?	☐	☐	☐

	Ja	Nein	?
Zeigt Ihr Kind Konzentrationsschwierigkeiten?	☐	☐	☐
Unkontrolliertes, impulsives Verhalten?	☐	☐	☐
Reagiert Ihr Kind mit aggressivem, trotzigem, verweigerndem Verhalten?	☐	☐	☐
Zeigt es Schwierigkeiten, Regeln einzuhalten?	☐	☐	☐
Schätzen Sie Ihr Kind als ängstlich ein (z.B. in bestimmten Situationen, bei besonderen Personen)?	☐	☐	☐
Ist Ihr Kind traurig, unglücklich, zieht es sich zurück, meidet es Kontakte?	☐	☐	☐
Hat Ihr Kind Schulleistungsprobleme?	☐	☐	☐
Ist die sprachliche und körperliche Entwicklung verzögert?	☐	☐	☐
Welche sonstigen Probleme zeigt Ihr Kind? ______________________			
Leidet Ihr Kind sehr unter dem Einnässen?	☐	☐	☐
Ist Ihr Kind motiviert und zur Mitarbeit bereit?	☐	☐	☐

M07 Elternfragebogen für Kinder mit Einnässen, rezidivierenden Harnwegsinfekten, Blasenfunktionsstörungen

bearbeitet von B. Benden, A. von Gontard und M. Sonnenschein

Name des Patienten: ______________________ geb.: ______________

____

Anschrift: ______________________ Tel.: ______________

____

Datum: ______________

Ihr Kind leidet an einer Störung der Blasenfunktion. Damit wir es richtig betreuen können, sind wir auf Ihre Informationen angewiesen. Falls Sie mit der Beantwortung folgender Fragen Schwierigkeiten haben, bitten Sie eine(n) Mitarbeiter(in) unserer Ambulanz um Hilfe.

Sind *Harnwegsinfektionen* vorausgegangen?

Ja ☐ Nein ☐ ?? ☐

Seit wann? ____________ Wieviele im Jahr? ____________ Zuletzt wann? ____________

Symptome der Harnwegsinfektionen: ______________________

____

Wurde eine *antibiotische Langzeitprophylaxe* durchgeführt?

Ja ☐ Nein ☐ ?? ☐

Harnwegsinfektionen während antibiotischer Langzeitprophylaxe?

Ja ☐ Nein ☐ ?? ☐

Die folgenden Fragen beziehen sich nur auf Zeiten mindestens 4 Wochen nach einer Harnwegsinfektion, zum Beispiel auch auf solche Zeiten, in denen das Kind Antibiotika nahm und frei von Harnwegsinfektionen war.

Wann nässt Ihr Kind ein?
- Nur tagsüber? ☐
- Nur nachts? ☐
- Tagsüber und nachts? ☐

Wie häufig nässt Ihr Kind ein?

pro Tag:
- Täglich einmal ☐
- Täglich mehrmals? ☐ wie oft? ____________
- Nachts einmal? ☐
- Nachts mehrmals? ☐ wie oft? ____________

		Tags	Nachts
pro Woche:	1-2 Mal in der Woche?	☐	☐
	3-4 Mal in der Woche?	☐	☐
	5-6 Mal in der Woche?	☐	☐

7 Mal in der Woche (jeden Tag bzw. jede Nacht)? ☐

Könnte einer oder mehrere der unten angeführten Anlässe der Auslöser für das Einnässen Ihres Kindes sein?

Ja ☐ Nein ☐ ?? ☐

Kreuzen Sie den (die) in Frage kommende(n) Auslöser an.

- Umzug ☐
- Krankheit des Kindes ☐
- Geburt eines Geschwisters ☐
- Kindergartenbesuch ☐
- Einschulung ☐
- Schulprobleme ☐
- Trennung von einer geliebten Person ☐
- Todesfall in der Familie ☐
- Scheidung der Eltern ☐

Wenn keiner der genannten Anlässe zutrifft:

Bitte schreiben Sie auf, was Ihrer Meinung nach als Auslöser für das Einnässen Ihres Kindes in Frage kommen könnte:

____

____

Einnässen tagsüber

Nässt Ihr Kind tagsüber ein?

Ja ☐ Nein ☐ ?? ☐

War Ihr Kind tagsüber schon mal trocken?

Ja ☐ Nein ☐ ?? ☐

Wenn ja, wie lange?	mindestens 3 Monate	Ja ☐	Nein ☐	?? ☐
	6 Monate	Ja ☐	Nein ☐	?? ☐
	12 Monate	Ja ☐	Nein ☐	?? ☐
Ist die Wäsche	feucht	Ja ☐	Nein ☐	?? ☐
	triefend nass	Ja ☐	Nein ☐	?? ☐
Nässt es überwiegend nachmittags ein?		Ja ☐	Nein ☐	?? ☐
	verteilt über den Tag?	Ja ☐	Nein ☐	?? ☐
	anders , wann?	________________		

Gibt es tagsüber ganz bestimmte Situationen, in denen das Kind einnässt?

Ja ☐ Nein ☐ ?? ☐

- Wenn es in ein Spiel vertieft ist. ☐
- Wenn es fernsieht. ☐
- Wenn es sich über etwas aufregt. ☐
- Wenn es sich über etwas ärgert. ☐
- Wenn es mit anderen Kindern zusammen ist. ☐
- Wenn es sich auf etwas freut und schon zappelig ist. ☐

Wenn keine von diesen Situationen zutrifft, schreiben Sie bitte auf, in welchen Situationen Ihr Kind einnässt.

____

____

Nässt Ihr Kind beim Lachen, Niesen, Pressen ein?

Ja ☐ Nein ☐ ?? ☐

Hat Ihr Kind ständiges Harnträufeln?

Ja ☐ Nein ☐ ?? ☐

Einnässen nachts

Nässt Ihr Kind nachts ein?

Ja ☐ Nein ☐ ?? ☐

War Ihr Kind inzwischen schon nachts trocken?

Ja ☐ Nein ☐ ?? ☐

Wenn ja, wie lange?	mindestens 3 Monate	Ja ☐	Nein ☐	?? ☐
	6 Monate	Ja ☐	Nein ☐	?? ☐
	12 Monate	Ja ☐	Nein ☐	?? ☐
Ist das Bettzeug	feucht?	☐		
	triefend nass?	☐		
	abwechselnd feucht und nass?	☐		

Wird Ihr Kind durch Harndrang wach?

Ja ☐ Nein ☐ ?? ☐

Falls ja, wie oft:

fast jede Nacht ☐ seltener ☐ ausnahmsweise ☐

Wird Ihr Kind im nassen Bett wach?

Ja ☐ Nein ☐ ?? ☐

Ist Ihr Kind auffällig schwer erweckbar?

Ja ☐ Nein ☐ ?? ☐

Nässte jemand aus der Verwandschaft lange ein?

Ja ☐ Nein ☐ ?? ☐

Wenn ja, wer? ______________________________

In welchem Alter wurde nachts trocken: Vater? ______________ Mutter? ________________

Geschwister des/r Patienten/in?

1. ______________________________________
2. ______________________________________
3. ______________________________________

Geht Ihr Kind zur Toilette, bevor es zu Bett geht?

Ja ☐ Nein ☐ ?? ☐

Es geht von allein. ☐

Es wird geschickt. ☐

Kontrollieren Sie dann, ob Ihr Kind „etwas gemacht" hat?

Ja ☐ Nein ☐ ?? ☐

Falls ja, wie kontrollieren Sie? ____

____

Wecken Sie Ihr Kind noch einmal, schicken Sie es noch einmal zur Toilette, bevor Sie selbst zu Bett gehen?

Ja ☐ Nein ☐ ?? ☐

Zu welcher Uhrzeit ungefähr? ____________________

Kommt es manchmal vor, dass Ihr Kind nachts allein aufsteht und zur Toilette geht?

Ja ☐ Nein ☐ ?? ☐

Wenn Ihr Kind nachts zur Toilette geht:

- Muss es über einen dunklen Flur laufen? ☐
- Muss es eine Treppe rauf/runter laufen? ☐
- Muss es von seinem Zimmer recht weit laufen? ☐
- Muss es durch ein Zimmer, in dem noch andere schlafen gehen? ☐
- Etwas anderes ist der Fall, was? ____________________

Meldet sich Ihr Kind, wenn es eingenässt hat, also noch in der Nacht?

Ja ☐ selten ☐ Nein ☐
oft ☐
immer ☐

Gibt es bestimmte Anlässe, nach denen Ihr Kind nachts einnässt?

Ja ☐ Nein ☐ ?? ☐

- Wenn es am Tag zuvor etwas Aufregendes erlebt hat. ☐
- Wenn es abends etwas Spannendes im Fernsehen gesehen hat. ☐
- Wenn es tagsüber Probleme gab. ☐
- Wenn es abends sehr viel getrunken hat. ☐
- Wenn es besonders müde ist und besonders tief schläft. ☐
- Wenn es von einem Traum aufwacht. ☐
- Wenn keiner dieser Anlässe zutrifft, schreiben Sie bitte auf, bei welchem Anlass Ihr Kind einnässt. ____________________

____

Gibt es Gründe dafür, dass Ihr Kind nachts einnässt?

Ja ☐ Nein ☐ ?? ☐

Wenn ja, was sind Ihrer Meinung nach die Gründe dafür, dass Ihr Kind nachts einnässt, statt auf die Toilette zu gehen?

- Das Kind schläft zu fest; es merkt nicht, wann es zur Toilette muss. ☐
- Es hat Angst vor der Dunkelheit. ☐
- Es will die anderen nicht wecken. ☐
- Es fürchtet sich allgemein. ☐
- Andere Gründe, welche? ____________________

____

Toilettengang/Trinkverhalten

Wie oft geht Ihr Kind pro Tag zum Wasserlassen? ____________________

Schicken Sie Ihr Kind zur Toilette?

Ja ☐ Nein ☐ ?? ☐

Wenn ja, warum? ____________________

Wann? morgens? ☐ vor dem Zubettgehen? ☐ bei Haltemanövern? ☐
Wann sonst?__________

Wie reagiert Ihr Kind bei der Aufforderung, zur Toilette zu gehen? __________

____

Geht Ihr Kind auch ohne Harndrang zur Toilette?
Ja ☐ Nein ☐ ?? ☐

Geht Ihr Kind im Kindergarten oder in der Schule auf Toilette?
Ja ☐ Nein ☐ ?? ☐

Wenn nein, warum nicht? __________

____

Wie ist die Toilette beschaffen?

- Toilette ist im Badezimmer ☐
- Toilette ist im Raum mit einer Dusche ☐
- Toilette liegt separat ☐
- Toilette ist ein sehr kleiner und enger Raum ☐
- Toilette hat eine schlechte Beleuchtung ☐
- Toilette lässt sich nur schwer lüften ☐
- Andere Besonderheiten. Welche? __________

____

Wieviel trinkt Ihr Kind durchschnittlich pro Tag? __________ Liter/Tag

Trinkt Ihr Kind am Tag
– auffällig viel? Ja ☐ Nein ☐ ?? ☐
– auffällig wenig? Ja ☐ Nein ☐ ?? ☐

Blasenentleerung

Verhält sich Ihr Kind beim Wasserlassen auf der Toilette merkwürdig?
Ja ☐ Nein ☐ ?? ☐

Wenn ja, wie und in welcher Situation ?__________

____

Wie oft? ständig? ☐ öfters? ☐ ausnahmsweise? ☐

Muss Ihr Kind vor oder während des Wasserlassens anhaltend pressen?
Ja ☐ Nein ☐ ?? ☐

Drückt Ihr Kind beim Wasserlassen mit den Händen auf den Bauch
Ja ☐ Nein ☐ ?? ☐

Wasserlassen erfolgt in einem Zug Ja ☐ Nein ☐ ?? ☐
mit Unterbrechung Ja ☐ Nein ☐ ?? ☐

Kommt es zu Unterbrechungen, wieviele durchschnittlich?
- Strahl stotternd ☐
- in 1-2 Portionen ☐
- mehr als zwei Portionen ☐

Ist der Harnstrahl kräftig?
Ja ☐ Nein ☐ ?? ☐

Wenn nicht, bitte beschreiben:__________

____

Hat Ihr Kind Schwierigkeiten, den Harnfluss bei voller Blase in Gang zu setzen?

Ja ☐ Nein ☐ ?? ☐

Wenn ja, bitte beschreiben:____________________

Geht Ihr Kind einige Minuten nach dem Wasserlassen wieder zur Toilette?

Ja ☐ Nein ☐ ?? ☐

Wenn ja, warum? ____________________

Verspürt Ihr Kind unmittelbar nach dem Wasserlassen nochmal Harndrang?

Ja ☐ Nein ☐ ?? ☐

Verhalten bei Harndrang

Verhält sich Ihr Kind bei Harndrang auffällig?

Ja ☐ Nein ☐ ?? ☐

Wenn ja, beschreiben Sie sein Verhalten: ____________________

Hat Ihr Kind urplötzlich überstarken Drang?

Benutzt Ihr Kind vorübergehend Haltemanöver zur Unterdrückung des Harndrangs?

Ja ☐ Nein ☐ ?? ☐

Wenn ja, wie:

- Herumhampeln, Beine zusammenpressen ☐
- Fersensitz ☐
- Hocke ☐
- Beine über Kreuz ☐
- Manuelles Abdrücken bzw. Abkneifen an der Harnröhre ☐

In welcher Situation? ____________________

Wie oft? ständig? ☐ öfters? ☐ ausnahmsweise? ☐

Rennt Ihr Kind zur Toilette?

Ja ☐ Nein ☐ ?? ☐

Schiebt Ihr Kind das Wasserlassen möglichst lange auf und hat dann überstarken Druck?

Ja ☐ Nein ☐ ?? ☐

Wenn ja, in welcher Situation? ____________________

Kommt es trotz Haltemanöver zum Einnässen?

Ja ☐ Nein ☐ ?? ☐

Kann Ihr Kind Harndrang unterdrücken, bis es die Toilette erreicht? (beim Einkaufen, bei Autofahrten)

Ja ☐ Nein ☐ ?? ☐

Kennt Ihr Kind das Gefühl von Blasenfülle?

Ja ☐ Nein ☐ ?? ☐

Hat Ihr Kind Angst, die Toilette nicht rechtzeitig zu erreichen?

Ja ☐ Nein ☐ ?? ☐

Stuhlentleerung

In welchem Alter konnte Ihr Kind etwa die Entleerung seines Darms, also seinen Stuhlgang kontrollieren?

Im Stuhlgang war es mit _______ Jahren sauber

Kotet Ihr Kind ein?

Ja ☐ Nein ☐ ?? ☐

Seit wann?________________________________

Besteht „Stuhlschmieren"? Spuren in der Hose?

Ja ☐ Nein ☐ ?? ☐

Wie häufig kotet Ihr Kind ein?

täglich? ☐ öfters? ☐ ausnahmsweise? ☐

nur bei Blähungen? ☐ nur bei Haltemanövern? ☐ ____________ Tage/Woche

Hat Ihr Kind Verstopfung?

Ja ☐ Nein ☐ ?? ☐

Seit wann?________________________________

Hat Ihr Kind jeden Tag Stuhlgang

Ja ☐ Nein ☐ ____________ Tage/Woche

Ist Ihnen im Verlauf der Sauberkeitserziehung an Ihrem Kind etwas besonderes aufgefallen?

Nein ☐

Ja ☐ und zwar: ________________________________

Reaktionen des Kindes auf das Einnässen

Verheimlicht das Kind Ihnen gegenüber, dass es eingenässt hat, oder sagt es Bescheid?

- Das Kind verheimlicht es ☐
- Das Kind sagt es ☐

Falls das Kind es verheimlicht, wie verhält es sich?

- Zieht sich zurück und wechselt die Unterhose/Kleidung ☐
- Behält die nassen Sachen an ☐
- Es verhält sich noch anders ☐
- wie?________________________________

Wenn das Kind eingenässt hat und Ihnen dies mitteilt, mit welchen Worten etwa sagt es das?

____

____

Wie reagiert Ihr Kind darauf, wenn es eingenässt hat?

- Es macht ihm nichts aus ☐
- Es ist ihm peinlich ☐
- Es ist betrübt über den Vorfall ☐
- Es ist „stolz" darauf ☐
- Es ist erschrocken darüber ☐
- Es macht sich selbst lustig darüber ☐
- Es leidet darunter ☐
- Es will nicht, dass darüber geredet wird ☐
- Es will nicht, dass es jemand erfährt ☐
- Es weint ☐

Es hat schlechte Laune ☐
Anders. Wie? ______

Leidet das Kind unter dem Einnässen?

Ja ☐ Nein ☐ ?? ☐

Wenn ja: Reagiert es mit Schamgefühl? ☐
mit Vertuschungsversuch ☐
mit Tarnmanövern ☐

Wie reagiert es, wenn es auf das Einnässen angesprochen wird?

gleichgültig ☐ verlegen ☐ überspielend ☐
verleugnend ☐ aggressiv ☐

Ist Ihr Kind bereit, über das Einnässen zu sprechen?

Ja ☐ Nein ☐ ?? ☐

Ist Ihr Kind bereit bei Maßnahmen aktiv mitzuarbeiten?

Ja ☐ Nein ☐ ?? ☐

Reaktionen der Umwelt auf das Einnässen

Wie reagieren Sie darauf, wenn Ihr Kind eingenässt hat, bzw.wenn Sie bemerken, dass Ihr Kind das Bett nass gemacht hat?

	Mutter	Vater
Ich gehe ohne Kommentar darüber hinweg.	☐	☐
Ich schimpfe mit dem Kind.	☐	☐
Ich ärgere mich darüber, lasse mir aber nichts anmerken.	☐	☐
Ich ärgere mich und lasse das Kind den Ärger auch spüren.	☐	☐
Ich mache dem Kind Vorwürfe.	☐	☐
Ich ermahne es, dass es sich das nächste Mal mehr anstrengen soll.	☐	☐
Ich bestrafe das Kind. Wie? ______	☐	☐

______

Anders. Wie? ______

Wie reagieren Sie, wenn Ihr Kind nicht einnässt, sondern von sich aus auf die Toilette geht, bzw. wenn Sie am Morgen feststellen, dass das Bett trocken ist?

	Mutter	Vater
Nicht besonders, das ist für mich selbstverständlich.	☐	☐
Ich freue mich darüber.	☐	☐
Ich lobe das Kind dafür.	☐	☐
Ich sage: „Warum klappt das nicht immer so."	☐	☐
Ich gebe dem Kind dafür eine kleine Belohnung.	☐	☐
Ich gehe ohne Kommentar darüber hinweg.	☐	☐

Anders. Wie? ______

Wenn Sie Ihr Kind tagsüber kontrollieren, ob es eingenässt hat: Wie machen Sie das?

Ich frage das Kind. ☐
Ich überzeuge mich selbst, ob die Wäsche nass ist. ☐
Anders. Wie? ______

Wenn Sie Ihr Kind tagsüber kontrollieren, ob es eingenässt hat: Wann machen Sie das?

- Wenn ich dem Kind anmerke, dass es eingenässt hat. ☐
- Wenn ich gerade daran denke. ☐
- Regelmäßig zu bestimmten Zeiten ☐
- Wann sonst? ____________________

Wem in Ihrer Familie macht das Einnässen Ihres Kindes am meisten aus?

- Der Mutter ☐
- Dem Vater ☐
- Den Geschwistern ☐
- Welchem besonders: ____________________
- Dem Kind selbst ☐
- Anderen. Wem? ____________________

Was macht Mutter/Vater am meisten aus?

____

____

Wem in Ihrer Familie macht das Einnässen Ihres Kindes am wenigsten aus?

- Der Mutter ☐
- Dem Vater ☐
- Den Geschwistern ☐
- Dem Kind selbst ☐
- Anderen. Wem? ____________________

Bewältigungsversuche der Eltern

Wie verhalten Sie sich, um das Einnässen Ihres Kindes *tagsüber* zu verhindern?

- Ich erinnere das Kind regelmäßig daran, zur Toilette zu gehen. ☐
- Wenn ich selbst gerade daran denke, schicke ich es zur Toilette. ☐
- Ich verlasse mich darauf, dass das Kind selbst weiß, wann es zur Toilette gehen muss. ☐
- Ich kontrolliere des Öfteren, ob es trocken ist und schicke es dann zur Toilette. ☐
- Ich sage ihm, dass ich es bestrafe, wenn es die Hose nass macht. ☐
- Anders, wie? ____________________

Wie verhalten/verhielten Sie sich, um das Einnässen Ihres Kindes *nachts* zu verhindern?

- Ich wecke das Kind nachts. ☐
- Ich schaue, dass das Kind weniger trinkt. ☐
- Ich gebe dem Kind Belohnungen. ☐
- Ich habe das Kind gezielt bestraft. ☐
- Ich habe dem Kind Windeln angezogen. ☐
- Ich habe Gummiunterlagen ins Bett gelegt. ☐
- Ich habe das Kind selbst die nasse Bettwäsche abziehen lassen. ☐
- Andere Maßnahmen. Welche? ____________________

Angaben zur Sauberkeitserziehung

In welchem Alter des Kindes haben Sie mit der Sauberkeitserziehung begonnen?

Das Kind war
- unter 1 Jahr alt ☐
- 1-2 Jahre alt ☐

2-3 Jahre alt ☐
3-4 Jahre alt ☐
4-5 Jahre alt ☐
über 5 Jahre alt ☐

Haben Sie sich bei der Sauberkeitserziehung Ihres Kindes an anderen orientiert?

Ja ☐ Nein ☐ ?? ☐

Wenn ja: Mutter ☐
Schwiegermutter ☐
Freundin ☐
andere, welche: ______________________________

Wer füllte diesen Fragebogen aus?

____
____

Bemerkungen/ Sonstiges:

____
____
____
____
____
____
____
____

M08 Elternfragebogen: Gefühle über das Einnässen*
von R. Butler (1994), übersetzt von A. von Gontard

Bitte kreuzen Sie JA an, wenn die jeweilige Aussage Ihre Gefühle beschreibt oder NEIN, wenn die Aussage nicht Ihre Gefühle beschreibt

		JA	NEIN
1.	Jedes einnässende Kind tut mir Leid.	☐	☐
2.	Ich versuche ihm/ihr zu helfen, sich nicht schlecht zu fühlen.	☐	☐
3.	Es ist schade, dass das Einnässen ihn/sie daran hindert, mehr zu unternehmen.	☐	☐
4.	Es ist peinlich einzunässen.	☐	☐
5.	Die Wäsche stört mich nicht, weil er/sie nichts dafür kann.	☐	☐
6.	Ich sage ihm/ihr, dass es nichts ausmacht.	☐	☐
7.	Einnässen hört normalerweise von selbst auf.	☐	☐
8.	Ich finde es schwierig, mich an die nassen Sachen zu gewöhnen.	☐	☐
9.	Wenn das Bett nass ist, zeige ich ihm/ihr meine Enttäuschung.	☐	☐
10.	Ich versuche ihm/ihr zu erklären, wie unangenehm das Einnässen für andere ist.	☐	☐
11.	Das Einnässen ist für uns alle ein Ärgernis.	☐	☐
12.	Ich verstehe nicht, warum mein Kind nicht trocken sein kann, wenn andere Kinder es schaffen.	☐	☐
13.	Kinder könnten mit dem Einnässen aufhören, wenn sie sich mehr anstrengen würden.	☐	☐
14.	Wenn er/sie etwas älter wäre, würden wir den ganzen Ärger mit den nassen Sachen nicht haben.	☐	☐
15.	Ich bestrafe mein Kind für das Einnässen.	☐	☐
16.	Ein Klaps nach dem Einnässen hat noch niemandem geschadet.	☐	☐

* Für Forschungszwecke bitte Erlaubnis einholen:
Dr. Richard Butler, Dept. of Clinical Psychology, High Royds Hospital, Menston, Ilkley, West Yorkshire, CS 29 6 AQ, England

M09 Kinderfragebogen: Vorstellungen über das Einnässen*

von R. Butler (1994), übersetzt von A. von Gontard

Der Grund, warum ich einnässe, ist

		niemals 0	1	2	3	4	5	sehr oft 6
1.	Weil ich einen tiefen Schlaf habe.	O	O	O	O	O	O	O
2.	Weil es in der Familie vererbt wird.	O	O	O	O	O	O	O
3.	Weil ich zu viel Pipi mache.	O	O	O	O	O	O	O
4.	Weil es ein körperliches Problem ist.	O	O	O	O	O	O	O
5.	Weil Pipimachen weh tut.	O	O	O	O	O	O	O
6.	Weil ich es nicht auf Dauer einhalten kann.	O	O	O	O	O	O	O
7.	Weil meine Blase noch nicht ordentlich arbeitet.	O	O	O	O	O	O	O
8.	Weil meine Blase noch nicht richtig entwickelt ist.	O	O	O	O	O	O	O
9.	Weil es zu Hause zu kalt, zu feucht oder sonst ungünstig ist.	O	O	O	O	O	O	O
10.	Weil ich die Fähigkeit, es zu halten, wieder verloren habe.	O	O	O	O	O	O	O
11.	Weil ich durch das Drücken der vollen Blase nicht wach werde.	O	O	O	O	O	O	O
12.	Weil ich verärgert bin und mir Sorgen mache.	O	O	O	O	O	O	O
13.	Weil es zu anstrengend ist.	O	O	O	O	O	O	O
14.	Weil ich zuviel trinke.	O	O	O	O	O	O	O
15.	Weil ich häufig Unsinn mache.	O	O	O	O	O	O	O
16.	Weil ich damit Mama ärgern kann.	O	O	O	O	O	O	O

* Für Forschungszwecke bitte Erlaubnis einholen:
Dr. Richard Butler, Dept. of Clinical Psychology, High Royds Hospital, Menston, Ilkley, West Yorkshire, CS 29 6 AQ, England

M10 Kinderfragebogen: Einstellung der Familie*
von R. Butler (1994), übersetzt von A. von Gontard

Wenn das Bett oder die Hose nass ist.

	Mama	Papa	______	______	______	______
1. Wer bedauert mich?	☐	☐	☐	☐	☐	☐
2. Wer findet es schade, dass ich dadurch so viele Dinge nicht machen kann?	☐	☐	☐	☐	☐	☐
3. Wer versucht mir zu helfen, dass ich mich nicht so schlecht fühle?	☐	☐	☐	☐	☐	☐
4. Wer bemerkt, dass ich nichts dafür kann?	☐	☐	☐	☐	☐	☐
5. Wer sagt, dass es nicht schlimm ist?	☐	☐	☐	☐	☐	☐
6. Wer zeigt seine Enttäuschung?	☐	☐	☐	☐	☐	☐
7. Wer denkt, es ist lästig?	☐	☐	☐	☐	☐	☐
8. Wer meint, dass ich mich nicht genug anstrenge?	☐	☐	☐	☐	☐	☐
9. Wer denkt, dass ich mich erwachsener verhalten sollte?	☐	☐	☐	☐	☐	☐
10. Wer bestraft mich/wer hänselt mich?	☐	☐	☐	☐	☐	☐

* Für Forschungszwecke bitte Erlaubnis einholen:
Dr. Richard Butler, Dept. of Clinical Psychology, High Royds Hospital, Menston, Ilkley, West Yorkshire, CS 29 6 AQ, England

M11 Kinderfragebogen: Auswirkungen des Bettnässens*
von R. Butler (1994), übersetzt von A. von Gontard

Was denkst Du/fühlst Du darüber:

1. Mama hat viel Extrawäsche dadurch.	☐ nein	☐ manchmal	☐ ja
2. Es ist kalt, wenn ich aufwache.	☐ nein	☐ manchmal	☐ ja
3. Mein Schlafzimmer stinkt.	☐ nein	☐ manchmal	☐ ja
4. Ich muss jeden Morgen duschen/baden.	☐ nein	☐ manchmal	☐ ja
5. Ich muss Freunde aus meinem Raum fernhalten.	☐ nein	☐ manchmal	☐ ja
6. Getränke werden vor dem Schlafengehen verboten.	☐ nein	☐ manchmal	☐ ja
7. Ich muss mein Bett selbst beziehen.	☐ nein	☐ manchmal	☐ ja
8. Ich muss früher zu Bett gehen.	☐ nein	☐ manchmal	☐ ja
9. Ich muss sofort aufstehen.	☐ nein	☐ manchmal	☐ ja
10. Mama/Papa sind ärgerlich mit mir.	☐ nein	☐ manchmal	☐ ja
11. Meine Geschwister hänseln mich.	☐ nein	☐ manchmal	☐ ja
12. Ich bin verärgert über das Bettnässen.	☐ nein	☐ manchmal	☐ ja
13. Ich habe Angst, dass andere es herausfinden.	☐ nein	☐ manchmal	☐ ja
14. Ich fühle mich anders als meine Freunde.	☐ nein	☐ manchmal	☐ ja
15. Bei meinem Freund zu übernachten, ist nicht möglich.	☐ nein	☐ manchmal	☐ ja
16. Es ist schwierig, dass Freunde bei mir übernachten.	☐ nein	☐ manchmal	☐ ja
17. Schulausflüge mit Übernachtungen sind unmöglich.	☐ nein	☐ manchmal	☐ ja

* Für Forschungszwecke bitte Erlaubnis einholen:
Dr. Richard Butler, Dept. of Clinical Psychology, High Royds Hospital, Menston, Ilkley, West Yorkshire, CS 29 6 AQ, England

M12 **Sonne-Wolken-Kalender**

Dieser Plan gehört: ______________________________

	Mo	Di	Mi	Do	Fr	Sa	So
1. Woche							
2. Woche							
3. Woche							
4. Woche							

M12 **Sonne-Wolken-Kalender**

Dieser Plan gehört: ______________________________

	Mo	Di	Mi	Do	Fr	Sa	So
1. Woche							
2. Woche							
3. Woche							
4. Woche							

M13 **Fähnchenplan**

Dieser Plan gehört:

____

Mein Zeichen für „nass" ☐

Mein Zeichen für „trocken" ☐

Wochentag	Toilettengang trocken oder nass
Montag	
Dienstag	
Mittwoch	
Donnerstag	
Freitag	
Samstag	
Sonntag	

M13 **Fähnchenplan**

Dieser Plan gehört:

____

Mein Zeichen für „nass“ ☐

Mein Zeichen für „trocken“ ☐

Wochentag	Toilettengang trocken oder nass
Montag	
Dienstag	
Mittwoch	
Donnerstag	
Freitag	
Samstag	
Sonntag	

M13 **Fähnchenplan**

Dieser Plan gehört:

____

Mein Zeichen für Toilettengang ☐

Wochentag	So oft war ich auf der Toilette
Montag	
Dienstag	
Mittwoch	
Donnerstag	
Freitag	
Samstag	
Sonntag	

M13	Fähnchenplan

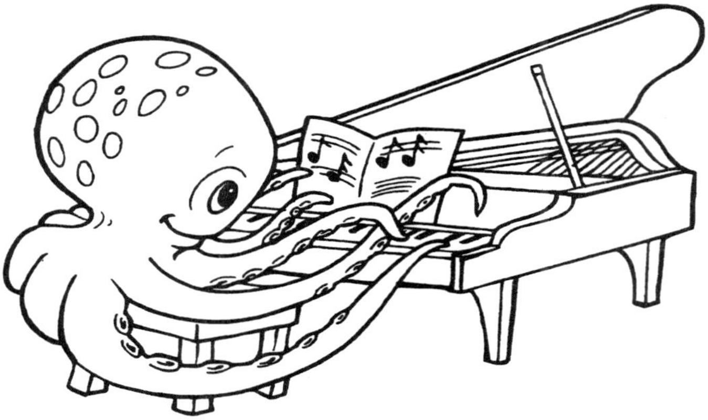

Dieser Plan gehört:

____

Mein Zeichen für Toilettengang ☐

Wochentag	So oft war ich auf der Toilette
Montag	
Dienstag	
Mittwoch	
Donnerstag	
Freitag	
Samstag	
Sonntag	

M13 **Wochenprotokoll**

Wochentag	Uhrzeit	Uhrzeit	Uhrzeit	Uhrzeit	Uhrzeit	Uhrzeit	Uhrzeit	Uhrzeit	Uhrzeit	Uhrzeit
Montag										
Dienstag										
Mittwoch										
Donnerstag										
Freitag										
Samstag										
Sonntag										

M14 **Wochenplan**

Dieser Plan gehört: ____________________

Mein Zeichen für Toilettengang ☐

Wochentag	1	2	3	4	5	6	7
Montag							
Dienstag							
Mittwoch							
Donnerstag							
Freitag							
Samstag							
Sonntag							

M14 **Wochenplan**

Dieser Plan gehört:

____

Mein Zeichen für „nass" ☐

Mein Zeichen für „trocken" ☐

Wochentag	1	2	3	4	5	6	7
Montag							
Dienstag							
Mittwoch							
Donnerstag							
Freitag							
Samstag							
Sonntag							

M14 **Wochenplan**

Dieser Plan gehört: ____________________

Mein Zeichen für Toilettengang ☐

Wochentag	1	2	3	4	5	6	7
Montag							
Dienstag							
Mittwoch							
Donnerstag							
Freitag							
Samstag							
Sonntag							

M15 Elternprotokoll zur Dokumentation der Enuresis nocturna

Name, Vorname des Patienten: ______________________ **geb. am:** ______________

Datum	**Montag**	**Dienstag**	**Mittwoch**	**Donnerstag**	**Freitag**	**Samstag**	**Sonntag**
Nachts: Patient trocken (O) Patient nass (+)							
Menge: k = klein m = mittel g = groß							
Anschließender Toilettengang: Urin (~) Stuhl (I)							
Datum	**Montag**	**Dienstag**	**Mittwoch**	**Donnerstag**	**Freitag**	**Samstag**	**Sonntag**
Nachts: Patient trocken (O) Patient nass (+)							
Menge: k = klein m = mittel g = groß							
Anschließender Toilettengang: Urin (~) Stuhl (I)							
Datum	**Montag**	**Dienstag**	**Mittwoch**	**Donnerstag**	**Freitag**	**Samstag**	**Sonntag**
Nachts: Patient trocken (O) Patient nass (+)							
Menge: k = klein m = mittel g = groß							
Anschließender Toilettengang: Urin (~) Stuhl (I)							
Datum	**Montag**	**Dienstag**	**Mittwoch**	**Donnerstag**	**Freitag**	**Samstag**	**Sonntag**
Nachts: Patient trocken (O) Patient nass (+)							
Menge: k = klein m = mittel g = groß							
Anschließender Toilettengang: Urin (~) Stuhl (I)							

M16 Beobachtungsbogen zur apparativen Konditionierung
nach Butler, 1987

Name: ____________________ Vorname: ____________________ Geb.-Datum: ____________

wenn trocken			falls eingenässt					
Datum Tag	trocken	aufgewacht u. zur Toilette gegangen ohne Klingeln	Zeit des Klingelns	Kind aufgewacht Ja	/ Nein	Einnässmenge k = klein m = mittel g = groß	auf Toilette Urin gelassen Ja	/ Nein

M17 Beobachtungsbogen für Desmopressin Therapie (lang)

Dosierung I 1 Hub in jedes Nasenloch: insgesamt 2 Hübe (20 µg) abends

Datum	Trocken	Einnässmenge reduziert	Einnässmenge wie vorher	Bemerkungen

* bei deutlicher Besserung → weiter mit dieser Dosierung!
* bei mäßiger oder fehlender Besserung → weiter mit Dosierung II!

Dosierung II insgesamt 3 Hübe abwechselnd in beide Nasenlöcher (30 µg) abends

Datum	Trocken	Einnässmenge reduziert	Einnässmenge wie vorher	Bemerkungen

* bei deutlicher Besserung → weiter mit dieser Dosierung!
* bei mäßiger oder fehlender Besserung → weiter mit Dosierung III!

Dosierung III insgesamt 4 Hübe abwechselnd in beide Nasenlöcher (40 µg) abends

Datum	Trocken	Einnässmenge reduziert	Einnässmenge wie vorher	Bemerkungen

* bei deutlicher Besserung → weiter mit dieser Dosierung!
* bei mäßiger oder fehlender Besserung → keine weitere Dosissteigerung! Absetzen!

M18 Beobachtungsbogen für Desmopressin Therapie (kurz)

Dosierung I 1 Hub in jedes Nasenloch: insgesamt 2 Hübe (20 µg) abends

Datum	Trocken	Einnässmenge reduziert	Einnässmenge wie vorher	Bemerkungen

* bei deutlicher Besserung → weiter mit dieser Dosierung!
* bei mäßiger oder fehlender Besserung → weiter mit Dosierung II!

Dosierung II insgesamt 3 Hübe abwechselnd in beide Nasenlöcher (30 µg) abends

Datum	Trocken	Einnässmenge reduziert	Einnässmenge wie vorher	Bemerkungen

* bei deutlicher Besserung → weiter mit dieser Dosierung!
* bei mäßiger oder fehlender Besserung → weiter mit Dosierung III!

Dosierung III insgesamt 4 Hübe abwechselnd in beide Nasenlöcher (40 µg) abends

Datum	Trocken	Einnässmenge reduziert	Einnässmenge wie vorher	Bemerkungen

* bei deutlicher Besserung → weiter mit dieser Dosierung!
* bei mäßiger oder fehlender Besserung → keine weitere Dosissteigerung! Absetzen!

M19 Anweisung: Dry-Bed-Training (DBT)
nach Azrin et al. (1974) (übersetzt von F. Güls und A. von Gontard)

Die Behandlung ist indiziert bei therapieresistenter Enuresis nocturna.

1. Intensivtraining (eine Nacht)

A) Eine Stunde vor dem Zubettgehen:

1. Dem Kind alle Teile des Trainingsprogramms erklären.
2. Weckgerät anlegen.
3. Durchführung des „Positiven Toilettentrainings" (20-mal wiederholen)
   - das Kind legt sich zu Bett,
   - das Kind zählt bis 50,
   - das Kind steht auf und versucht, auf der Toilette zu urinieren,
   - das Kind kehrt zum Bett zurück.

B) Beim Zubettgehen:

1. Das Kind trinkt Flüssigkeit.
2. Das Kind wiederholt die Teile des Trainingsprogramms laut.
3. Das Kind legt sich schlafen.

C) Stündliches Wecken:

1. Wecken des Kindes mit minimal möglichem Aufwand.
2. Das Kind geht zur Toilette.
3. An der Toilettentür (vor dem Urinieren) wird das Kind gefragt, ob es für eine Stunde weiterhin den Urin aufhalten kann (nicht bei Kindern unter 6 Jahren).
   a) Wenn das Kind den Urin nicht aufhalten kann:
      - das Kind uriniert in die Toilette,
      - die Bezugsperson lobt das Kind für korrektes Urinieren,
      - das Kind kehrt zum Bett zurück.

   b) Wenn das Kind erklärt, dass es für eine Stunde aufhalten kann:
      - die Bezugsperson lobt das Kind für seine Kontrolle über die Blasenmuskulatur,
      - das Kind kehrt zum Bett zurück.
4. Vor dem Bett befühlt das Kind die trockenen Laken und soll laut feststellen, dass das Bett trocken ist.
5. Die Bezugsperson lobt das Kind dafür, dass das Bett trocken ist.
6. Das Kind bekommt etwas zu trinken.
7. Das Kind schläft wieder ein.

D) Wenn spontanes Einnässen auftritt:

1. Die Bezugsperson beendet den Alarm.
2. Die Bezugsperson weckt das Kind (und tadelt es).
3. Die Bezugsperson führt das Kind zur Toilette, damit es zu Ende urinieren kann.
4. Das Kind führt das Sauberkeitstraining aus:
   - das Kind soll seine Nachtsachen wechseln,
   - das Kind entfernt die feuchte Bettwäsche und bringt sie selbst zum Schmutzwäschebehälter,
   - die Bezugsperson schaltet das Weckgerät ein,
   - das Kind erhält saubere Wäsche und bezieht das Bett.

5. Das „Positive Toilettentraining“ (20-mal) wird unmittelbar nach den Sauberkeitstraining durchgeführt.
6. Das „Positive Toilettentraining“ (20-mal) wird am folgenden Abend vor dem Zubettgehen wiederholt.

2. Nachsorgetraining (beginnt die Nacht nach dem Intensivtraining)

A) Vor dem Zubettgehen:

1. Weckgerät wird angelegt.
2. „Positives Toilettentraining“ wird angewandt, wenn spontanes Einnässen in der Nacht vorher stattfand.
3. Das Kind wird daran erinnert, dass es wichtig ist, trocken zu bleiben, und dass Sauberkeitstraining und „Positives Toilettentraining“ durchgeführt werden, wenn spontanes Einnässen erfolgt.
4. Das Kind wird gebeten, Punkt 3 zu wiederholen.

B) Nächtliches Wecken:

1. Wenn die Eltern zu Bett gehen, wecken sie das Kind und schicken es auf die Toilette.
2. Nach jeder trockenen Nacht wecken die Eltern das Kind 30 Minuten früher als in der vorherigen Nacht.
3. Das Kind wird nicht mehr geweckt, wenn es 60 Minuten nach dem Einschlafen geweckt werden sollte.

C) Wenn spontanes Einnässen erfolgt, führt das Kind das Sauberkeitstraining und das „Positive Toilettentraining“ unmittelbar nach dem Einnässen und vor dem Zubettgehen am nächsten Tag durch.

D) Nach einer trockenen Nacht:

1. Beide Eltern loben das Kind für das Nichteinnässen.
2. Beide Eltern loben das Kind mindestens 5-mal am Tag.
3. Beliebte Verwandte des Kindes werden ermuntert, das Kind zu loben.

3. Routinevorgehen – Beginn nach sieben aufeinanderfolgenden trockenen Nächten

A) Weckgerät wird abgesetzt.

B) Die Eltern kontrollieren morgens das Bett des Kindes.

1. Wenn das Bett nass ist, absolviert das Kind unmittelbar am Morgen und am folgenden Abend das Sauberkeitstraining und das „Positive Toilettentraining“.
2. Wenn das Bett trocken ist, wird das Kind gelobt.

C) Erfolgt zweimaliges spontanes Einnässen innerhalb einer Woche, dann wird das Nachsorgetraining von vorn begonnen.

M20 **Enuresis-/Enkopresis-Protokoll**

Name, Vorname des Patienten: ______ **geb. am:** ______ **Station:** ______

Datum	**Montag**	**Dienstag**	**Mittwoch**	**Donnerstag**	**Freitag**	**Samstag**	**Sonntag**
Nachts: Patient trocken (O) Patient nass (+)							
Menge: k = klein, m = mittel, g = groß							
Anschließender Toilettengang: Urin/Stuhl (~/I)							
Datum	**Montag**	**Dienstag**	**Mittwoch**	**Donnerstag**	**Freitag**	**Samstag**	**Sonntag**
Morgens: Patient geschickt (→) Patient ging selbst (!)							
Hose sauber (O) Hose schmutzig (+)							
Toilettengang: Urin/Stuhl (~/I)							
Datum	**Montag**	**Dienstag**	**Mittwoch**	**Donnerstag**	**Freitag**	**Samstag**	**Sonntag**
Mittags: Patient geschickt (→) Patient ging selbst (!)							
Hose sauber (O) Hose schmutzig (+)							
Toilettengang: Urin/Stuhl (~/I)							
Datum	**Montag**	**Dienstag**	**Mittwoch**	**Donnerstag**	**Freitag**	**Samstag**	**Sonntag**
Abends: Patient geschickt (→) Patient ging selbst (!)							
Hose sauber (O) Hose schmutzig (+)							
Toilettengang: Urin/Stuhl (~/I)							

5 Fallbeispiele

In diesem Kapitel sollen zunächst für jede Form des Einnässens typische Fallvignetten für unkomplizierte Verläufe dargestellt werden. Zum Abschluss folgt ein längerer komplizierter Fall, bei dem die Grenzen der verhaltenstherapeutischen wie auch pharmakotherapeutischen Möglichkeiten erreicht wurden und eine tiefenpsychologisch fundierte Psychotherapie notwendig war.

5.1 Primäre monosymptomatische Enuresis nocturna

Markus, ein 5;11 Jahre alter Junge, nässt jede Nacht größere Mengen ein und schläft sehr tief. Er leidet unter der Symptomatik und möchte trocken werden. Im Alter von 3 ½ Jahren war er über eine Dauer von 4 Wochen trocken gewesen. Tagsüber wurde er mit 2 ¾ Jahren trocken, er geht mindestens fünfmal am Tag auf die Toilette, dabei kein Aufschub, keine Drangsymptome, kein Pressen, keine unterbrochene Miktion, keine Stuhlprobleme.

Die Vorgeschichte war weitgehend unauffällig, Geburt in der 42. Schwangerschaftswoche, unauffällige Säuglingszeit, Laufen mit 13 Monaten, Sprachbeginn mit 12 Monaten, Kindergartenbesuch mit 4 Jahren ohne Probleme. Markus zeigt vielseitige Freizeitinteressen. Im zweiten Lebensjahr hatte er mehrere kurze fragliche Anfälle, die EEG-Untersuchungen waren jedoch unauffällig.

In der Familie nässten eine ältere Schwester und ein älterer Bruder ein, die beide mit einer apparativen Verhaltenstherapie trocken wurden.

Untersuchungsbefunde	
Psychopathologischer Befund	In der Untersuchungssituation verhielt sich Markus freundlich, zugänglich, ohne psychopathologische Auffälligkeiten.
Ultraschall Nieren, ableitende Harnwege, Blase	Unauffällig.
Miktionsprotokoll, Fragebogen	Kein Auffälligkeiten.

Therapie: Da bei Markus eine primäre monosymptomatische Enuresis nocturna vorlag und er hoch motiviert war, wurde eine apparative Verhaltenstherapie mit einem tragbaren Gerät begonnen. Nach nur 3 Wochen wurde er dabei vollkommen trocken.

Zusammenfassung
Bei Markus handelt es sich um einen unkomplizierten Verlauf einer primären monosymptomatischen Enuresis nocturna mit einer deutlichen genetischen Komponente, da drei von vier Geschwistern betroffen waren. Bei hoher Motivation und ohne weitere psychische Auffälligkeit war die apparative Verhaltenstherapie vollkommen ausreichend und führte rasch zur Trockenheit.

5.2 Primäre nicht-monosymptomatische Enuresis nocturna mit Miktionsaufschub

Dominik, ein 11;8-jähriger Junge, nässt jede Nacht größere Mengen ein. Er stellt sich seinen Wecker ein- bis zweimal pro Nacht und erreicht so gelegentlich trockene Nächte. Ansonsten war er noch nie trocken gewesen. Tagsüber wurde er im 3. Lebensjahr trocken, er geht nur zwei- bis dreimal auf die Toilette, jedoch keine Haltemanöver, kein Pressen, keine unterbrochene Miktion, bisher keine Harnwegsinfekte, keine Obstipation oder Enkopresis.

Bisher wurden verschiedene Behandlungen versucht, u.a.: Weckversuche durch die Eltern, Flüssigkeitseinschränkung, Pharmakotherapie mit Desmopressin (Minirin®) und Imipramin (Tofranil®) sowie mit einer apparativen Verhaltenstherapie im Alter von 7 Jahren. Diese wurde jedoch nur einen Monat durchgeführt, da er dabei nicht wach geworden sei. Ansonsten liegen keine Verhaltensauffälligkeiten vor.

Die Eigenanamnese war unauffällig, in der Familie nässten ein: Der ältere Bruder bis zum Alter von 6 Jahren, ein Bruder der Mutter, ein Bruder des Vaters und Vettern väterlicherseits.

Untersuchungsbefunde	
Psychopathologischer Befund	In der Untersuchungssituation verhielt sich Dominik überangepasst, scheu, zurückgezogen mit traurigem Affekt und leichten Insuffizienzgefühlen.
Ultraschall der Nieren, ableitende Harnwege, Blase	Unauffällig, Blasenwanddicke 2,4 mm, kein Resturin.
Uroflowmetrie	Normale Glockenform, mit einem maximalen Fluss von 22 ml pro Sekunde.
Miktionsprotokoll	Toilettengang nur 2-3-mal pro Tag ohne Einnässen tagsüber.

Therapie. Wegen des seltenen Toilettengangs tagsüber bestand der Verdacht auf einen Miktionsaufschub. Es wurde vereinbart, dass er alle zwei bis drei Stunden auf die Toilette geht, um eine tägliche Miktionsfrequenz von sechs- bis siebenmal pro Tag zu erreichen. Danach wurde eine Behandlung mit einem Bettgerät (so genannte Klingelmatte) durchgeführt, da diese von älteren Kindern und Jugendlichen bevorzugt wird und über ein lauteres Weckgeräusch verfügt. Dominik erhielt wegen eines bevorstehenden Ausfluges zusätzlich Minirin®, das vorher austitriert wurde. Unter diesen kombinierten Maßnahmen wurde er trocken.

Zusammenfassung
Bei Dominik handelt es sich um eine nicht-monosymptomatische Enuresis nocturna mit einem deutlichen Miktionsaufschub und niedriger Miktionsfrequenz tagsüber. Das Ziel der Behandlung ist es zunächst, diese Auffälligkeiten tags (auch ohne Einnässen) zu behandeln, da die Wirksamkeit des Klingelgeräts deutlich re-

duziert ist, falls Blasenfunktionsstörungen vorliegen. Auch wurde beobachtet, dass bei einem Miktionsaufschub die apparative Verhaltenstherapie die Retentionsneigung mit Resturinbildung und sogar Reflux verstärken kann. Falls eine Drangsymptomatik tags vorgelegen hätte, hätte diese natürlich auch zuerst behandelt werden müssen.

Da Kinder mit einer *sekundären Enuresis nocturna*, je nachdem, ob monosymptomatisch oder mit begleitenden Miktionsstörungen, ähnlich behandelt werden, wurde auf ein weiteres Fallbeispiel verzichtet.

5.3 Idiopathische Dranginkontinenz

Jessica, ein 5;10 Jahre altes Mädchen, nässt jeden Tag ein und trägt deswegen Einlagen. Sie geht bis zu zehnmal am Tag auf die Toilette, zum Teil mit Drangsymptomen. Beim Spielen setzt sie auch Haltemanöver wie Herumhampeln ein. Eine operative Erweiterung der Harnröhre wurde vorgenommen, bisher seien keine Harnwegsinfekte aufgetreten. Bis zum Alter von fast 5 Jahren habe sie nachts eingenässt, zur Zeit ist sie nachts trocken.

Eigenanamnese. Weitgehend unauffällige Entwicklung, bis auf einen Sigmatismus, Kindergartenbesuch mit 4 Jahren, dort ist sie sozial gut integriert.

In der Familie hat die Mutter als Kind tagsüber eingenässt, ebenso ein Bruder der Mutter.

Untersuchungsbefunde	
Kinderärztlicher Befund	Bis auf Rötungen im Genitalbereich unauffällig
Ultraschall der Nieren, Blase und ableitende Harnwege	Unauffällig.
Uroflowmetrie	Unauffällige Glockenform.
Miktionsprotokoll	Nicht vollständig ausgefüllt, häufige Miktionen mit Drangsymptomen.
Psychopathologischer Befund	Freundlich, zugewandt, eher überangepasst und scheu, sonst keine Auffälligkeiten.
Psychologische Testung	Durchschnittlicher IQ (CFT-1). Im Family-Relations-Test (FRT) hat der Vater eine hohe positive emotionale Bedeutsamkeit mit überdurchschnittlich vielen positiven Anteilen. Die Mutter wird ambivalent gesehen, der ältere Bruder eher negativ.
CBCL-Fragebogen	Keine Auffälligkeiten.

Therapie. Es wurde zunächst ein verhaltenstherapeutisches Vorgehen mit einem so genannten „Fähnchenplan" begonnen, den Jessica für ihr Alter ausgesprochen zuverlässig ausfüllte. Dennoch besserte sich die Drangsymptomatik nicht wesentlich, so dass zusätzlich eine Medikation mit Dridase® begonnen wurde, die den gewünschten Erfolg brachte.

Zusammenfassung
Bei Jessica liegt eine klassische idiopathische Dranginkontinenz vor. Auch in der Familie nässten zwei Familienangehörige tagsüber ein, so dass von einer genetischen Komponente auszugehen ist. Wie bei vielen Kindern reichte der verhaltenstherapeutische Fähnchenplan nicht aus, so dass eine zusätzliche Medikation mit Dridase® begonnen wurde.

5.4 Harninkontinenz bei Miktionsaufschub

Katharina, ein 7 Jahre altes Mädchen wurde im Alter von 3 1/2 Jahren trocken. Sie begann dann mit 5 Jahren, wieder einzunässen. Sie erlitt insgesamt fünf Harnwegsinfekte, zum Teil mit Fieber, die antibiotisch behandelt wurden. Es wurde ein vesikoureteraler Reflux diagnostiziert, nach Blasenspiegelung erfolgte eine Schlitzung der Harnröhre. Tagsüber geht sie nur dreimal auf die Toilette, schiebt die Miktion auf und setzt Haltemanöver ein. An anderen Tagen klagt sie über Drangsymptome. Die Blasenentleerung erfolgt in einem Strahl ohne Pressen.

Nachts nässt sie seit dem Alter von 5 Jahren nach anfänglicher Trockenheit wieder ein, zur Zeit jede Nacht mit großen Einnässmengen bei tiefem Schlaf.

Vom Verhalten her sei sie eher ängstlich und zurückhaltend.

Eigenanamnese. Risikoschwangerschaft durch vorzeitige Wehen, in der Säuglingszeit exzessives Schreien, sonst unauffällige Entwicklung. In der Familie hat der Vater als Kind lange eingenässt.

Untersuchungsbefunde	
Psychopathologischer Befund	In der Untersuchungssituation verhielt sie sich scheu, misstrauisch und zurückgezogen mit leichten Insuffizienzgefühlen.
Uroflowmetrie	Normale Glocke.
Ultraschall Nieren, ableitende Harnwege und Blase	Verdickte Blasenwand bis auf 3,8mm, kein Resturin.
Miktionsprotokoll	4-malige Miktionen pro Tag mit altersentsprechenden Volumina. Die Abstände zwischen den Miktionen betrugen bis zu 5 ½ Stunden.

Therapie. Das erste Ziel war es, die Miktionsfrequenz auf sechsmal pro Tag zu erhöhen. Nach Normalisierung dieses Verhaltens konnte mit einer apparativen Verhaltenstherapie begonnen werden. Darunter wurde Katharina rasch trocken.

Zusammenfassung
Bei Katharina liegt eine Harninkontinenz bei Miktionsaufschub mit deutlich reduzierter Miktionsfrequenz vor. Diese hat mit Sicherheit die rezidivierenden Harnwegsinfekte, wie auch den Reflux begünstigt. Die durchgeführte Operation war mit Sicherheit nicht notwendig. Nach Normalisierung des Miktionsverhaltens konnte Katharina mit einer apparativen Verhaltenstherapie rasch trocken werden.

5.5 Detrusor-Sphinkter-Dyskoordination

Max, ein 8;8 Jahre alter Junge, nässt jeden Tag kleine Mengen ein, geht selten zur Toilette und muss immer wieder dazu aufgefordert werden. Haltemanöver wurden nicht beobachtet. Der Harnfluss ist unterbrochen, häufig muss er dabei Pressen. Im Säuglingsalter wurde er wegen einer komplexen Fehlbildung der Nieren und des Harnleiters operiert, dabei wurde ein Teil der rechten Niere entfernt und der Harnleiter verlegt. Ein Reflux liegt nicht vor. Er erhielt über lange Zeit eine antibiotische Prophylaxe, keine Harnwegsinfekte zur Zeit. Er sei häufig obstipiert, gehe alle zwei bis drei Tage auf die Toilette. Nachts ist er dagegen seit dem Alter von 2 1/2 Jahren vollkommen trocken.

Eigenanamnese. In der Vorgeschichte die oben genannten Operationen im Säuglingsalter, Krankengymnastik wegen Wirbelsäulenverkrümmung, logopädische Behandlung wegen eines Lispelns, sonst keine Probleme. In der Familie keine weiteren Einnässprobleme.

Untersuchungsbefunde	
Kinderärztlicher Befund	In der kinderärztlichen Untersuchung fanden sich eine Verkrümmung der Wirbelsäule, sowie tastbare Kotballen im linken Unterbauch.
Ultraschall	Verkleinerte Niere rechts, vergrößerte linke Niere mit Doppelnierenanlage, verdickte Blasenwand auf 5,0 mm, hinter der Blase sichtbare Stuhlmassen mit erweitertem Enddarm. Resturin von 70 ml nach Blasenentleerung.
Uroflowmetrie mit Beckenboden-EMG	In mehreren Ableitungen Pressen bei Miktionsbeginn, mehrere Unterbrechungen des Harnflusses, dabei reduzierte Flussgeschwindigkeit und verlängerte Miktionszeit. Simultankontraktion im Beckenbodenbereich, die im EMG sichtbar waren.
Urinuntersuchung und Bakteriologie	Unauffällig.
Psychopathologischer Befund	Max war scheu, zurückgezogen, sonst unauffällig. Die Intelligenz lag im unteren Durchschnittsbereich. Im Family-Relations-Test (FRT) Zei-

	chen einer Geschwisterrivalität zur Schwester, positive Beziehung zur Mutter.
24-Stunden-Miktionsprotokoll	Fünf Miktionen mit langen Miktionsabständen, Volumina bis 250 ml.

Therapie. Es erfolgte zunächst eine Stuhlregulation durch wiederholte Einläufe, Milchzucker (Lactulose) und Schickplänen. Es wurde ein ambulantes Biofeedback-Training mit visuellem Uroflow und akustischem EMG-Biofeedback durchgeführt. Dabei zeigte sich eine deutliche Besserung mit Normalisierung des Kurvenverlaufes, eine Reduktion des Resturins auf 8 ml und eine Rückbildung der Blasenwandverdickung. Nach einem Rückfall wurde ein Biofeedback-Training in unserer Tagesklinik durchgeführt. Es konnte eine koordinierte Blasenentleerung erreicht werden, die beibehalten wurde.

Zusammenfassung

Bei Max handelt es ich um eine Detrusor-Sphinkter-Dyskoordination, die sich vermutlich aufgrund eines erlernten Verhaltens entwickelt hat. Mögliche Auslöser waren die Fehlbildungen mit wiederholten Operationen und Kontrollen im Säuglings- und Kleinkindalter. Eine psychische Begleitsymptomatik lag nicht vor. Dank seiner hohen Motivation konnte nach ambulantem und tagesklinischem Training eine vollkommene Normalisierung erreicht werden.

5.6 Fallbeispiel eines komplizierten Verlaufes

Nicht alle Fälle verlaufen so einfach und erfolgreich, wie die oben beschriebenen, sondern erfordern eine Integration von anderen, z.B. tiefenpsychologisch fundierten Behandlungsansätzen.

Nathalie wurde im Alter von 5;1 Jahr wegen einer komplexen Einnässproblematik vorgestellt. Die *Diagnosen* umfassten: Primäre Enuresis nocturna, Dranginkontinenz, emotionale Störung, Artikulationsstörung, rezidivierende Harnwegsinfekte, komplexe Nierenfehlbildung mit Doppelnierenanlage links, vesikoureterale Refluxe 3. Grades links, 3. bis 4. Grades rechts mit Zustand nach erfolgreicher Antirefluxplastik beidseits, Hochwuchs.

Die *aktuelle Symptomatik* umfasst ein nächtliches Einnässen jede Nacht, obwohl sie dreimal pro Nacht von ihren Eltern geweckt wurde. Die Einnässmengen sind groß, das Bett ist komplett nass und sie lässt sich schwer wecken. Auch tagsüber sei sie noch nie trocken gewesen, die Hose ist jeden Tag feucht, aber nicht nass.

Eigenanamnese. Zunächst unauffällig, dann im Alter von 2 ½ Jahren Diagnose der beidseitigen vesikoureteralen Refluxe, die im Alter von 3;5 und 4;2 Jahren erfolgreich behandelt wurden. In den röntgenologischen Nachuntersuchungen war kein Reflux nachweisbar. Allerdings entwickelte sie wiederholte Harnwegsinfekte, die antibiotisch behandelt wurden. Auch erhielt sie über 3 Jahre eine antibiotische Behandlung. Sonst keine ernsten Erkrankungen. Sie besucht den Kindergarten seit dem

Alter von 3 Jahren. Eine logopädische Behandlung wurde wegen Artikulationsproblemen durchgeführt.

In der *Familienanamnese* nässte der Vater tags und nachts ein als Kind und leidet noch jetzt unter Drangsymptomen. Nathalie ist Einzelkind und es liegen eheliche Spannungen vor, da der Vater sich intensiv seinem Hobby, dem Reiten und der Pferdezucht, widmet und sich wenig um die Familie kümmert.

Untersuchungsbefunde	
Kinderärztliche Befund	Unauffällig.
Ultraschall	Doppelnierenanlage links, Blasenwand nur gering verdickt bis 2,8 mm, Resturin 5 bis 25 ml.
Uroflowmetrie	Intermittierende Kurve mit EMG-Kontraktionen.
Urinstatus und Bakteriologie	Wiederholt Hinweis auf Harnwegsinfekte.
24-Stunden-Miktionsprotokoll	Bei 11 Miktionen am Tag nur geringe Volumina zwischen 20 und 100 ml assoziiert mit Drangsymptomen und Feuchtigkeit.
EEG	Unauffällig.
Psychische/ psychologische Befunde	Der psychopathologische Befund beschreibt sie zum Teil unkooperativ, zum Teil scheu, unsicher, sozial zurückgezogen, misstrauisch, gegenüber der Mutter dominant und verweigernd, ferner trennungsängstlich, sozialängstlich, von der Stimmung her leicht gereizt und depressiv. Die *Intelligenz* war im überdurchschnittlichen Bereich (IQ = 118; CFT-1). *Elterlicher CBCL-Fragebogen.* Es wurden für die drei übergeordneten Skalen T-Werte, die auf der Altersnorm basieren, berechnet. Dabei werden T-Werte über 63 (90. Percentile) als eindeutig klinisch relevant, bei 60 bis 63 als im Grenzbereich liegend (85. bis 90. Percentile) und unter 60 als unauffällig eingestuft. Sie hatte vor der Therapie einen Gesamtwert von 65, externalisierendes 60 und internalisierendes Verhalten 63. Nach Therapie waren die Werte jeweils 48, 55 und 40, d.h. sie hatten sich völlig normalisiert. *Kind-Interview.* Auf die Frage nach der Herkunft des Urines zeichnete Nathalie einen Schlauch vom Mund zum Genital. In der Zeichnung von der nassen Nacht fanden sich kaum Unterschiede zur trockenen Nacht bis auf das nasse Bett. Im Interview hatte sie keine Idee, warum sie einnässte, sie konnte jedoch angeben, dass sie traurig war durch das Einnässen.

	Im *Familie-in-Tieren-Test* (Brem-Gräser, 1995) zeichnete sie sich als Hund, in der Nähe zu ihrer Mutter (Pferd). Der Vater wurde als Wolf und die Großmutter als Tiger dargestellt. Im *Family-Relations-Test* (FRT; Anthony & Bene, 1957) erhielt sie überwiegend positive Items von ihrer Mutter und ausschließlich negative von ihrem Vater.

Symptomatische Behandlung. Es wurde zunächst eine symptomorientierte Behandlung durchgeführt. Wegen der rezidivierenden Harnwegsinfekte wurde eine antibiotische Prophylaxe wieder begonnen. Die Dranginkontinenz mit häufigen Miktionen und kleinen Volumina wurde zunächst verhaltenstherapeutisch mit einem „Fähnchenplan" behandelt, der jedoch nicht ausreichte. Zusätzlich wurde deshalb eine medikamentöse Behandlung mit 3x 5 mg Dridase® initiiert. Wegen der guten Kooperation wurde sie im Alter von 5;8 Jahren tagsüber vollkommen trocken, auch verringerte sich das nächtliche Einnässen. Eine apparative Verhaltenstherapie wurde vorgeschlagen, jedoch von Nathalie abgelehnt. Deshalb wurde eine Behandlung mit Desmopressin (Minirin®) durchgeführt. Trotz Ausdosierung bis auf 40 µg war dies nicht erfolgreich und musste abgesetzt werden.

Im Alter von 6;3 Jahren erlitt sie dann einen vollständigen Rückfall. Zu diesem Zeitpunkt war sie extrem scheu, zurückgezogen und depressiv. Wegen einer deutlichen Zunahme der emotionalen Symptome wurde eine tiefenpsychologisch fundierte ambulante Psychotherapie in Form einer Sandspieltherapie nach Dora Kalff von C.G. Jung empfohlen (Kalff, 1996; Mitchell & Friedman, 1993), die im Alter von 6;8 Jahren begonnen wurde.

Tiefenpsychologisch fundierte Psychotherapie (Sandspieltherapie). In der tiefenpsychologischen Therapie von Kindern ist es notwendig, ein dem Kind adäquates, nicht verbales Medium, wie das des Spiels zu wählen. Die Sandspieltherapie ist dazu besonders gut geeignet. Das Material besteht aus zwei tischhohen Sandkästen, die jeweils mit feuchtem bzw. mit trockenem Sand gefüllt sind sowie aus hunderten von Miniaturfiguren aus allen Bereichen des Lebens. Das Kind wird aufgefordert, in dem Sand ein Bild aufzubauen. Wenn es möchte, kann es anschließend auch damit spielen. Die Sandspieltherapie beruht auf der analytischen Psychologie C.G. Jung's und erfordert eine intensive analytische Ausbildung der Therapeuten. Im Verlauf kann eine Eingangs-, eine Arbeits- und eine Endphase unterschieden werden.

Die Sandspieltherapie von Nathalie bestand aus 67 Einzelstunden über 3 Jahre sowie begleitende Elterngespräche. Wegen wiederholter Erkrankungen Nathalies zog sich der Prozess mit vielen Unterbrechungen hin, so dass es sich eigentlich um eine niederfrequente Therapie handelte. In 60 Stunden baute sie ein Sandbild auf, wobei sie sehr häufig beide Sandkästen verwendete. In nur 7 Stunden zog sie es vor, zu spielen oder zu malen.

In der Eingangsphase über 7 Stunden wurden die wichtigsten Themen der Therapie dargestellt. Sie baute wiederholt Szenen auf, in denen Tiere hinter Zäunen und Mauern akribisch geordnet, jedoch eingesperrt waren. Eine besondere Vorliebe entwickelte sie für das Symbol des Pferdes, wie auch des Delphins. Wenn sie zwei Sandkästen verwendete, kam es vor, dass ein Sandkasten mehr männlich-väterlichen, der andere mehr mütterlich-weiblichen Elementen zugeordnet wurde.

Die Arbeitsphase erstreckte sich von der 8. bis 54. Stunde. Zum Teil zeigten sich regressive Zeichen mit kindlichem Spiel (Kuchen backen) und Spiel mit Wasser, bei dem sie den Sand der Kästen entleerte und statt dessen mit Wasser füllte. Im Verlauf der Therapie war es ihr möglich, zunächst eingesperrte Tiere frei laufen zu lassen. Dabei wurde jedoch deutlich, dass die Mauern und Zäune, die sie immer wieder verwendete, nicht nur ein Einsperren, sondern auch einen Schutz ermöglichten. In vielen folgenden Stunden erfolgten heftige, aggressive Spiele. In einer Sequenz kam es zu Kämpfen zwischen Mutter- und Vater-Tieren, die mit den häuslichen Spannungen zu tun hatten. Im Verlauf konnten diese Spannungen in den Elternstunden angesprochen, jedoch leider nicht bearbeitet werden. Auf Initiative des Vaters kam es zur Trennung und später Scheidung der Eltern. Diese Trennungssituation zeigte sich in den Bildern und musste durchgearbeitet werden.

In einer anderen Sequenz kam es in den Bildern und in dem anschließenden Spiel zu heftigen, aggressiven Angriffen von Wölfen auf friedliche Tiere. Nathalie musste sich mit der eigenen aggressiven Seite auseinandersetzen und sie integrieren. Im Verlauf wurde der Angriff der Wölfe immer spielerischer, bis sie zuletzt besiegt werden konnten.

In der Ausgangsphase wurden die erreichten Ziele noch einmal konsolidiert und durchgespielt. Zu dieser Zeit war Nathalie fröhlich, zufrieden, alle emotionalen Symptome hatten sich vollständig zurückgebildet. In dieser Phase äußerte sie auch, dass sie jetzt gerne nachts trocken werden wollte und war bereit, ein Klingelgerät zu verwenden. Unter der apparativen Verhaltenstherapie wurde sie in kürzester Zeit trocken.

Neben dem beobachteten und beschriebenen Verschwinden jeglicher Verhaltenssymptome konnte der Erfolg der Therapie auch in einem zweiten CBCL-Elternfragebogen dokumentiert werden. Zu diesem Zeitpunkt lagen alle Werte für die übergeordneten Skalen im Normbereich.

Diskussion. Dieser komplexe Fall soll unter verschiedenen Gesichtspunkten betrachtet und diskutiert werden, um die vielfältigen Facetten der Symptomatik und den Behandlungsverlauf deutlich zu machen.

Medizinische Sicht. Aus medizinischer Sicht handelt es sich bei Nathalie um ein komplexes Einnässproblem mit einer schweren, angeborenen Fehlbildung der Nieren und ableitenden Harnwege. Obwohl die Operation erfolgreich war, stellen diese Fehlbildungen einen Risikofaktor für folgende Harnwegsinfekte dar, die ihrerseits zum Einnässen führen können. Daraus kann sich ein Teufelskreis entwickeln, der nur durch eine antibiotische Prophylaxe durchbrochen werden kann, die Nathalie über viele Jahre erhielt.

Sowohl die primäre Enuresis nocturna als auch die idiopathische Dranginkontinenz sind die beiden Einnässformen mit der ausgeprägtesten genetischen Komponente. In diesem Fall hatte der Vater sowohl tags als auch nachts eingenässt und zeigte selbst als Erwachsener noch Drangsymptome. Beide Formen des Einnässens können üblicherweise gut symptomorientiert behandelt werden. Nur bei einer schweren psychischen Begleitsymptomatik, wie bei Nathalie, sind weitergehende Psychotherapien notwendig.

Psychiatrische Sicht. Bei Nathalie lag eine emotionale Störung vor, die nicht den spezifischen emotionalen Störungen zugeordnet werden konnte, sondern der Restkategorie F 93.9 (nach ICD-10). Ihre Symptome waren vielseitig und umfassten soziale Ängste, Trennungsängste, emotionale Hemmung, Trauer, Antriebslosigkeit und depressive Affekte, obwohl die Kriterien einer depressiven Episode nicht erfüllt waren. Emotionale Störungen sind Hauptindikationen für tiefenpsychologisch fundierte Spieltherapien. Aus psychiatrischer Sicht hatte Nathalie ein hohes Risiko, eine psychische Störung zu entwickeln.

Lerntheoretische Sicht. Die Lerntheorie kann in diesem Fall nur wenig zur Erklärung der Zusammenhänge beitragen, da Nathalies Störung mit Sicherheit nicht, wie zum Beispiel bei Kindern mit einer Detrusor-Sphinkter-Dyskoordination, auf ein dysfunktional erlerntes Verhalten zurückzuführen ist. Bei der langen Dauer der Dranginkontinenz hat sie möglicherweise gelernt, die Drangsymptome nicht adäquat wahrzunehmen. Dieses Verhalten konnte initial mit dem Fähnchenplan gut verändert werden. Möglicherweise hätte bei einer geringeren psychischen Belastung und einer weniger gespannten Familiensituation das symptomorientierte Vorgehen ausgereicht.

Familiendynamische Sicht. Familiendynamisch erfüllte Nathalie eine wichtige Rolle in der Familie. Sie war letztendlich das verbindende Glied zwischen den Eltern. Nach der Geburt von Nathalie hatten die Eltern sich zunehmend entfremdet. Während der Vater sich überwiegend seinem Hobby, der Pferdezucht widmete, zog die Mutter sich zurück und kümmerte sich zunehmend um ihre Tochter. Diese Rolle wurde verstärkt durch Nathalies medizinische Probleme, die wiederholte Krankenhausaufenthalte und medizinische Kontrollen erforderten. Der gesundheitliche Zustand ihrer Tochter war ein Grund für bleibende Sorge, so dass die Mutter-Kind-Beziehung zunehmend eng wurde. Dagegen nahmen die Auseinandersetzungen zwischen den Ehepartnern so zu, dass es zur Trennung und späteren Scheidung kam.

In einer Übersicht von Hetherington und Stanley-Hagan (1999) wurde darauf hingewiesen, dass Kinder, deren Eltern sich später scheiden lassen, schon viele Jahre vor dieser Trennung Verhaltensprobleme zeigen können. Diese familiären Spannungen könnten einen Grund für Nathalies Rückfall und Zunahme der emotionalen Symptome sein.

Ohne Zweifel ist Scheidung eines der belastendsten Lebensereignisse für Kinder überhaupt mit einer Zunahme von Verhaltensauffälligkeiten um einen Faktor von zwei bis drei. Protektive Faktoren, die eine Bearbeitung dieser Situation erleichtern, sind Intelligenz, soziale Kompetenz, einfaches Temperament, hohes Selbstwertgefühl, interner „locus of control“ und Humor. Nathalie hatte zumindest den protektiven Faktor der guten Intelligenz.

Psychoanalytische Sicht. Nach der klassischen psychoanalytischen (Trieb-) Theorie kann Nathalies Symptomatik als eine Fixierung auf die anale Phase der Entwicklung mit einer Unterdrückung von anal-aggressiven Impulsiven und emotionalen Hemmungen beschrieben werden. Nach dem psychoanalytischem Strukturmodell zeigte sie ein relativ starkes Ich, aber ein klassischer Über-Ich/Es-Konflikt kann vermutet werden. Sie war extrem scheu und angepasst in fremden sozialen Situationen, während sie im familiären Kontext trotzig und oppositionell sein konnte.

In der Therapie fand eine Regression zur oralen Phase statt (zum Beispiel durch Kuchenbacken, Essen, Füttern von Tieren) und selbst zu präverbalen Phasen (durch das Spiel mit Wasser). Anal-aggressive Elemente konnten immer wieder durchgespielt werden, zum Beispiel in dem Angriff der Wölfe. Schließlich konnten ödipale Konflikte über das Symbol des Pferdes bearbeitet werden. Nach Anna Freud können Pferde für präpubertäre Mädchen mit libidinösen Energien besetzt werden. Auch für den Vater hatte das Pferd eine hohe emotionale Besetzung. Die ödipale Problematik wurde auch in der Übertragung zu dem Therapeuten deutlich, die in mehreren Stunden durchgearbeitet wurde. Nach der Lösung dieser Konflikte konnte sie mit der üblichen Latenzentwicklung fortsetzen und widmete sich den schulischen Aufgaben, wo sie trotz der vielen Fehlzeiten aufgrund ihrer hohen Intelligenz eine gute Schülerin war.

Sicht der analytischen Psychologie C.G. Jungs. Aus Jung'scher Sicht müssen auch die realen Konflikte beachtet werden. Nathalie musste nicht nur die Operation, medizinische Untersuchungen und Harnwegsinfekte bewältigen, sondern auch die latenten Spannungen und späteren Veränderungen in der Familie. Dank eines starken „Ich-Komplexes" war es ihr möglich, die schulischen Leistungen und Spielinteressen aufrecht zu erhalten.

Der Preis für diese nach außen hin erfolgreiche Bewältigung war die Entwicklung einer rigiden „Persona". Aus Jung'scher Sicht versteht man dabei die bewusstseinsnahen Elemente der Persönlichkeit, die sich der Außenwelt zeigt. Sie zeigte sich als ein nettes, scheues, wohlerzogenes, ordentliches und folgsames Mädchen.

Die aggressiven, nicht ausgelebten Elemente werden aus Jung'scher Sicht in den Bereich des „Schattens" verdrängt, der alle Elemente enthält, wie eine Person sich gerade nicht sehen möchte. Nur im häuslichen Bereich kam es zu gelegentlichen, aggressiv-verweigernden Ausbrüchen der Mutter gegenüber. In der Therapie musste Nathalie lernen, ihren eigenen Schatten zu sehen und zu akzeptieren, eine Aufgabe, die selbst in der Erwachsenen-Psychotherapie ein hohes Maß an Mut und Energie erfordert. Bei Nathalie führte dieses unter anderem zu körperlicher Erschöpfung und wiederholten Erkrankungen. Tiere, die unterdrückte Instinkte repräsentieren, waren Hauptelemente in ihrem Sandspiel. Nach zunächst sehr heftigen, aggressiven Angriffen der Wölfe, die das Böse, Dunkle und Aggressive symbolisieren, war ein zunehmend spielerischer Umgang möglich. Zuletzt wurden die Wölfe sogar gefunden.

Ein weiterer Bereich der Therapie war der Umgang mit den persönlichen Elternkomplexen. Der Vaterkomplex wurde durch das Pferd symbolisiert, wie auch im realen Leben. Das Pferd war das Hauptinteresse des Vaters und nahm mehr Raum ein, als

Frau und Tochter. In den ersten Bildern war das Pferd hinter Mauern und Zäunen eingesperrt, im Laufe der Zeit war es ihr möglich, die Pferde auch frei herumlaufen zu lassen.

Der mütterliche Komplex zeigte sich im Symbol des Wassers, dem Ursymbol des Unbewussten, wie auch der Wale und Fische. In einer entscheidenden Szene kam es sogar im Spiel zu heftigen Kämpfen zwischen Mutter- und Vater-Wal, in dem nicht nur die reale Auseinandersetzung der Eltern, sondern die intrapsychische dargestellt wurde. Nach der Bearbeitung dieses Konfliktes war es Nathalie möglich, in der Woche nach der Scheidung der Eltern eine Hochzeits-Szene, bezeichnenderweise im Pferdestall, darzustellen. Sie selber stellte sich als Mädchen, das stolz auf einem der Pferde der Hochzeitskutsche um das Paar herumritt, dar. Als Zeichen dieser gestärkten Ich-Kräfte fanden in der Ausgangsphase immer wieder Pferderennen statt, bei denen sie alle Hindernisse mühelos nahm. Dies konnte als Zeichen gedeutet werden, dass sie auch bereit war, die Hindernisse des Lebens zu bewältigen.

Zusammenfassung

Es handelt sich hierbei um einen komplizierten Verlauf, bei dem einerseits die Grenzen der Verhaltens- und Pharmakotherapie deutlich wurden. Trotz initialer Besserung kam es zu einem Rückfall, der eine tiefenpsychologisch fundierte Psychotherapie notwendig machte.

Anderseits zeigt der Fall auch deutlich, wie Verhaltenstherapie und tiefenpsychologisch fundierte Therapie integriert werden können. In der Ausgangsphase der Sandspieltherapie war es Nathalie möglich, den Wunsch nach einem Klingelgerät zu äußern. Zu diesem Zeitpunkt war sie motiviert und bereit und erreichte in kurzer Zeit vollkommene Trockenheit.

6 Literatur

Achenbach, T.M. (1991a). *Manual for the child behavior checklist/4-18 and 1991 profile*. Burlington: University of Vermont.

Achenbach, T.M. (1991b). *Integrative guide for the 1991 CBCL/4-18, YSR, and TRF Profiles*. Burlington: University of Vermont.

American Psychiatric Association (1994). *Diagnostic and statistical manual of mental disorders (DSM-IV)*. Washington, D.C.: APA.

Anthony, E. & Bene, E. (1957). A technique for the objective assessment of the child's family relationships. *Journal of Mental Science 103*, 541-555.

Arbeitsgruppe Deutsche Child Behavior Checklist (1993a). *Lehrerfragebogen über das Verhalten von Kindern und Jugendlichen*; deutsche Bearbeitung der Teacher's Report Form der Child Behavior Checklist (TRF). Einführung und Anleitung zur Handauswertung, bearbeitet von M. Döpfner & P. Melchers, Köln: Arbeitsgruppe Kinder-, Jugend- und Familiendiagnostik (KJFD).

Arbeitsgruppe Deutsche Child Behavior Checklist (1993b). *Elternfragebogen über das Verhalten von Kleinkindern (CBCL/2-3)*. Köln: Arbeitsgruppe Kinder-, Jugend- und Familiendiagnostik (KJFD).

Arbeitsgruppe Deutsche Child Behavior Checklist (1998). *Elternfragebogen über das Verhalten von Kindern und Jugendlichen*; deutsche Bearbeitung der Teacher's Report Form der Child Behavior Checklist (CBCL/4-18). Einführung und Anleitung zur Handauswertung, 2. Auflage mit deutschen Normen, bearbeitet von M. Döpfner, J. Plück, S. Bölte, K. Lenz, P. Melchers, & K. Heim. Köln: Arbeitsgruppe Kinder-, Jugend- und Familiendiagnostik (KJFD).

Arbeitsgruppe Deutsche Child Behavior Checklist (2000a). *Elternfragebogen für Klein- und Vorschulkinder (CBCL/1 1/2-5)*. Köln: Arbeitsgruppe Kinder-, Jugend- und Familiendiagnostik (KJFD).

Arbeitsgruppe Deutsche Child Behavior Checklist (2000b). *Fragebogen für ErzieherInnen von Klein- und Vorschulkindern (CRF/1 1/2-5)*. Köln: Arbeitsgruppe Kinder-, Jugend- und Familiendiagnostik (KJFD).

Azrin, N.H.; Sneed, T.J & Foxx, R.M. (1974). Dry-bed training: rapid elimination of childhood enuresis. *Behaviour Research and Therapy, 12*, 147-156.

Bakwin, H. (1961). Enuresis in children. *Journal of Pediatrics, 58*, 806-819.

Bakwin, H. (1973). The genetics of enuresis. In I. Kolvin, R.C.I. Mac Keith, S.R. Meadows (eds.): *Bladder control and enuresis*, (73-77). London: William Heinemann Medical Books.

Bradbury, M. & Meadow, S.R. (1995): Combined treatment with enuresis alarm and desmopressin for nocturnal enuresis. *Acta Paediatrica, 84*, 1014-1018.

Brem-Gräser, L. (1995). *Familie in Tieren: Die Familiensituation im Spiegel der Kinderzeichnung*. München, Basel: Ernst Reinhardt.

Butler, R.J. (1991). Establishment of working definitions in nocturnal enuresis. *Archives of Disease in Childhood, 66,* 267-271.

Butler, R.J. (1987). *Nocturnal enuresis: Psychological perspectives*. Wright: Bristol.

Butler, R.J. (1994). *Nocturnal enuresis – the child's experience*. Oxford: Butterworth-Heinemann.

Cox, D.J., Sutphen, J.L., Borrowitz, S.M., Korvatchev, B. & Ling, W. (1998). Contribution of behavior therapy and biofeedback to laxative therapy in the treatment of pediatric encopresis. *Annuals of Behavioral Medicine, 20*, 70-76.

Deutsche Gesellschaft für Kinder- und Jugendpsychiatrie und Psychotherapie, Berufsverband der Ärzte für Kinder- und Jugendpsychiatrie und Psychotherapie in Deutschland, Bundesarbeitsgemeinschaft der leitenden Klinikärzte für Kinder- und Jugendpsychiatrie und Psychotherapie (2000): *Leitlinien für Diagnostik und Therapie von psychischen Störungen im Säuglings-, Kindes- und Jugendalter.* Köln: Deutscher Ärzte-Verlag. Internet: www.uni-duesseldorf.de/www/awmf.

Devlin, J.B. & O'Cathain, C. (1990). Predicting treatment outcome in nocturnal enuresis. *Archives of Disease in Childhood, 65*, 1158-1161.

Dietz, H.G., Schuster, T. & Stehr, M. (2001). *Operative Eingriffe in der Kinderurologie – ein Kompendium.* München: Urban & Vogel.

Dilling, H.; Mombour, W. & Schmidt, M.H. (1991). *Internationale Klassifikation psychischer Störungen ICD-10 Kapitel V (F). Klinisch-diagnostische Leitlinien.* Bern: Huber.

Döpfner, M., Lehmkuhl, G., Heubrock, D. & Petermann, F. (2000a). *Diagnostik psychischer Störungen im Kindes- und Jugendalter.* Göttingen: Hogrefe.

Döpfner, M., Frölich, J. & Lehmkuhl, G. (2000b). *Hyperkinetische Störungen.* Göttingen: Hogrefe.

Eiberg, H.; Berendt, I. & Mohr, J. (1995a): Assignment of dominant inherited nocturnal enuresis (ENUR 1) to chromosome 13q. *Nature Genetics 10*, 354-356.

Eiberg, H. (1995b). Nocturnal enuresis in linked to a specific gene. *Scandinavian Journal of Urology and Nephrology, Suppl. 173,* 15-17.

Eiberg, H.; Schaumburg, H.L.; Rittig, S. & von Gontard, A. (1999). *Dominant inheritance of a gene which mainly causes urge incontinence in a large four generation Danish family.* Denver: 2. International Children's Continence Society Congress.

Felt, B., Wise, C.G., Olsen, A., Kochhar, P., Marcus, S. & Coran, A.(1999). Guideline for the management of pediatric idiopathic constipation and soiling. *Archives of Pediatric Adolescent Medicine, 153,* 380-385.

Fergusson, D.M. & Horwood, L.J. (1994). Nocturnal enuresis and behavioral problems in adolescence: a 15-year longitudinal study. *Pediatrics, 94*, 662-668.

Gontard, A. von (1995). *Enuresis im Kindesalter – psychiatrische, somatische und molekulargenetische Zusammenhänge.* Köln: Unveröffentlichte Habilitationsschrift.

Gontard, A. von (1998). Gibt es einen Verhaltensphänotyp bei der Enuresis nocturna? *Kindheit und Entwicklung, 7,* 70-78.

Gontard, A. von (2001a). *Einnässen im Kindesalter: Erscheinungsformen – Diagnostik – Therapie.* Stuttgart: Thieme.

Gontard, A. von (2001b). *Bettnässen – ein Elternratgeber.* Düsseldorf: Walter.

Gontard, A. von, Benden, B., Mauer-Mucke, K. & Lehmkuhl, G. (1999). Somatic correlates of functional enuresis. *Journal of European Child and Adolescent Psychiatry, 8*, 117-125.

Gontard, A. von, Hollmann, E., Benden, B., Eiberg, H., Rittig, S. & Lehmkuhl, G. (1997). Clinical enuresis phenotypes in familial nocturnal enuresis. *Scandinavian Journal of Urology and Nephrology, 31, Suppl. 183,* 11-16.

Gontard, A. von & Lehmkuhl, G. (1997a). „Enuresis diurna" ist keine Diagnose – neue Ergebnisse zur Klassifikation, Pathogenese und Therapie der funktionellen Harninkontinenz im Kindesalter. *Praxis der Kinderpsychologie und Kinderpsychiatrie, 46*, 92-112.

Gontard, A. von & Lehmkuhl, G. (1997b). Enuresis nocturna – neue Ergebnisse zu genetischen, pathophysiologischen und psychiatrischen Zusammenhängen. *Praxis der Kinderpsychologie und Kinderpsychiatrie, 46,* 709-726

Gontard, A. von & Lehmkuhl, G. (2000). Enuresis und funktionelle Harninkontinenz. In: Deutsche Gesellschaft für Kinder- und Jugendpsychiatrie und Psychotherapie, Berufsverband der Ärzte für Kinder- und Jugendpsychiatrie und Psychotherapie in Deutschland, Bundesarbeitsgemeinschaft der leitenden Klinikärzte für Kinder- und Jugendpsychiatrie und Psychotherapie (2000): *Leitlinien für Diagnostik und Therapie von psychischen Störungen im Säuglings-, Kindes- und Jugendalter* (293-307). Köln: Deutscher Ärzte-Verlag. Internet: www.uni-duesseldorf.de/www/awmf.

Gontard, A. von & Lehmkuhl, G. (2003). *Ratgeber Einnässen.* Göttingen: Hogrefe.

Gontard, A. von; Lettgen, B., Gaebel, E., Heiken-Löwenau, C., Schmitz, I. & Olbing, H. (1998).: Day wetting children with urge incontinence and voiding postponement – a comparison of a pediatric and child psychiatric sample – behavioural factors. *British Journal of Urology, 81, Suppl. 3*, 100-106.

Gontard, A. von, M.D., Plück, J., Berner, W. & Lehmkuhl, G. (1999). Clinical behavioral problems in day and night wetting children, *Pediatric Nephrology, 13,* 662-667.

Gontard, A., von, Schaumburg H., Hollmann E., Eiberg H. & Rittig S. (2001). The genetics of enuresis – a review. *Journal of Urology, 166*, 2438-2443.

Gool, J.D. van, Vijverberg, M.A.W., Messer, A.P., Elzinga-Plomp, A. & de Jong, T.P.V.M. (1992). Functional daytime incontinence: non-pharmacological treatment. *Scandinavian Journal of Urology and Nephrology, Supplement 141,* 93-105.

Grosse, S. (1986): *Bettnässen – Diagnostik und Therapie.* Weinheim: Psychologie Verlags Union.

Hanson, E.; Hellström, A.L. & Hjälmas, K. (1987). Non-neurogenic discoordinated voiding in children. The longterm effect of bladder retraining. *Zeitschrift für Kinderchirurgie, 42,* 109-111.

Hägglöf, B., Andren, O., Bergström, E., Marklund, L. & Wendelius, M. (1996). Self-esteem before and after treatment in children with nocturnal enuresis and urinary incontinence. *Scandinavian Journal of Urology and Nephrology, 31,* Suppl. 183, 79-82.

Hellström, A.L., Hanson, E., Hansson, S., Hjälmas, K. & Jodal, U. (1990). Micturition habits and incontinence in 7-year-old Swedish school entrants. *European Journal of Pediatrics, 149*, 434-437.

Hetherington, E.M. & Stanley-Hagan, M. (1999). The adjustment of children with divorced parents: a risk and resiliency perspective. *Journal of Child Psychology and Psychiatry, 40*, 129-140.

Hjälmas, K. & Bengtsson, B. (1993). Efficacy, safety and dosing of desmopressin for nocturnal enuresis in Europe. *Clinical Pediatrics, special edition*, 19-27.

Houts, A.C., Peterson, J.K. & Whelan, J.P. (1986). Prevention of relapse in full-spectrum home treatment for primary enuresis: a component analysis. *Behavior Therapy, 17*, 462-469.

Houts, A.C.; Berman, J.S. & Abramson, H. (1994). Effectiveness of psychological and pharmacological treatments for nocturnal enuresis. *Journal of Consulting and Clinical Psychology, 62*, 737-745.

Järvelin, M.R., Vikevärnen-Tervonen, L., Moilanen, I. & Huttunen, N.P. (1988). Enuresis in seven-year-old children. *Acta Paediatrica Scandinavica, 77,* 148-153.

Järvelin, M.R., Moilanen, I., Vikeväinen-Tervonen, L. & Huttunen, N.-P. (1990). Life changes and protective capacities in enuretic and non-enuretic children. *Journal of Child Psychology and Psychiatry, 31*, 763-774.

de Jonge, G.A. (1973). Epidemiology of enuresis: a survey of the literature. In: I. Kolvin, R.C. Mac Keith, S.R. Meadow (eds.): *Bladder Control and Enuresis* (39-46). London: William Heinemann Medical Books.

Kalff, D. (1996): *Sandspiel – Seine therapeutische Wirkung auf die Psyche* (3. Auflage). München: Ernst Reinhardt.

Kjolseth, D., Knudsen, L.M., Madsen, B., Norgaard, J.P. & Djurhuus, J.C. (1993). Urodynamic biofeedback training for children with bladder-sphincter-dyscoordination during voiding. *Neurourology and Urodynamics, 12*, 211-221.

Krantz, I., Jylkäs, E., Ahlberg, B.M. & Wedel, H. (1994). On the epidemiology of nocturnal enuresis – a critical review of methods used in descriptive epidemiology studies of nocturnal enuresis. *Scandinavian Journal of Urology and Nephrology, Suppl. 163*, 75-82.

Läckgren, G., Hjälmas, K., Gool, J. van, Gontard, A. von, de Gennaro, M., Lottmann, H. & Terho, P. (1999). Nocturnal enuresis – a suggestion for a European treatment strategy. *Acta Paediatrica, 88*, 679-690.

Largo, R., Gianciaruso, M. & Prader, A. (1978). Die Entwicklung der Darm- und Blasenkontrolle von der Geburt bis zum 18. Lebensjahr. *Schweizer medizinische Wochenschrift, 108*, 155-160.

Largo, R.H., Molinari, L., von Siebenthal, K. & Wolfensberger, U. (1996). Does a profound change in toilet training affect development of bowel and bladder control? *Developmental Medicine and Child Neurology, 38*, 1106-1116.

Lettgen, B., von Gontard, A., Heiken-Löwenau, C., Gaebel, C., Schmitz, I. & Olbing, H. (2002). Urge incontinence and voiding postponement in children: somatic and psycho-social factors. *Acta Paediatrica*, im Druck.

Lister-Sharp, D., O'Meara, S., Bradley, M. & Sheldon, T.A. (1997). *A systematic review of the effectiveness of interventions for managing childhood nocturnal enuresis.* York: NHS Centre for Reviews and Dissemination, University of York.

Londen, A. van, Londen-Barensten, M. van, Son, M. van & Mulder, G. (1993). Arousal training for children suffering from nocturnal enuresis: a 2 1/2 year follow-up. *Behavior Research and Therapy, 31*, 613-615.

Londen, A. van, Londen-Barensten, M. van, Son, M. van & Mulder, G. (1995). Relapse rate and parental reaction after successful treatment of children suffering from nocturnal enuresis: a 2 ½ year follow-up of behaviortherapy. *Behavior Research and Therapy, 33*, 309-311.

Mellon, M.W. & McGrath, M.L. (2000). Empirically supported treatments in pediatric psychology: nocturnal enuresis. *Journal of Pediatric Psychology, 25*, 193-214.

McGrath, M.L., Mellon, M.W. & Murphy, L. (2000). Empirically supported treatments in pediatric psychology: constipation and encopresis. *Journal of Pediatric Psychology, 25*, 225-254.

Mitchell, R.R. & Friedman, H.S. (1993). *Sandplay – past, present and future*. London: Routledge.

Moffat, M.E.K., Harlos, S., Kirshen, A.J. & Burd, L. (1993). Desmopressin acetate and nocturnal enuresis: how much do we know? *Pediatrics, 92*, 420-425.

Moffat, M.E.K. (1997). Nocturnal enuresis: a review of the efficacy of treatments and practical advice for clinicians. *Developmental and Behavioral Pediatrics, 18*, 49-56.

Morgan, R.T.T. (1978). Relapse and therapeutic response in the conditioning treatment of enuresis: a review of recent findings on intermittent reinforcement, overlearning and stimlus intensity. *Behavior Research and Therapy 16*, 273-279.

Norgaard, J.P., Djurhuus, J.C., Watanabe, H., Stenberg, A. & Lettgen, B. (1997). Experience and current status of research into the pathophysiology of nocturnal enuresis. *British Journal of Urology, 79*, 825-835.

Norgaard, J.P.; Pedersen, E.B. & Djurhus, J.C. (1985). Diurnal anti-diuretic-hormone levels in enuretics. *Journal of Urology, 134*, 1029-1031.

Olbing, H. (Hrsg.) (1993). *Enuresis und Harninkontinenz bei Kindern*. München: Marseille.

Petermann, U. & Petermann, F. (2000). Störungen der Ausscheidung: Enuresis und Enkopresis. In: F. Petermann (Hrsg.): *Lehrbuch der Klinischen Kinderpsychologie und -psychotherapie* (4. völl. veränd. Auflage), 381-402. Göttingen: Hogrefe.

Piers, E.V. (1984). *Piers-Harris children's self-concept-scale* – revised manual 1984. Los Angeles: Western Psychological Services.

Plas, R.N. van den, Benninga, M.A., Taminiau, J.A. & Büller, H.A. (1997). Treatment of defecation problems in children: the role of education, demystification and toilet training. *European Journal of Pediatrics, 156*, 689-692.

Remschmidt, H., Schmidt, M.H. & Poustka, F. (Hrsg.) (2001). *Multiaxiales Klassifikationsschema für psychische Störungen des Kindes- und Jugendalters nach ICD-10 der WHO* (4. Auflage). Bern: Huber.

Rittig, S., Knudsen, U.B., Norgaard, J.P., Pedersen, E.B. & Djurhuus, J.C. (1989). Abnormal diurnal rhythm of plasma vasopressin and urinary output in patients with enuresis. *American Journal of Physiology, 25*, 664-671.

Schneider, M.S.; King, R.L. & Surwitt, R.S. (1994). Kegel exercises and childhood incontinence: a new role for an old treatment. *Journal of Pediatrics, 124*, 91-92.

Sonnenschein, M. (2001). *Kindliche und elterliche Einschätzung der Enuresis – ein empirischer Vergleich unter Berücksichtigung der Subtypen*. Unveröffentlichte Promotion, Universität zu Köln.

Stegat, H. (1973): *Enuresis. Behandlung des Bettnässens*. Berlin: Springer.

Watanabe, H. (1995). Sleep patterns in children with nocturnal enuresis. *Scandinavian Journal of Urology and Nephrology, Suppl. 173*, 55-57.

Watanabe, H. & Azuma, Y. (1989). A proposal for a classification system based on overnight simultaneous monitoring of electroencephalography and cystometry. *Sleep, 12*, 257-264

Wille, S. (1994a). *Primary nocturnal enuresis in children. Background and treatment.* Lund: Diss. Univ.

Wille, S. (1994b). Nocturnal enuresis: sleep disturbance and behavioural patterns. *Acta Paediatrica, 83*, 772-774

Wolfish, N.M., Pivik, R.T. & Busby, K.A. (1997). Elevated sleep arousal thresholds in enuretic boys: clinical implications. *Acta Paediatrica, 86,* 381-384.

World Health Organisation (1993). *The ICD-10 classification of mental and behavioural disorders – diagnostic criteria for research.* Genf, WHO.